Beck'sche Schwarze Reihe
Band 225

VERENA MCRAE

Die Gastarbeiter

Daten, Fakten, Probleme

VERLAG C. H. BECK MÜNCHEN

Mit 16 Tabellen im Text

CIP-Kurztitelaufnahme der Deutschen Bibliothek

McRae, Verena:
Die Gastarbeiter: Daten, Fakten, Probleme /
Verena McRae. – München: Beck, 1980.
(Beck'sche Schwarze Reihe; Bd. 225)
ISBN 3 406 06025 0

ISBN 3 406 06025 0

Einbandentwurf von Rudolf Huber-Wilkoff, München
Umschlagbild: Südd. Verlag München

Satz und Druck: C. H. Beck'sche Buchdruckerei, Nördlingen
Printed in Germany

Inhalt

Anhang

Die Achthunderttausend

Wie kranke Fische waren sie,
in Aquarien ohne Sonnenlicht,
wie kranke Fische waren sie, in schlammigem Wasser,
in diesen Gegenden wie schlammige Aquariengewässer.

Ob es achthunderttausend waren,
ob es mehr als achthunderttausend waren–
gesprochen wurde in ihrem Namen,
in ihrem Namen wurde gefeilscht,
beschlossen wurde in ihrem Namen.

Da war das Warten, das Ausfüllen der Formulare,
das Laufen hin und her.
Dann dieses Warten und wieder Warten:
vielleicht drei Jahre,
vielleicht drei Jahre und länger.
Dann die Stempel, versiegelte Umschläge,
und in den versiegelten Umschlägen
waren die Hoffnungen eingeschlossen,
wie Zeit und Geduld,
von einem jungen Mädchen
eingestickt in seine Stickerei.

Aus:
Aras Ören, *Der kurze Traum aus Kagithane. Ein Poem*
(Berlin 1974)

Vorwort

Über drei Millionen Gastarbeiter leben derzeit mit ihren Familien in der Bundesrepublik, der größte Teil von ihnen schon länger als sechs Jahre. Immer mehr ausländische Arbeiter holen ihre Familien nach, und richten sich auf einen langfristigen Aufenthalt ein. Viele von ihnen haben inzwischen nicht mehr die Absicht, in ihre Heimatländer zurückzukehren; bei der hier heranwachsenden zweiten (und dritten) Generation werden es die meisten sein. Sie sind nicht aus eigenem Antrieb hierher gekommen, wir haben sie – und dies gilt bis zum Anwerbestop Ende 1973 – zur Einreise aufgefordert.

Mit steigender Aufenthaltsdauer und dem vermehrten Familiennachzug sind die Probleme komplexer geworden; die Schwerpunkte der „Ausländerfrage" haben sich von der Generation der Eltern auf die der Kinder, von den Problemen der Anpassung auf die der Integration verlagert. Aus den Gastarbeitern der ersten Jahre sind Einwanderer geworden.

Die Folgen einer ausschließlich an wirtschaftlichen Interessen orientierten Anwerbungspolitik wurden lange nicht zur Kenntnis genommen. Erst neuerdings gibt es, begründet in der Furcht vor sozialen Konflikten (und dem Facharbeitermangel), Anzeichen für einen gewissen Kurswechsel in der Ausländerpolitik: Entsprechend den im März dieses Jahres von der Bundesregierung gefaßten Beschlüssen soll die Eingliederung der zweiten Ausländergeneration in Zukunft verstärkt gefördert werden. Es bleibt abzuwarten, ob die Lage der besonders benachteiligten ausländischen Jugendlichen durch die vorgesehenen Maßnahmen auch grundsätzlich verbessert werden kann.

Seit dem erstmaligen Erscheinen des Buches haben sich im Bereich der Ausländerproblematik wichtige Veränderungen und neue Perspektiven ergeben, sodaß eine Neubearbeitung notwendig wurde.

Zwar ist die Literatur zum Thema „Gastarbeiter“ im Laufe der Jahre stark angewachsen, bei einem erheblichen Teil handelt es sich jedoch um sogenannte „graue Literatur“ (Aufsätze, Dokumentationen, Forschungsberichte, Empfehlungen, etc.), d.h. um Schriften, die im Buchhandel meist nicht erhältlich und deshalb schwer zugänglich sind. Das Material ist vielfach unübersichtlich und stark verstreut; die letzte Repräsentativuntersuchung wurde 1972 von der Bundesanstalt für Arbeit durchgeführt. Hinzu kommt eine umfangreiche Spezialliteratur, die als solche auf einen verhältnismäßig engen Leserkreis beschränkt ist. Dagegen gibt es wenig neuere Veröffentlichungen, in denen in Form eines allgemeinen Überblicks über die aktuelle Situation der in der Bundesrepublik lebenden Gastarbeiter und ihrer Familien informiert wird. Diese Lücke versucht das vorliegende Buch zu füllen.

Der Haupttext ist so knapp wie möglich gehalten, um dem Leser eine schnelle Information zu ermöglichen. Wichtige Ergänzungen finden sich in den Anmerkungen. Ausführliche Literaturangaben sollen dem interessierten Leser die weitere Beschäftigung mit dem Thema erleichtern.

München, Juli 1980 Verena McRae

I. Die Anwerbung und Vermittlung ausländischer Arbeitskräfte

Als es Mitte der fünfziger Jahre nicht mehr möglich war, den wachsenden Arbeitskräftebedarf der stark expandierenden Wirtschaft durch Mobilisierung des inländischen Arbeitskräftepotentials und der Reserven der Nachbarländer zu decken,[1] entschloß sich die deutsche Bundesregierung, Arbeitskräfte aus südeuropäischen Ländern anzuwerben. Im Jahre 1955 kam die erste Anwerbevereinbarung mit Italien zustande, es folgten Vereinbarungen mit Spanien und Griechenland (1960), der Türkei (1961), mit Portugal (1964) und Jugoslawien (1968). Die mit Tunesien und Marokko (1965 und 1963) geschlossenen Verträge unterschieden sich von den übrigen insoferne, als die Zahl der anzuwerbenden Arbeitskräfte begrenzt werden sollte.

Anwerbung und Vermittlung der ausländischen Arbeiter erfolgte über „Deutsche Kommissionen" und „Deutsche Verbindungsstellen", die von der Bundesanstalt für Arbeit in einer Reihe von Anwerbeländern eingerichtet worden waren.[2] In enger Zusammenarbeit mit den Verwaltungen der jeweiligen Länder wurden die Arbeitskräfte an deutsche Firmen weitervermittelt, wobei entsprechende Vermittlungsaufträge vorliegen mußten.

Der Anteil der Gastarbeiter an der Gesamtzahl unselbständiger Erwerbstätiger ist bis September 1973 auf 9,7 Prozent angewachsen. So waren im September 1973, d.h. kurz vor dem sogenannten „Anwerbestop"[3] etwas über zwei Millionen Ausländer aus Anwerbeländern (legal) in der Bundesrepublik beschäftigt.[4] Diese Entwicklung wurde durch die Rezession von 1966/67 zwar unterbrochen, der neuerliche Konjunkturaufschwung hatte jedoch, vor allem zwischen 1968 und 1971, zu einer weiteren Einwanderungswelle geführt.

Die Vermittlung von Gastarbeitern durch die Auslandsdienststellen der Bundesanstalt für Arbeit entwickelte sich bis zum Anwerbestop folgendermaßen:

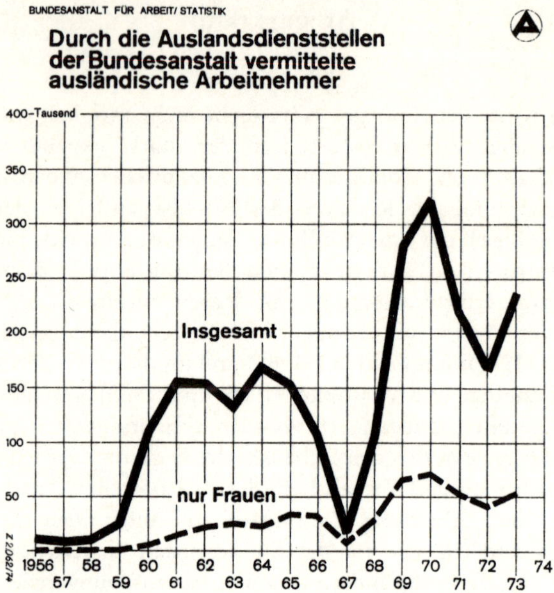

Während man zur Zeit der Vollbeschäftigung noch mit einer weiteren Zunahme der ausländischen Arbeitnehmer rechnete, führten die 1973 (z. T. als Folge der Ölkrise) einsetzende Rezession und die damit zusammenhängenden restriktiven arbeitsmarktpolitischen Maßnahmen zu der von der Bundesregierung angestrebten „Konsolidierung“ (d. h. Reduzierung) der Ausländerbeschäftigung: Allein zwischen September 1973 und 1978 ging die Zahl der in der Bundesrepublik beschäftigten Gastarbeiter – diese machen rd. 75 Prozent aller Ausländer aus – um rd. 650000 (31 %) zurück. 1979 war hingegen, zum ersten Mal seit dem Anwerbestop, wieder ein leichter Anstieg der Gastarbeiterbeschäftigung zu verzeichnen, der z. T. auf die zusätzliche Erwerbstätigkeit von Familienangehörigen zurückzuführen sein dürfte.

Die Beschäftigung ausländischer Arbeiter aus Anwerbeländern entwickelte sich zwischen 1973 und 1979 folgendermaßen:

Jahr	Insgesamt	Italien	Griechenland	Spanien	Portugal	Türkei	Jugoslawien
30. 9. 73	2115000	450000	250000	190000	85000	605000	535000
30. 9. 74	1862358	331504	229178	149718	78453	606816	466689
30. 9. 75	1640711	292435	196210	124533	68324	543326	415883
30. 9. 76	1530250	279096	173097	107518	62328	520989	387222
30. 9. 77	1477976	283309	155475	97226	59653	508647	373666
30. 9. 78	1460183	290496	142649	90875	58304	511169	366690
31. 3. 79	1479773	294755	141919	90716	59224	527555	365604

Quelle: DGB-Bundesvorstand, Abt. Ausländische Arbeitnehmer (30. 10. 1979) und eigene Berechnungen

Wollte ein Ausländer, und dies galt bis zum Anwerbestop Ende 1973, in Deutschland eine Arbeit aufnehmen, gab es verschiedene Wege.[5]

1. *Vermittlung von Gastarbeitern über eine deutsche Anwerbekommission*

Die Bewerber wurden in ihrem Heimatland unter Einschaltung der deutschen Kommision direkt an eine Firma vermittelt. Es wurden ihnen, je nach Auftragslage, verschiedene Arbeitsplätze angeboten, unter denen sie auswählen konnten. Der Vermittlung ging eine ärztliche Untersuchung, die von deutschen Ärzten vorgenommen wurde, voraus. Durch diese Maßnahme sollte die gesundheitliche Eignung der Bewerber, die vor allem für körperliche Arbeit vorgesehen waren, festgestellt und gleichzeitig das Einschleppen von Krankheiten verhindert werden.[6]

Bei positiven Verlauf der ärztlichen Untersuchung erhielt der

Gastarbeiter den vom zukünftigen Arbeitgeber unterschriebenen Anstellungsvertrag, in dem der tarifliche Mindestlohn und eine angemessene Unterbringung – es handelte sich um Schlafstellen für Ledige – garantiert wurden. Der Vertrag war in der Regel auf ein Jahr befristet d. h., vor Ablauf dieser Zeitspanne konnte dem Ausländer nicht gekündigt werden. Dieser wiederum wurde durch seinen Jahresvertrag vom Unternehmer auf ein besonders niedriges Einkommen festgelegt.

Ein solcher Vertrag, der einen gewissen Schutz für die Arbeiter darstellen sollte, wurde von jenen eher als Beschränkung empfunden. Denn bei einem Vergleich am Arbeitsplatz merkte der Gastarbeiter bald, daß er seinen deutschen Kollegen gegenüber – was Arbeitsbedingungen und Bezahlung angeht – benachteiligt war. An seinen befristeten Arbeitsvertrag gebunden, konnte er vor Ablauf eines Jahres nicht kündigen; wechselte er vorzeitig seinen Arbeitsplatz ohne die Genehmigung des zuständigen Arbeitsamtes einzuholen, dann riskierte er die Ablehnung einer neuen Arbeitserlaubnis. Diese Maßnahme wurde im Ausland viel kritisiert, denn dadurch wurde auch Betrieben mit niedrigen Löhnen und schlechten Arbeitsbedingungen ermöglicht, ihren Bedarf an Arbeitskräften durch die Neuanwerbung von Gastarbeitern ausreichend zu decken.[7]

Demnach bestand für Gastarbeiter, die neu in die Bundesrepublik vermittelt wurden, keine Freiheit der Wahl des Arbeitsplatzes; sie waren damit ihrem Arbeitgeber praktisch ausgeliefert. Obwohl sich bei Konflikten beide Teile an die Arbeitsgerichte wenden können, machten die ausländischen Arbeiter von dieser Möglichkeit aus Angst vor dem Verlust des Arbeitsplatzes und damit auch der Aufenthaltserlaubnis kaum Gebrauch. Auch die für Ausländer eingerichteten Sprechstunden bei den Arbeitsämtern wurden aus Unkenntnis dieser Einrichtung nicht im erwarteten Maße in Anspruch genommen.

Ein Nachteil dieses Anwerbungsweges lag in der Anonymität, sowohl für den Arbeitgeber, insbesondere aber für den Arbeitnehmer, der vielfach nur unzureichend über seinen zukünftigen Arbeitsplatz informiert war. Zeitmangel bei der Unterzeichnung der Arbeitsverträge, aber auch vorgefaßte Meinungen und das Verlassen auf subjektive Werturteile führten nicht selten zu schweren Enttäuschungen.[8] Vertragsbrüche und vorzeitige Rückkehr in die Heimat waren die negativen Folgen dieser Vermittlungsmethode.

Ein Vorteil für die Anwerbeländer lag indessen darin, daß sie über eine gezielte Emigrationspolitik, die Förderung der Auswanderung von bestimmten Personenkreisen aus bestimmten Gebieten, sowie über die von den Emigranten überwiesenen Gelder die regionale Entwicklung beeinflussen konnten. Von dieser Möglichkeit, die Emigration zu steuern, wurde aber nur in Ausnahmefällen Gebrauch gemacht.

Die große Nachfrage der Industrie nach Arbeitskräften, der die Bundesregierung ,,aus Rücksicht auf die Lohninteressen der deutschen Arbeitnehmer" nicht im erforderlichen Ausmaß entsprach, führte zu einem ,,grauen Gastarbeitermarkt"[9] und schließlich zu einer zweiten Form der Anwerbung:

2. Vermittlung namentlich angeforderter Gastarbeiter

Dieser Weg ging auf die Initiative der deutschen Unternehmer zurück, die mit Hilfe der Anwerbekommisionen Freunde oder Verwandte der bei ihnen angestellten Gastarbeiter anwarben oder diese als Touristen einreisen ließen. Dieser illegale Einreiseweg wurde nachträglich legalisiert, nachdem er längere Zeit von den deutschen Behörden geduldet worden war.

Abgesehen von gewissen verwaltungstechnischen Komplikationen und der Möglichkeit, daß die angeforderten Personen an einer Vermittlung gar nicht interessiert oder gesundheitlich nicht geeignet waren, lagen die Vorteile jener Methode für die Firmen auf der Hand: Durch die Konzentration von ,,Landsmannschaften" im Betrieb wird die kostspielige Anlernzeit der neu eingestellten Ausländer verkürzt und ihre betriebliche Anpassung erleichtert. Außerdem wird durch die Beschäftigung von Freunden und Verwandten im selben Betrieb die Fluktuation verringert und die Vertragsbrüche sind seltener.

Für die Emigrationsländer können sich durch die namentliche Anwerbung jedoch gewichtige Nachteile ergeben: Ihr Einfluß auf die Richtung der Auswanderung wird zugunsten der Interessen der deutschen Wirtschaft stark eingeschränkt; „es kann ... zu unerwünschten Schwerpunkten der Emigration kommen, weil die optimale Streuung durch Arbeitsvermittlung aus verschiedenen Notstandsgebieten verhindert wird". Die katastrophalen Folgen einer solchen Anwerbungspolitik, durch die ganze Regionen von jungen, produktiven Arbeitskräften entvölkert werden, waren inzwischen von den Anwerbeländern zwar erkannt worden, doch hatten sich die Interessen der Unternehmer lange Zeit als stärker erwiesen.

3. Vermittlung von Gastarbeitern aus EG-Mitgliedstaaten

Eine Sonderstellung unter den Gastarbeitern nehmen die Italiener als Angehörige eine EG-Landes ein, die arbeitsrechtlich wie Inländer behandelt werden. Die Freizügigkeitsbestimmungen geben „dem Arbeitnehmer ... das Recht, eine Beschäftigung seiner Wahl in einem Gebiet der Gemeinschaft seiner Wahl auszuüben".[10] In der Praxis hat diese Regelung dazu geführt, daß die überwiegende Mehrzahl der italienischen Arbeiter ohne Inanspruchnahme von amtlichen Stellen zur Arbeitsaufnahme in die Bundesrepublik kam.[11]

Auf die Vor- und Nachteile, die sich aus der Anwendung der EG-Verordnungen für die einzelnen Mitgliedstaaten der Gemeinschaft ergeben, kann in diesem Zusammenhang nicht näher eingegangen werden. Auf die Praxis bezogen erscheint jedoch die unterschiedliche Behandlung jener Gastarbeiter, die einem EG-Staat angehören, sehr problematisch, weil sie zu einer Spaltung der Ausländer führt.

4. Die illegale Vermittlung von Gastarbeitern

Der Handel mit ausländischen Arbeitskräften, die, in ihren Heimatländern von Agenten für hohe Summen angeworben, als Touristen in die Bundesrepublik eingeschleust werden, konnte bisher, trotz energischen Durchgreifens der Behörden, kaum unterbunden werden. Illegale „Verleihfirmen" und einheimische Betriebe profitieren von der Zwangslage jener Arbeiter, die oft unter menschenunwürdigen Verhältnissen auf die Beschaffung ihrer versprochenen Papiere warten.[12] Um ihren Aufenthalt in der Bundesrepublik nicht zu gefährden – bei Bekanntwerden von Gesetzwidrigkeiten droht ihnen die Ausweisung[13] – akzeptieren sie jegliche Bedingungen und begeben sich nicht selten in sklavenähnliche Abhängigkeit.

Die Praktiken im „Gastarbeiterhandel" sind vielfältig: Agenten, die sich die (illegale) Arbeitsbeschaffung in Deutschland mit hohen Summen bezahlen lassen; „Schein-Firmen", die Gastarbeiter an deutsche Firmen „vermieten" und je nach Marktlage die Preise diktieren; unseriöse Firmen, die sich an der Schwarzarbeit bereichern, indem sie Niedrigstlöhne auszahlen und darüber Steuern und Sozialversicherung sparen.[14]

Der Menschenhandel macht sich bezahlt, das Risiko ist gering, denn der Staat hält sich an die Schwächsten. Die Ausländer, Opfer jener Praktiken, werden abgeschoben, während ihre Nutznießer meist nur Geldstrafen zu gewärtigen haben.[15] Und selbst dies ist nicht immer gewährleistet: Meist ohne festen Wohnsitz und über Mittelsmänner tätig, können die „Sklavenhändler" nur schwer ausfindig gemacht werden. Der deutsche Unternehmer hingegen, der ausländische Leiharbeiter ohne Arbeitserlaubnis beschäftigt, macht sich zwar ebenfalls strafbar, ihm wird aber nur schwer ein Vorsatz nachzuweisen sein, denn zur Kontrolle der Arbeitserlaubnis ist er nicht verpflichtet.

Wie die Erfahrung zeigt, reichen gesetzliche Maßnahmen allein nicht aus, um diesem Handel ein Ende zu bereiten. Hier stellt sich die Frage, ob solche Maßnahmen grundsätzlich dazu geeignet sind, Mißstände dieser Art aus der Welt zu schaffen. Das eigentliche Problem liegt tiefer: Solange der Arbeitskräftebedarf unserer Wirtschaft – zumindest in bestimmten Branchen[16] – auf regulärem Wege nicht gedeckt werden kann, während in den Heimatländern der Gastarbeiter Unterbeschäftigung und Arbeitslosigkeit herrschen,[17] solange wird es vermutlich auch jene Auswüchse geben, die den organisierten Menschenhandel zum Geschäft machen.

II. Ursachen und Folgen der Emigration

Angesichts der Kritik, der sich Staat und Wirtschaft der Bundesrepublik als überwiegende Nutznießer der Ausländerbeschäftigung gegenübersehen, wird als Gegenargument immer wieder auf den Beitrag zur „Entwicklungshilfe" hingewiesen, der auf diesem Wege für die Anwerbeländer geleistet werde. Dazu S. Balke vom Deutschen Arbeitgeberverband: Wir haben „... keinen Grund, uns nur als Nehmende zu betrachten, die etwa einseitige Vorteile aus der Ausländertätigkeit ziehen. Wir sind im gleichen Umfang Gebende, indem wir ihre beruflichen Qualifikationen verbessern und ihnen und ihren Familien ... zu einem finanziell sorgenfreien Leben verhelfen. Zwischen ihnen und uns besteht eine Art Verhältnis auf Gegenseitigkeit ..."[1]

Daß die Tätigkeit in einer reichen Industrienation mit gewissen Vorteilen für die Arbeitsemigranten selbst sowie für die sozio-ökonomische Lage ihrer Herkunftsländer verbunden ist, das kann wohl nicht bestritten werden. Hierbei werden insbesondere die Verbesserung der materiellen Situation der Gastarbeiter, von denen ein Großteil in ihren Heimatländern arbeitslos oder unterbeschäftigt wäre, die Ausbildung eines industrieerfahrenen Personals (Schleyer), das später bei der Industrialisierung jener Länder eingesetzt werden könne und die Geldüberweisungen der ausländischen Arbeiter, die der Zahlungsbilanz der Anwerbeländer zugute kämen, erwähnt.

Ehrlicher wäre es jedoch zuzugeben, daß es sich bei jenen Vorteilen – soweit sie sich tatsächlich als solche auswirken – nicht um ein gewolltes Resultat, sondern eher um einen „Nebeneffekt" der Ausländerbeschäftigung handelt. Denn, und das wurde von Arbeitgeberseite betont, „das entscheidende Antriebsmoment für die Beschäftigung der Ausländer (ist) die Arbeitsmarktsituation" (R. Weber) und nicht entwicklungspolitische Interessen der Anwerbeländer. Ein Standpunkt, der, wie die seit 1974 erlassenen Maßnahmen zur (weiteren) „Konsolidierung der Ausländerbeschäftigung" zeigen, auch von der Bundesregierung vertreten wird.

Daß jene, vornehmlich von den Bedürfnissen der Einwanderungsländer gesteuerte Wanderungsbewegung – in der Bundesrepublik sind die Anwerbevereinbarungen, das Ausländergesetz und das Arbeitserlaubnisrecht Ausdruck dieser einseitigen Arbeitsmarktpolitik – für die Abgabeländer keine Lösung ihrer sozialen und wirtschaftlichen Probleme bringt, sondern diese langfristig eher verschärft, soll im Folgenden dargestellt werden. Vorerst erscheint es jedoch wichtig, kurz auf die wichtigsten Wanderungsmotive hinzuweisen.

1. Warum Emigration?

Die Mehrzahl der „Arbeitsemigranten" (Cinanni) kommt aus den sogenannten „Armenhäusern" Europas, wirtschaftlich rückständigen Regionen, wo sie ein Leben als Unterbeschäftigte oder Arbeitslose fristen mußten.[2] Unter solchen Umständen kann der Entschluß zur Auswanderung, mit allen damit verbundenen physischen und psychischen Belastungen,[3] kaum als „freiwillig" bezeichnet werden. Er beruht vielmehr auf dem Zwang, einen Ausweg aus einer weitgehend hoffnungslos erscheinenden Situation zu suchen.

Wie Untersuchungen ergeben haben, sind Arbeitslosigkeit, Armut oder Angst vor der Armut der häufigste Anlaß für die Emigration. Als weitere Auswanderungsmotive werden u. a. der Wunsch nach einem höheren Einkommen, um für die Zukunft sparen zu können, die im Ausland leichter einlösbare Verpflichtung zur finanziellen Unterstützung von Familien- und Sippenangehörigen sowie die Verbesserung der beruflichen Ausbildung genannt.[4]

Erkennt man die Gastarbeiter als Opfer wirtschaftlicher, sozialer oder – in bestimmten Fällen auch – politischer Zwänge an, dann erscheint die in der Öffentlichkeit überwiegend vertretene Meinung, jene seien nur nach Deutschland gekommen, um „in möglichst kurzer Zeit möglichst viel Geld zu verdienen" (Weber) als zu oberflächlich. Daß jedoch nach Ablauf des ersten Jahresvertrages und einer gewissen Zeit der Eingewöhnung bei vielen Gastarbeitern der Wunsch bestand, in eine besser bezahlte Stellung überzuwechseln, zeugt für eine gewisse Anpassung und damit für eine realistischere Einschätzung der in der Bundesrepublik gebotenen Möglichkeiten.[5]

2. Ursachen der Unterentwicklung

Bei der Erörterung der Gründe, die zur Arbeitsemigration geführt haben stellt sich zwangsläufig die Frage, warum jene Länder – gemessen an ökonomischen und technologischen Kriterien – noch unterentwickelt sind.

Es dürfte kaum überraschen, daß die meisten der an der Peripherie Europas gelegenen Anwerbeländer durch unstabile politische Verhältnisse gekennzeichnet sind. Die jahrzehntelange Herrschaft von Oligarchien, häufig vom Militär unterstützt, hat sich auf die wirtschaftliche und soziale Entwicklung dieser Gebiete äußerst negativ ausgewirkt. Die herrschenden Schichten, die über einen Großteil des Landes verfügen, zeigten sich an einer Industrialisierung wenig interessiert. Eine regional ungleichgewichtig bzw. unterentwickelte Industrie einerseits und die Konzentration des Landes in den Händen einer reichen und politisch mächtigen Minderheit andererseits führen zu sozialen Spannungen, die die bestehenden Herrschaftsstrukturen gefährden können. Mit Hilfe der Emigration bot sich daher für so manche Regierung eine willkommene Gelegenheit, potentielle Unruhestifter loszuwerden. Ohne das Ventil der Auswanderung wäre das Heer der Arbeitslosen in jenen Ländern schon vor Jahren erheblich größer gewesen.[6]

Ein für die Regierungen der Auswanderungsländer positiver

Effekt der bewußt geförderten Arbeitsemigration ist der Ausgleich des Außenhandelsdefizits mit Hilfe der von den Gastarbeitern in ihre Heimat überwiesenen Spargelder.[7] Dieser muß aber im Zusammenhang mit der sozioökonomischen sowie politischen Struktur der jeweiligen Anwerbeländer gesehen werden. Unter diesen Aspekten betrachtet, ergibt sich – und dies gilt vor allem für autoritäre Systeme – ein anderes Bild: Eine auf die Interessen einer kleinen Oberschicht ausgerichtete Wirtschaftspolitik, die Abhängigkeit von einem ständigen Import hochwertiger Konsumgüter, von denen nur bestimmte Schichten der Bevölkerung profitieren, wirkt sich zwar vorteilhaft für die deutsche Exportindustrie aus; für die Handelsbilanz der Anwerbeländer stellt sie jedoch eine zusätzliche Belastung dar. Daß diese Gelder meist nicht im Sinne der Emigranten zur Verbesserung der Wirtschaftsstruktur, sondern zur Fortführung einer wenig konstruktiven Politik verwendet werden,[8] kann als versteckte Form der Ausbeutung, diesmal durch die eigenen Landsleute, gesehen werden. Auch die mit Devisen finanzierten Importe von Rüstungsgütern tragen weniger zur Entwicklung der jeweiligen Herkunftsländer der Gastarbeiter, als zur Festigung der bestehenden Machtverhältnisse und damit zur Sicherung des *Status quo* bei.

Zusammenfassend läßt sich sagen, daß durch die Emigration von Arbeitskräften von „armen" in „reiche" Länder das Problem der Unterentwicklung nicht gelöst werden kann. Die Wanderung mag zwar eine Zwischenlösung sein, ist aber – und dies wird durch Untersuchungen immer wieder bestätigt – als solche noch kein Entwicklungsfaktor. Um eine „echte" Entwicklung zu ermöglichen, müßten bestehende Strukturen geändert, tradierte Herrschaftsverhältnisse aufgehoben werden. Schließlich müßte, und das mag als Utopie klingen, die Vormachtstellung gewisser Länder beseitigt und die Beziehungen zwischen den Nationen auf eine neue Basis gestellt werden.[9] Nur unter diesen Voraussetzungen kann es zu den für die Entwicklung notwendigen wirtschaftlichen, sozialen und politischen Veränderungen kommen.

3. Die Folgen der Emigration für die Herkunftsländer

Dank ihrer Funktion als „Puffer" auf dem Arbeitsmarkt, deren man sich in Zeiten der Rezession – je nach Bedarf[10] – mit Hilfe administrativer Maßnahmen wieder entledigen kann, tragen die ausländischen Arbeiter dazu bei, daß das Gefälle zwischen „armen" und „reichen" Ländern noch weiter vergrößert wird. Wie schon erwähnt, kommt der von den Gastarbeitern produzierte Mehrwert in erster Linie den Aufnahmeländern zugute, während die ersparten Gelder der Emigranten – die Überweisungen gehen als Folge des verstärkten Familiennachzugs seit 1974 laufend zurück – für die volkswirtschaftlichen Verluste der Auswanderungsländer keinen entsprechenden Ausgleich bieten.

Welche Folgen eine solche Abwanderungspolitik, die von seiten der Regierungen durch bilaterale Abkommen unterstützt worden ist, in längerfristiger Sicht für die betroffenen Gebiete hat, das wird von Paolo Cinanni am Beispiel Kalabriens, der italienischen Region mit der höchsten Auswanderungsquote, sehr eindringlich geschildert. Seit Jahrzehnten wandern Menschen aus Kalabrien (Süditalien) aus, ihre Zahl ist im Steigen begriffen. Die wirtschaftliche Entwicklung ist rückläufig. Cinanni schreibt: „Ein Großteil der traditionellen Agrarwirtschaft ist zusammengebrochen, ohne durch andere Produktionszweige ersetzt zu werden. In den wenigen Landstrichen, die Entwicklungsansätze zeigen, geht der Transformationsprozeß immer langsamer vor sich, während immer größere Gebiete völlig verlassen werden ... Die Landwirtschaft Kalabriens ist kaum mechanisiert, und die vorhandenen Maschinen können meist nicht mehr benützt werden, da die Fachkräfte ausgewandert sind."[11] Diese Entwicklung ist nicht durch Übervölkerung zu erklären, denn die Bevölkerungsdichte Kalabriens liegt unter dem italienischen Durchschnitt. Sie ist vielmehr die Frage überholter Sozialstrukturen, eines quasi-feudalistischen Systems, in welchem die Bauern unter „sklavenähnlichen Bedingungen" (Villari) gehalten werden.

Bis heute hat sich an der Situation in Kalabrien nur wenig geändert. Es herrschen weiterhin Armut und Rückständigkeit, der Lebensstandard der Bevölkerung ist der niedrigste in ganz Italien. Der ständige Verlust an im produktivsten Alter stehenden Bevölkerungsgruppen zeitigt katastrophale Folgen: Die Störung des demografischen Gleichgewichts – die gesunden, jungen Männer wandern aus, Frauen, Kinder und Alte bleiben zurück – und die damit im Zusammenhang stehende verminderte Reproduktionsfähigkeit. Diese Verschiebung zugunsten des „unproduktiven" Teiles der Bevölkerung wirkt sich zudem als schwere Belastung der sozialen Infrastruktur aus: Ein großer Teil der Institutionen wie Schulen, Krankenhäuser, etc. müssen weiterhin aufrecht erhalten werden, während die hierfür erforderlichen Mittel von der im Lande verbliebenen Bevölkerung nur schwer aufgebracht werden können.[12] Die von den Gastarbeitern bezahlten Steuern stehen hingegen den an sich schon wohlhabenden Einwanderungsländern zur Verfügung.[13]

Unter diesen Umständen ist an eine systematische Entwicklung jener Gebiete kaum mehr zu denken. Die im Rahmen einer OECD-Studie (Organisation für wirtschaftliche Zusammenarbeit und Entwicklung) angestellten Untersuchungen in einer Reihe von Anwerbeländern – es wurden Gebiete in Spanien, der Türkei, Italien und Portugal untersucht – kamen zu dem Ergebnis, „daß die Auswanderung am Anfang den ausgeübten Druck mildert, sich aber graduell zu einem aushöhlenden Phänomen entwickelt."[14]

Die Frage nach der Beschäftigung von Gastarbeitern als Form von Entwicklungshilfe muß demnach negativ beantwortet werden. Negativ für jene Völker an der Peripherie Europas, die uns ihre produktivsten Kräfte zur Verfügung stellen; positiv aber für die westlichen Industrienationen, die nur mit Hilfe von Gastarbeitern ihren gegenwärtigen Wohlstand erreichen konnten. Den zu Beginn dieses Abschnitts erwähnten Vorteilen, die sich aus der Emigration sowohl für die Betroffenen selbst als auch für deren Herkunftsländer ergeben, kommt hingegen, entwicklungspolitisch gesehen, so gut wie keine Bedeutung zu.[15] Kritisch betrachtet läßt sich – im Gegensatz zur offiziell vertretenen Ansicht – feststellen, daß durch die Beschäftigung ausländischer Arbeiter in der Bundesrepublik nicht wir den Herkunftsländern der Gastarbeiter, sondern diese letztlich uns Entwicklungshilfe leisten.

III. Die wirtschaftliche Bedeutung der ausländischen Arbeitnehmer

Bei dem Versuch, den Einfluß der Beschäftigung ausländischer Arbeitskräfte auf die wirtschaftliche Entwicklung in der Bundesrepublik zu beurteilen, stößt man auf Schwierigkeiten. Diese ergeben sich vor allem daraus, daß es an einer realen Vergleichsbasis fehlt; die Wirklichkeit muß an einem hypothetischen Zustand – der Entwicklung unserer Wirtschaft ohne Mitwirkung der Gastarbeiter – gemessen werden. Der volkswirtschaftliche Gewinn, den die Beschäftigung von Ausländern mit sich bringt, läßt sich folglich nicht in konkreten Zahlen ausdrücken.[1] Daß uns diese wirtschaftspolitische Maßnahme, vor allem in den ersten 15 Jahren, fast ausschließlich Vorteile gebracht hat, ist aber unbestritten.[1a]

In weiten Kreisen der Bevölkerung weniger bekannt dürfte hingegen sein, daß unsere Wirtschaft auch heute noch auf die Beschäftigung von Ausländern angewiesen ist, um ihren Personalbedarf, zumindest in bestimmten Branchen, decken zu können: „Ein Blick auf die höchst unterschiedlichen Ausländerquoten der Sektoren und Industriegruppen macht deutlich, welch eine krisenhafte Umschichtung der Produktionsstruktur ein Abzug aller Gastarbeiter hervorrufen müßte; denn die beschäftigten Ausländer sind nicht gleichmäßig über die Branchen und Regionen der Bundesrepublik verteilt, sondern sektoral und regional konzentriert. Sie sind keine Gäste, die über Nacht, nach einigen Monaten oder im Laufe eines Jahres samt und sonders abreisen könnten."[2]

So führte denn auch der strikte Anwerbungsstop vom November 1973 umgehend zu Rekrutierungsproblemen in einer Reihe von Wirtschaftszweigen (Fremdenverkehrs- und Gastgewerbe, Forstwirtschaft, Bergbau, obst- und gemüseverarbeitende Industrie, Fischindustrie, etc.), in denen die Arbeitplätze durch Inländer nicht mehr besetzt werden konnten. Die darauf erhobene Forderung der Arbeitgeberverbände nach einer Lokkerung des Anwerbestops für „Saisonarbeitskräfte" mit einer zeitlich befristeten Arbeits- und Aufenthaltserlaubnis wurde von seiten der Bundesregierung abgelehnt.[3]

In Bezug auf die Ausländerbeschäftigung werden von der Bundesregierung (Bund-Länder-Kommission) folgende Grundpositionen vertreten:

1. „Die Bundesrepublik Deutschland ist kein Einwanderungsland. Sie versteht sich als ein Aufenthaltsland für Ausländer, die in der Regel nach einem mehr oder weniger langen Aufenthalt aus eigenem Entschluß in ihre Heimat zurückkehren. Diese Grundhaltung dient langfristig den wirtschaftlichen und sozialen Interessen der Bundesrepublik Deutschland und denen der Heimatländer.
2. Der Anwerbestop für ausländische Arbeitnehmer muß auf lange Sicht uneingeschränkt aufrechterhalten werden. Angesichts der stark steigenden inländischen Erwerbsbevölkerung in den nächsten 10 Jahren würde die Anwerbung neuer ausländischer Arbeitnehmer gegen die Interessen der deutschen und der bereits hier lebenden ausländischen Arbeitnehmer verstoßen.
3. In der Bundesrepublik Deutschland werden auf lange Sicht ausländische Arbeitnehmer beschäftigt werden.
   Allerdings nimmt die Aufnahmefähigkeit des Arbeitsmarktes für ausländische Arbeitnehmer tendenziell ab. Das bedeutet, daß die Ausländerbeschäftigung auch in den nächsten Jahren weiter zurückgehen wird.
4. Die Rückkehrbereitschaft und Rückkehrfähigkeit der in der Bundesrepublik Deutschland lebenden ausländischen Arbeitnehmer und ihrer Familien sollte verstärkt werden. Die Heimatländer haben dabei eine wichtige eigene Verantwortung.
   Jeder ausländische Arbeitnehmer sollte selbst darüber entscheiden können, wann er in seine Heimat zurückkehren

will. Zwangsmaßnahmen in diesem Zusammenhang werden abgelehnt.

5. Die in der Bundesrepublik Deutschland lebenden ausländischen Arbeitnehmer und ihre Familien sollen ein in ihrem sozialen und rechtlichen Status gesichertes und in die Gesellschaft integriertes Leben führen können.
   Die Bemühungen um die soziale Integration der im Bundesgebiet lebenden ausländischen Arbeitnehmer und ihrer Familien sollten in der Zukunft verstärkt fortgeführt und von den Betroffenen durch eigene Anstrengungen unterstützt werden. Dazu gehören auch Möglichkeiten der Mitgestaltung sowie die persönliche Verantwortungsbereitschaft der ausländischen Arbeitnehmer und ihrer Familien.
6. Die Ausländerbeschäftigungspolitik sollte sich in Zukunft in besonderem Maße den Problemen der in der Bundesrepublik Deutschland heranwachsenden zweiten Generation annehmen.
   Eine Vernachlässigung dieser Aufgabe würde nicht nur eine schwere Beeinträchtigung der persönlichen Existenz dieser Menschen bedeuten, sondern auch eine Belastung der sozialen Stabilität der Bundesrepublik Deutschland sein.
   Soziale Integration der ausländischen Arbeitnehmer und ihrer Familien auf der einen Seite sowie Konsolidierung der Ausländerbeschäftigung auf der anderen Seite sollten wesentliche und sich ergänzende Bestandteile eines ausgewogenen, umfassenden Konzepts der künftigen Ausländerbeschäftigungspolitik sein.
   Nur so werden die existenziellen Bedürfnisse der deutschen Bevölkerung, insbesondere der Arbeitnehmer, sowie die berechtigten sozialen und wirtschaftlichen Belange der in der Bundesrepublik Deutschland lebenden ausländischen Arbeitnehmer und ihrer Familien zu einem sozial verantwortlichen Ausgleich gebracht."[4]

Bei näherer Betrachtung der eben zitierten offiziellen Leitlinien zeigt sich jedoch eine gewisse Widersprüchlichkeit innerhalb der von der Bund-Länder-Kommission vertretenen Konzeptionen. Während man auf der einen Seite immer noch davon ausgeht, daß die Gastarbeiter nur vorübergehend in der Bundesrepublik leben und arbeiten, um anschließend wieder nach Hause zurückzukehren – „die Bundesrepublik ist kein Einwanderungsland“ – soll auf der anderen Seite die soziale (und rechtliche) Integration ausländischer Arbeiter und ihrer Familien in Zukunft verstärkt gefördert werden.[5]

Eine solche Ausländerpolitik, die die sozialen Folgelasten der Gastarbeiterbeschäftigung weiterhin möglichst niedrig halten soll, entspricht auch den Wünschen und Bedürfnissen weiter Kreise der Wirtschaft. Denn diesen ist – mindestens im Falle der ersten Ausländergeneration – an einer „wirklichen“ Integration der Gastarbeiter, vor allem wegen der durch den vermehrten Familiennachzug verursachten Infrastrukturkosten, wenig gelegen. Im Jahresbericht 1977 der Bundesvereinigung Deutscher Arbeitgeberverbände heißt es zur mit der Familiennachholung verbundenen Problematik: „Hier müßte eine den objektiven Möglichkeiten Rechnung tragende Regulierung gefunden werden, die an den Zulassungsvoraussetzungen ebenso anknüpft, wie an dem Familienbegriff. Es erscheint widersprüchlich, die kumulativ wachsenden Engpässe der sozialen Infrastruktur und die aus dem Familiennachzug resultierenden, auf dem Gebiet der Bundesrepublik kaum lösbaren Probleme z. B. im Bildungs- und Wohnbereich einerseits als Mißstände zu kritisieren und gleichzeitig ihr weiteres Entstehen zu fördern ... Es (ist) bedauerlich, daß eine grundlegende Lösung des Familiennachzugs weiter aufgeschoben wurde.“[6]

Im Zusammenhang mit der bisher praktizierten Ausländerpolitik ergaben bzw. ergeben sich für unsere Wirtschaft folgende Vorteile:[7]

- Durch die Beschäftigung von Gastarbeitern konnte dem Lohn- und Preisauftrieb entgegengewirkt werden, was zur Stabilisierung des Geldwertes beitrug. Die Forderungen nach Lohnsteigerungen konnten, dank der Konkurrenz billiger Arbeitskräfte, auch in Zeiten der Hochkonjunktur, in Grenzen gehalten werden.

- Die mit Hilfe der Ausländerbeschäftigung erreichte Angebotserhöhung einerseits und der Effekt der Preisstabilisierung andererseits trugen wesentlich zur Erhaltung der internationalen Konkurrenzfähigkeit der deutschen Wirtschaft und damit zu einer Erhöhung der Exporte bei.
- In Zeiten der Rezession hat die Industrie durch die Beschäftigung von Ausländern (mit eingeschränkter Aufenthalts- und Arbeitserlaubnis) die Möglichkeit, auf Krisen ,,elastisch" zu reagieren.
- Durch die höhere Mobilität der Gastarbeiter,[8] die eher als deutsche Arbeitnehmer zu einem Wechsel des Wohnortes bzw. des Arbeitsplatzes bereit sind, wird die Flexibilität des Arbeitsmarktes erhöht.
- Durch die Beschäftigung ausländischer Arbeiter, die die untersten Positionen besetzen, wurde der berufliche und soziale Aufstieg großer Teile der deutschen Arbeiterschaft – gleichsam automatisch – ermöglicht. Damit trugen die Gastarbeiter zur Verbesserung der Lebensqualität vieler deutscher Arbeitnehmer bei. Andererseits wird durch die Spaltung in ,,privilegierte" und ,,unterprivilegierte" Arbeiter die Solidarisierung mit den Gastarbeitern weitgehend verhindert und die Position der Arbeiterklasse geschwächt.
- Mit Hilfe der Ausländerbeschäftigung wird der für hochindustrialisierte Gesellschaften typische Strukturwandel – die Ausweitung des Dienstleistungssektors – erleichtert.
- Mit einem Einkommen von (1974) über 30 Milliarden DM, von dem fast die Hälfte in der Bundesrepublik verbraucht wurde, bilden die Gastarbeiter eine wichtige Käufergruppe.[9] Außerdem werben sie durch ihr Beispiel für die Verbreitung und den Kauf deutscher Produkte in ihren Heimatländern und fördern damit den Export.
- Ausländer hatten bisher einen, verglichen mit den deutschen Arbeitnehmern, niedrigeren Infrastrukturbedarf. So entfallen durch den Import von Arbeitskräften im produktivsten Alter nicht nur die Kosten für deren Erziehung und Ausbildung; auch Einrichtungen wie Kindergärten, Schulen, Kran-

kenhäuser und Altersheime – um nur einige Beispiele zu nennen – werden zwar von den Steuergeldern der Ausländer mitfinanziert, von ihnen aber zur Zeit noch nicht im entsprechenden Maße genutzt.[10]

Die Verfügbarkeit billiger Arbeitskräfte hat, vor allem im Bereich der Großindustrie, zu einer Erhöhung des Profits und einer schnelleren Expansion der Unternehmen geführt. Andererseits sind durch die Einstellung von Gastarbeitern mit geringen beruflichen und finanziellen Ansprüchen sowie der Bereitschaft, hohe Belastungen am Arbeitsplatz zu ertragen, längst notwendige Umstrukturierungen im wirtschaftlichen Bereich verhindert worden. Grenzbetriebe, veraltete und unrentabel gewordene Wirtschaftszweige sowie überholte Produktionsmethoden, die unter anderen Umständen längst Opfer von Rationalisierungen geworden wären, konnten und können dank der Beschäftigung von Ausländern weiterhin aufrecht erhalten werden.

Nachdem die Gastarbeiter vorwiegend in stark konjunkturanfälligen Branchen arbeiten (Baugewerbe, Gaststättengewerbe, Textil- und Bekleidungsindustrie, Autoindustrie), ist für sie das Risiko, in Krisenzeiten den Arbeitsplatz zu verlieren, besonders hoch.[11] Dazu kommt, daß die Gastarbeiter, als politisch und rechtlich wenig geschützte Gruppe, bei der Stillegung von Arbeitsplätzen stärker von Kündigungen betroffen sind als ihre deutschen Arbeitskollegen. Für die Arbeitgeber wiederum wird die Entlassung von Ausländern dadurch erleichtert, daß sie – abgesehen von der mangelnden Solidarität der deutschen mit den ausländischen Beschäftigten – mit der Unterstützung durch die Arbeitsämter rechnen können.[12] Die Ausländer werden, gemäß ihrer Rolle als „Konjunkturpuffer“, im Falle von Arbeitslosigkeit zur (mehr oder weniger freiwilligen) Rückkehr in die Heimat veranlaßt.

Die menschliche und soziale Problematik, die mit der Einwanderung von Millionen Menschen aus den Randgebieten Europas verbunden ist, findet in jenen Kreisen, die die Gastarbeiterbeschäftigung ausschließlich aus ökonomischer Sicht beurteilen, wenig Verständnis, denn: ,,Kein deutscher Arbeitgeber beschäftigt Ausländer, um damit Bildungs- oder Beschäftigungspolitik zu betreiben. In erster Linie interessiert ihn die Arbeitskraft und was sie für den betrieblichen Produktionsprozeß zu leisten imstande ist."[13]

Unabhängig von der jeweiligen konjunkturellen Lage muß jedoch in Zukunft weiterhin mit der Beschäftigung von Ausländern gerechnet werden, denn ein gewisser Teil der Gastarbeiter ist inzwischen unentbehrlich geworden. Ihre Arbeitsplätze können, als sozial und ökonomisch abgewertete ,,Ausländerjobs",[14] selbst in Zeiten der Krise mit Deutschen nicht mehr besetzt werden. Außerdem besteht neuerdings (seit 1. 10. 1978) für sie die Möglichkeit, aufgrund ihrer langen Anwesenheit[15] – bei Erfüllung bestimmter Voraussetzungen – ihren aufenthaltsrechtlichen Status zu verbessern. Schließlich wird die durch die Rezession und die Konsolidierungsmaßnahmen der Bundesregierung ausgelöste Rückwanderung durch den vermehrten Familiennachzug sowie durch die in Deutschland heranwachsenden ausländischen Kinder und Jugendlichen mehr als kompensiert.[16]

Bei einer gesamtwirtschaftlichen Bewertung der Anwerbung von Gastarbeitern spielt, und das darf nicht übersehen werden, die jeweilige Konjunkturlage eine wichtige Rolle. Während in Zeiten wirtschaftlichen Wachstums und auf kurze Sicht die Vorteile einer solchen Maßnahme eindeutig überwiegen, kann dies, wegen der sozialen Folgekosten, im Hinblick auf die längerfristige Entwicklung der Ausländerbeschäftigung nicht ohne weiteres behauptet werden. Vielmehr sind, so Böhning: ,,Im reifen Stadium der Wanderung ... die menschlichen und sozialen Bedürfnisse der Einwanderer umgekehrt korreliert mit ihrer wirtschaftlichen Rentabilität, obwohl das nicht für jede einzelne Maßnahme der Fall sein muß."[17]

Inzwischen leben knapp drei Millionen Gastarbeiter mit ihren Familien in der Bundesrepublik, über 60 Prozent schon mehr als sechs Jahre und es ist anzunehmen, daß die meisten von ihnen noch längere Zeit in Deutschland bleiben werden.[18]

Die jeweilige Aufenthaltsdauer der einzelnen Gastarbeiternationalitäten zeigt, für das Jahr 1978, folgende Tabelle:

Aufenthaltsdauer in der Bundesrepublik Deutschland

Nationalitäten	bis 6 Jahre (in %)	über 6 Jahre (in %)
Griechen	22,7	77,3
Italiener	32,7	67,3
Jugoslawen	30,1	69,9
Portugiesen	45,8	54,2
Spanier	21,0	79,0
Türken	49,6	50,4

Quelle: Bayerisches Staatsministerium f. Arbeit und Sozialordnung. Bericht '79, S. 9.

Unter diesen Umständen läßt sich die Fiktion vom „vorübergehenden Aufenthalt" nicht mehr länger aufrecht erhalten. Es ist höchste Zeit, daß die Konsequenzen aus dieser Entwicklung gezogen werden. Dann aber „wird immer mehr zur Illusion, was ursprünglich die Funktion des ausländischen Arbeitnehmers sein sollte: ein elastisches Instrument der Konjunkturpolitik" (Baade).

IV. Die Unterbringung

Als Grund zur Unzufriedenheit mit ihrer Lage in der Bundesrepublik wird von den Gastarbeitern neben den Sprachschwierigkeiten immer wieder das Wohnungsproblem genannt. So schwankte der Anteil derer, die offen zugeben, mit ihrer Wohnung unzufrieden zu sein, bei verschiedenen Untersuchungen zwischen 30 und 50 Prozent.[1]

Die Beschaffung von Wohnraum für die ausländischen Arbeitskräfte war wegen der großen Wohnungsknappheit in Westdeutschland von Anfang an mit Schwierigkeiten verbunden. Da mit zunehmender Aufenthaltsdauer immer mehr Gastarbeiter für ihre Familien Wohnungen benötigen, jedoch nicht in der Lage sind, auf dem freien Wohnungsmarkt zu konkurrieren,[2] erscheint es dringend erforderlich, mithilfe staatlicher Subventionen die Wohnungssituation der Ausländerfamilien zu verbessern.

Entscheidungen hinsichtlich des Wohnungsbaus für Gastarbeiter wurden aber von den zuständigen Stellen immer wieder hinausgeschoben. Nicht nur wegen der damit verbundenen Kosten, sondern weil man die Frage der Integration der ausländischen Arbeiter – durch eine bessere Wohnungsversorgung würde der Trend zur Familiennachholung zweifellos noch verstärkt – weiterhin offenhalten wollte.

Daß unsere Wirtschaft inzwischen auf die Beschäftigung ausländischer Arbeitskräfte angewiesen ist, wird in diesem Zusammenhang nur zögernd zur Kenntnis genommen, ebensowenig wie die Tatsache, daß wir in Zukunft mit einer Zunahme der ausländischen Bevölkerung zu rechnen haben.[3]

Die Entwicklung der ausländischen Wohnbevölkerung zwischen 1973 und 1978, die Zahlen beziehen sich nur auf die Gastarbeiter, ist aus der vorliegenden Tabelle ersichtlich:

Jahr	Insgesamt	Italien	Griechenland	Spanien	Portugal	Türkei	Jugoslawien
30. 9. 73	3070000	639000	409000	294000	115000	920000	693000
10. 9. 74	3167000	630000	406000	273000	122000	1028000	708000
30. 9. 75	3113000	601000	391000	247000	119000	1077000	678000
30. 9. 76	2974700	568000	354000	219000	113700	1080000	640000
30. 9. 77	2959700	570800	328500	201400	111000	1118000	630000
30. 9. 78	2952100	572500	305500	188900	109900	1165100	610200
30. 9. 79	3072100	594400	296800	182200	109800	1268300	620600

Quelle: Statistisches Bundesamt, Wirtschaft und Statistik 2/80 und eigene Berechnungen.

Die in der Bundesrepublik vorherrschende Einstellung gegenüber den Wohnungsproblemen der Gastarbeiter soll im Folgenden kurz erörtert werden; sie ist ambivalent und vorwiegend an den Interessen und Bedürfnissen der jeweiligen Partner orientiert.

1. Der Standpunkt der Wirtschaft

Solange die deutsche Wirtschaft ausschließlich an der Arbeitskraft des einzelnen Ausländers interessiert ist, kümmert sie sich nur in Ausnahmefällen um die Beschaffung von Wohnungen für nachkommende Familien. Nur wenn sie weibliche Arbeitskräfte sucht oder wenn ihr, aus Gründen der Qualifikation oder der Senkung der Fluktuation an bestimmten Gastarbeitern besonders liegt, dann ist sie auch bei der Lösung der Wohnungsfrage behilflich. Ein Einsatz, der sich bezahlt macht, nachdem erwiesen ist, daß sich die Qualität der Unterbringung günstig auf die Dauer der Betriebszugehörigkeit und damit auf die Rentabilität betrieblicher Ausbildungsmaßnahmen auswirkt.

Für die Bereitstellung „angemessenen" Wohnraums war (und dies bezieht sich auf den Zeitraum bis zum Anwerbestop und betraf nur das erste Vertragsjahr) der Arbeitgeber verantwortlich, sofern seine ausländischen Arbeiter über die Bundesanstalt für Arbeit vermittelt worden waren.

Die Richtlinien des Bundesarbeitsministeriums für die Ausstattung von Gastarbeiterunterkünften, die erstmals 1964 aufgestellt wurden, gelten aber nur dann, wenn deren Bau mit staatlichen Mitteln gefördert wurde. Die neuen ,,Richtlinien für die Unterkünfte ausländischer Arbeitnehmer in der Bundesrepublik Deutschland", die am 1. 4. 1971 in Kraft getreten sind,[4] stellen insofern eine gewisse Verbesserung dar, als sie eine Erhöhung der Gesamtwohnfläche pro Person von bisher sechs auf acht Quadratmeter, davon sechs Quadratmeter Schlafraumfläche, vorschreiben. Die Schlafräume der Gemeinschaftsunterkünfte dürfen nur noch mit höchstens vier (früher sechs) Personen belegt werden. Nicht einmal die Einhaltung dieser Mindestanforderungen, die weit unter den allgemein üblichen Wohnnormen liegen, ist in der Praxis gewährleistet; sie wurden häufig nicht erfüllt und sind schwer kontrollierbar. Schließlich wurde, nachdem die Richtlinien der Bundesanstalt für Arbeit nicht rechtsverbindlich sind, am 23. 7. 1973 das ,,Gesetz über die Mindestanforderungen an Unterkünfte für Arbeitnehmer" erlassen, das eine Verbesserung der Wohnverhältnisse – vor allem der Gastarbeiter – gewährleisten soll.[5]

Bis 1972 sind von der Bundesanstalt für Arbeit rund 165000 sogenannte ,,Bettplätze" in Gemeinschaftsunterkünften gefördert worden, während allein im selben Jahr knapp 500000 ausländische Arbeitnehmer in Betriebsunterkünften, in der Regel in Wohnheimen, untergebracht waren.[6] Der staatliche Zuschuß in Höhe von DM 4.500 pro Bettplatz (1972), der 1975 ganz eingestellt wurde, ist im übrigen, wie die Zahlen deutlich zeigen, wegen der schwierigen Finanzlage der Bundesanstalt nur selten gewährt worden.

Während die Miete für einen staatlich geförderten Heimplatz die Selbstkosten (unter Einrechnung der Zinsen) nicht übersteigen darf, können für jene Wohnheime, die aus anderen Quellen finanziert wurden, höhere Mieten verlangt werden. Die Höhe der Miete in diesen, von den Firmen zur Verfügung gestellten Unterkünften richtet sich häufig nach der Betriebszugehörigkeit beider Ehepartner; ist nur einer als Arbeitnehmer im betreffenden Betrieb beschäftigt, dann werden sie mit einem Zuschlag zur (an sich schon nicht billigen) Miete „bestraft".[7]

Daß Gemeinschaftsunterkünfte für das Gros der Ausländer nur eine Übergangslösung darstellen zeigt sich schon darin, daß der in Wohnheimen lebende Anteil der Gastarbeiter mit zunehmender Aufenthaltsdauer stark gesunken ist.[8] Demnach ist, und diese Tendenz wird sich in Zukunft noch verstärken, eine wachsende Zahl ausländischer Arbeiter (und deren Familien) auf den für sie besonders ungünstigen freien Wohnungsmarkt angewiesen.[9]

2. Einstellung der Kommunen

Wie eine 1975 durchgeführte Untersuchung bundesdeutscher Kommunen zur Verbesserung der Wohnsituation der ausländischen Bevölkerung ergab, so wird diesbezüglichen Maßnahmen von Gemeinden mit größerer Einwohnerzahl und einem höheren Ausländeranteil in der Regel auch eine größere Bedeutung zugeschrieben.[10]

Die im Rahmen der Befragung vorgeschlagenen Maßnahmen, die sich speziell auf die Vergrößerung des Wohnungsangebotes für Gastarbeiter bezogen – in der Studie wurde zwischen vier Maßnahmengruppen unterschieden – wurden von den Kommunen in folgender Weise bewertet:

	Bewertung von wichtig bzw. sehr wichtig
1. Verpflichtung des Arbeitgebers zur Hilfe bei der Wohnraumbeschaffung für ausländische Arbeitnehmer	90,5%
2. Gleichbehandlung bei der Zuteilung öffentlich geförderter Wohnungen	85,5%
3. Verpflichtung des Arbeitgebers zur Unterkunftsbereitstellung für alle ausländischen Arbeitnehmer (nicht nur bei Erstanwerbung)	83,3%
4. Quotenauflagen bei Baumaßnahmen mit Sozialwohnungen	46,3%
5. Anreize für die Freimachung älterer Sozialwohnungen zugunsten ausländischer Arbeitnehmer	39,8%

6. Quotenauflage bei Neu- bzw. Wiederbelegung von Wohnungen aus dem Bestand von Kommunen und kommunaler Wohnungsunternehmen 36,2%
7. Beteiligung ausländischer Arbeitnehmer an Wohnungsbaugenossenschaften 28,3%
8. Ankauf oder Anmietung modernisierter Altbauten für ausländische Arbeitnehmer durch Kommunen 17,4%

Quelle: Konrad-Adenauer-Stiftung, Studien zur Kommunalpolitik Bd. 16, 1977, S. 241.

Bei der zusammenfassenden Auswertung sämtlicher Befragungsergebnisse war das Ergebnis ähnlich: Die stärkere Beteiligung der Arbeitgeber an der Wohnungsversorgung ausländischer Arbeitnehmer wird von den Kommunen als vordringlich angesehen. Ebenfalls als „wichtig" bzw. „sehr wichtig" werden Maßnahmen zur Verbesserung der Information, (z. B.: Aufklärung der Ausländer über den Bezug von Wohngeld), sowie der Ausbau der Kontroll- und Eingriffsmöglichkeiten bei Wohnungsmißständen eingeschätzt. Hingegen werden jene Vorschläge, die eine Sonderbehandlung der Gastarbeiter beinhalten, von den Kommunen als weniger wichtig eingestuft – wohl nicht zuletzt deshalb, weil deren Realisierung (z. B.: Ankauf modernisierter Altbauten für ausländische Arbeiter) mit Kosten verbunden wäre. Und die sozialen Kosten der Ausländerbeschäftigung zu tragen, dazu ist man – auch von seiten der Kommunen – bisher wenig bereit.

3. Die Wohnsituation der Gastarbeiter

Was die ausländischen Arbeiter betrifft, so ist bei ihnen der Wunsch nach einer eigenen Wohnung – der Nachweis einer angemessenen Wohnung[11] ist Voraussetzung für die Bewilligung des Familiennachzugs – allgemein verbreitet. Trotz finanzieller Nachteile und vieler Schwierigkeiten wohnte 1972 schon über die Hälfte von ihnen in einer abgeschlossenen Wohnung, von den Ehepaaren mit Kindern waren es wesentlich mehr.[12]

Im Frühjahr 1972 – neuere offizielle Erhebungen für das gesamte Bundesgebiet liegen nicht vor – waren die Gastarbeiter folgendermaßen untergebracht:

Die ausländischen Arbeitnehmer ausgewählter Nationalitäten nach Wohnkategorien (in %)

Männer und Frauen

Nationalität/ Land	abgeschlossene Wohnung			sonstige Wohngelegenheit			Gemeinschaftsunterkunft			keine Angabe	insgesamt untergebracht	
	privat	Betrieb	zusammen	privat	Betrieb	zusammen	privat	Betrieb	zusammen		privat	Betrieb
Italiener	53	12	65	13	3	16	1	16	17	2	67	31
Griechen	56	9	65	17	4	21	1	11	12	2	74	24
Spanier	49	9	58	11	3	14	1	25	26	2	61	37
Portugiesen	40	11	51	12	4	16	1	30	31	2	53	45
Türken	41	7	48	15	3	18	2	30	32	2	58	40
Jugoslawen	40	8	48	16	7	23	1	27	28	1	57	42
Europäische Anwerbeländer	46	9	55	15	4	19	2	23	25	1	63	36
Übrige Ausländer	61	6	67	14	5	19	1	11	12	2	76	22
Alle Ausländer	48	9	57	15	4	19	2	21	23	1	65	34
Zum Vergleich: Ergebnisse von 1968	.	6	.	.	4	.	.	25	.	–	65	35

Quelle: Bundesanstalt für Arbeit Repräsentativuntersuchung '72, S. 104.

Bei der Interpretation der Tabelle müssen Kriterien wie: Dauer des Aufenthaltes in der Bundesrepublik, Anwesenheit der Ehefrau oder Familie, Alter, Geschlecht, Nationalität, Qualifikation bzw. Art der Tätigkeit und nicht zuletzt das Ausmaß der Deutschkenntnisse berücksichtigt werden, Faktoren, die alle einen Einfluß auf die Art der Unterbringung haben. So läßt sich beispielsweise der Umstand, daß die überwiegende Zahl der Griechen – im Gegensatz zu den Türken – privat wohnt, nicht allein daraus erklären, daß jene Privatwohnungen bevorzugen; er ist vielmehr darauf zurückzuführen, daß 1972 über 80 Prozent der verheirateten griechischen Arbeitnehmer – von den Türken waren es weniger als die Hälfte – mit ihrer Ehefrau im Bundesgebiet lebten.[13]

Zahlen und Statistiken allein genügen jedoch nicht, um die tatsächliche Wohnsituation der Gastarbeiter zu erfassen. Die Wohnungsmisere ausländischer Arbeiter in der Bundesrepublik ist hinreichend bekannt: Der große Wohnungsmangel, aber auch Vorurteile und Mißtrauen den Ausländern gegenüber[14] haben dazu geführt, daß jene der Profitsucht gewissenloser Vermieter hilflos ausgeliefert sind. Nur allzuoft wird die Notlage der Gastarbeiter, die für ihre nachreisenden Familien „ausreichenden" Wohnraum nachweisen müssen, dazu ausgenützt, um an sie den Ausschuß auf dem Wohnungsmarkt zu Wucherpreisen zu vermieten. Sie müssen in Unterkünften leben, die man keinem Deutschen mehr zumuten würde – in sanierungsreifen Altbauten, in Abbruchgebäuden, ehemaligen Werkshallen, Garagen, zugigen Holzbaracken und feuchten Kellern, auf engstem Raum zusammengepfercht.

Die folgenden Tabellen beziehen sich auf die Wohnsituation ausländischer Familien in Duisburg, die sich jedoch kaum von der anderer westdeutscher Großstädte unterscheidet:

Wohnungsgröße nach Nationalität in % der Familien. Anzahl der Personen pro Zimmer

	Türken	Jugoslawen	Italiener	Griechen	Spanier	Gesamt
mehr als 4 Personen	18,7	12,5	14,3	9,1	–	13,2
4 Personen	29,2	18,7	19,0	18,2	6,2	20,8
3 Personen	22,9	20,8	23,8	18,2	25,0	22,2
2 Personen	14,6	12,5	14,3	9,1	12,5	13,2
1 Person	12,5	33,3	28,6	27,3	50,0	27,1
2 Zimmer pro Pers.	–	–	–	18,2	6,2	2,1

Quelle: MAGS, Situation der Familien ausländischer Arbeitnehmer in Nordrhein-Westfalen, Düsseldorf 1976, S. 292 (Gesamtbericht).

Was die sanitären Verhältnisse angeht, so entsprechen auch diese keineswegs den in der Bundesrepublik üblichen Normen:

Sanitäre Ausstattung der Wohnungen in % der Familien nach Aufenthalt

	0–2 Jahre	5–6 Jahre	8–10 Jahre	Gesamt
weder Bad noch Innentoilette	23,4	27,1	8,2	19,4
Innentoilette	34,0	35,4	26,5	31,9
Bad und Innentoilette	25,5	29,2	42,9	32,6
Bad, Innentoilette, Heizung	19,1	10,4	22,4	17,4

Quelle: MAGS, S. 292.

Gastarbeiter genießen keinen besonderen Mieterschutz. Ohne entsprechende Hilfe sind sie meist nicht in der Lage, sich gegen unseriöse Geschäftspraktiken zur Wehr zu setzen. Aus Angst vor der Kündigung, die für sie die Ausweisung zur Folge haben kann, weil sie nicht mehr über einen festen Wohnsitz verfügen, finden sie sich mit den Verhältnissen ab.[15] Für die Vermieter hingegen ist das Risiko klein; nicht nur im Fall jener Ausländer, die als „Illegale" ständig mit ihrer Ausweisung rechnen müssen.

Nicht besser ist die Lage derjenigen, die in den Gemeinschaftsunterkünften ihrer Firmen quasi kaserniert (und kontrolliert) leben müssen; eine Wohnsituation, die für viele eine schwere psychische Belastung darstellt und überdies die Abhängigkeit gegenüber dem Arbeitgeber verstärkt. Dazu kommt, daß auch hier die gesetzlichen Mindestanforderungen an die Unterkünfte, sowohl hinsichtlich des baulichen Zustandes als auch der sanitären und sonstigen Ausstattung sowie der Belegungsdichte, sehr häufig nicht erfüllt werden.

Ob schäbige Wohnbaracken, Abbruchhäuser oder moderne „Wohnsilos" – die Probleme sind letztlich dieselben: eine Gettosituation, isoliert von der Umwelt; man bleibt – auch in der Freizeit – unter sich.[16]

Ausländische Arbeiter sind den deutschen Arbeitnehmern rechtlich, aber nicht faktisch gleichgestellt. Ersteres bedeutet, daß auch die Gastarbeiter Anspruch auf die Zuteilung von Sozialwohnungen haben. Praktisch haben sie aber wenig Möglichkeiten von diesem Recht (über das viele nicht einmal informiert sind) Gebrauch zu machen, weil die Wartelisten zu lang sind.[17] Dazu kommt, daß sie sich, wegen der Ungewißheit hinsichtlich ihrer Aufenthaltsdauer, vielfach gar nicht vormerken lassen. Auch das Wohngeld wird von den Ausländern in unterdurchschnittlichem Maße in Anspruch genommen.[18] Die Gründe hierfür könnten, neben mangelnder Information, u. a. auch darin liegen, daß der Antrag auf Wohngeld im Falle von Arbeitslosigkeit oder Bedürftigkeit (Begründung des Anspruchs auf Sozialhilfe) zum Entzug der Aufenthaltserlaubnis führen kann.

Das Wohnungsproblem der Gastarbeiter wird immer dringender. Gesetzliche Vorschriften und Bußgeldbescheide wegen Mietwucher können keine Besserung bringen wenn es nicht gelingt, das Wohnungsangebot für ausländische Arbeiter wesentlich zu erweitern. Dies könnte unter den gegenwärtigen Umständen nur durch eine verstärkte Förderung des sozialen Wohnungsbaus (bzw. der Sanierung von Altbauten) speziell für diese Gruppe geschehen.

Nach Meinung des Deutschen Städtetags[19] sind jedoch die bisherigen Sonderprogramme zur Förderung des Wohnungsbaus für Gastarbeiterfamilien nicht ausreichend. Ebenfalls kritisiert wird der Vorschlag der Bund-Länder-Kommission, (vornehmlich aus Kostengründen) nur noch die Modernisierung von Altbauwohnungen zu fördern.[20] Schließlich wären – so die Bund-Länder-Kommission – die ausländischen Arbeitnehmer häufig nicht dazu bereit gewesen, die relativ teuren Neubauwohnungen zu beziehen, eine Ansicht, die vom Deutschen Städtetag nicht geteilt wird.

Im neuen Ausländerprogramm der Bundesregierung werden vom Bund geförderte Sonderprogramme für Gastarbeiter als „nicht sinnvoll" bezeichnet, weil diese zur unerwünschten Konzentration von Ausländern auf bestimmte Wohnviertel führten und damit die Integration behinderten. Es sollten jedoch, und dies wäre Pflicht der Länder und Gemeinden, die von den Gastarbeiterfamilien vorwiegend bewohnten Altbauten saniert bzw. verbessert werden, während sich der Bund nur noch an Modellmaßnahmen beteiligen werde.[21]

Wenn auch gemischtnationale Wohnbereiche grundsätzlich vorzuziehen sind, so ist nach Untersuchungsergebnissen in Hamburg die Entstehung ‚gewachsener' Ausländerviertel – nicht Ausländerslums! – in den Innenstädten nicht in jedem Falle abzulehnen.[22] Diese könnten, belebt durch für Ausländer und Deutsche attraktive Geschäfte und Gaststätten, kleine Werkstätten und Märkte, ganz wesentlich zur Verbesserung des Freizeitwerts jener Stadtteile beitragen. Wie Mehrländer betont,[23] überwiegen jedoch unter den (derzeit) in der Bundesrepublik gegebenen Bedingungen die Nachteile der Ausländerkonzentration.

V. Ausbildungsstand und Fortbildungsmaßnahmen für ausländische Arbeiter

1. Berufliche Qualifikation und Anwerbepolitik

Die weit verbreitete Annahme, daß praktisch alle Gastarbeiter, schon aufgrund ihres niedrigen Bildungs- und Ausbildungsniveaus, zum Hilfsarbeiter bestimmt seien, wird durch die Statistik nicht bestätigt: Von den 1972 in der Bundesrepublik beschäftigten ausländischen Arbeitern hatten mehr als die Hälfte die Schule bis zu 6 Jahre besucht, ein Viertel hatte zwischen 7 und 9 Schuljahre absolviert. Die kürzeste Schulausbildung haben die Portugiesen – hier wurde die allgemeine Schulpflicht erst 1971 von vier auf sechs Jahre heraufgesetzt – die beste schulische Qualifikation die Jugoslawen, von denen über ein Drittel einen Schulbesuch von 8 Jahren angab; etwa ein Fünftel der Jugoslawen wies sogar eine Schulbildung von mehr als 10 Jahren auf.[1]

Die berufliche Ausbildung der Gastarbeiter wurde größtenteils am Arbeitsplatz erworben, sie umfaßt, je nach Herkunftsland, sehr unterschiedliche Qualifikationsgrade und dauerte in der Regel mehr als drei Jahre.

Der Prozentsatz ausländischer Arbeitnehmer, die in ihrem Heimatland eine Berufsausbildung absolviert haben, geht aus der folgenden Tabelle hervor (in %):
Wesentlichen Anteil an der Vermittlung ausländischer Facharbeiter hatten die Jugoslawen, die – häufig namentlich angefordert – vorwiegend aus den stärker industrialisierten Regionen Kroatien und Bosnien kamen. Der Anteil der durch die Bundesanstalt für Arbeit vermittelten Fachkräfte aus Griechenland und Portugal war nach einem vorübergehenden Rückgang zwischen 1971 und 1973 ebenfalls wieder im Ansteigen begrif-

Nationalität/Land	Männer insgesamt	davon hauptsächlich betrieblich	davon hauptsächlich schulisch	Frauen insgesamt	davon hauptsächlich betrieblich	davon hauptsächlich schulisch
Italiener	26	78	22	11	.	.
Griechen	24	78	22	15	80	20
Spanier	29	74	26	14	.	.
Portugiesen	27	91	9	9	.	.
Türken	34	76	24	16	46	54
Jugoslawen	62	61	39	29	44	56
Übrige Ausländer	62	49	51	60	37	63
Zusammen	41	66	34	24	49	51

Quelle: Bundesanstalt für Arbeit, Repräsentativuntersuchung '72, S. 45.

fen. Von den absoluten Zahlen her gesehen waren 1973 nicht nur aus Portugal und Jugoslawien, sondern auch aus der Türkei mehr Facharbeiter als in den vorangegangenen beiden Jahren vermittelt worden.

Die Vermittlung beruflich ausgebildeter Gastarbeiter[2] in die Bundesrepublik und deren Anteil an der Gesamtvermittlungszahl hatte sich zwischen 1971 und 1973 folgendermaßen entwickelt:

Nationalität	1973 absolut	1973 %	1972 absolut	1972 %	1971 absolut	1971 %
Italiener	709	19,4	956	45,7	1560	36,1
Griechen	772	15,5	2266	13,6	3293	10,9
Spanier	2762	10,1	4313	19,2	3098	10,5
Türken	30084	29,7	18906	30,3	29556	46,3
Portugiesen	9355	33,1	4469	31,0	3559	23,0
Jugoslawen	24448	36,4	17202	36,0	22103	30,1
Tunesier	235	9,2	644	42,5	933	34,5
Marokkaner	960	32,7	1038	34,2	–	–
Insgesamt	69325	29,1	49794	29,2	64102	29,2

Quelle: Bundesanstalt für Arbeit Erfahrungsbericht 1972/73, S. 59.

Im Zusammenhang mit der beruflichen Qualifikation ausländischer Arbeiter muß jedoch berücksichtigt werden, daß diese zwar den jeweiligen Normen des Herkunftslandes entspricht, aber mit dem Ausbildungsstand eines deutschen Facharbeiters vielfach nicht verglichen werden kann. In diesem Sinn qualifizierte Arbeiter gibt es in den Anwerbeländern nur in beschränktem Maße; verglichen mit den übrigen Gastarbeiternationalitäten werden jedoch die Jugoslawen in deutschen Betrieben weitaus am häufigsten als Facharbeiter eingestuft.[3] Nachdem die Berufsausbildung in den Heimatländern der Gastarbeiter sowohl auf einer „echten" betrieblichen oder schulischen Ausbildung, als auch auf einem „Heraufarbeiten" vom Hilfsarbeiter zum Facharbeiter beruhen kann, gelten bei uns auch jene Ausländer als „qualifiziert", „die über berufsfachliche Kenntnisse, Fertigkeiten oder zumindest Erfahrungen verfügen und sich insofern von ungelernten Hilfskräften deutlich abheben."[4]

Der in der Heimat erlernte Beruf wurde 1972, und dies dürfte sich kaum geändert haben, nur von etwa der Hälfte der ausländischen Arbeitnehmer auch in der Bundesrepublik ausgeübt. Gründe für den Berufswechsel waren die besseren Verdienstchancen bei anderen Tätigkeiten; die (berufsfremde) Vermittlung an Orte, wo bereits Angehörige oder Bekannte arbeiteten, um die Eingewöhnung zu erleichtern; die Sprachbarriere, die die Ausübung des erlernten Berufes erschwerte; die für die hiesigen Anforderungen unzureichende Ausbildung.

Trotz der Verbesserung der Beschäftigungslage für Facharbeiter in den Anwerbeländern blieb der Anteil der in die Bundesrepublik vermittelten, beruflichen qualifizierten Gastarbeiter von 1971 bis zum Anwerbestop Ende 1973 unverändert bei etwa 29 Prozent.

Diese für die deutsche Wirtschaft vorteilhafte Anwerbungspolitik, die dem verstärkten Bedarf an qualifizierten Arbeitskräften Rechnung getragen hatte, zeitigte jedoch zunehmend negative Folgen für die Emigrationsländer: Der an sich schon vorhandene Mangel an beruflich qualifizierten Kräften wurde durch die Auswanderung noch verstärkt; die in die Ausbildung investierten Gelder[5] kommen nicht der eigenen Volkswirtschaft, sondern der des Einwanderungslandes zugute.

Der von den Emigrationsländern beklagten Abwanderung ausgebildeter Arbeiter in Länder mit höherem Lohnniveau und attraktiveren Arbeitsbedingungen konnten, zumindest bis zum Anwerbestop, von seiten der betreffenden Regierungen nur restriktive Maßnahmen entgegengesetzt werden. So wurde von Jugoslawien, das am stärksten unter dem Facharbeiterentzug zu leiden hatte, eine Beschränkung der Ausreise bestimmter Berufsgruppen im Juni 1973 gesetzlich verfügt.[6] Von Griechenland, das infolge seiner günstigen wirtschaftlichen Entwicklung in den letzten Jahren (der Anwerbung) ebenfalls unter der Knappheit von Arbeitskräften litt, wurde die Vermittlung von Facharbeitern ins Ausland ab 1972 weitgehend auf bestimmte Regionen begrenzt und 1973 noch weiter – auf 500 Personen pro Monat – beschränkt.[7]

Außerdem wurden sowohl von Jugoslawien als auch der Türkei neue Wege beschritten, um ihre Fachkräfte zu einer Rückkehr in die Heimat zu bewegen und gleichzeitig die Gründung bzw. Expansion einheimischer Betriebe zu finanzieren: Im Rahmen verschiedener Modelle, die sich aber bisher als wenig erfolgreich erwiesen, soll sich der im Ausland tätige Gastarbeiter als Aktionär an einem Industriebetrieb in seiner Heimat beteiligen und sich dadurch für später einen Arbeitsplatz in der „eigenen" Firma sichern. Nachdem sich solche Unternehmen z. T. als unseriös herausstellten, andere sich als geschäftliche Fehlplanungen erwiesen und damit die Erwartungen der Investoren nicht erfüllten, waren viele Gastarbeiter nicht dazu bereit, ihre Ersparnisse auf diese Weise anzulegen.[8]

Wegen der, seit dem Anwerbestop andauernden angespannten Arbeitsmarktlage ist die Bundesregierung nun stärker darum bemüht, die Rückkehr der Gastarbeiter als „wesentliche(n) Bestandteil einer künftigen Ausländerpolitik" zu fördern.[9] So wurde im Mai 1980 ein Abkommen zwischen der deutschen und der griechischen Regierung unterzeichnet, das die finanzielle Unterstützung griechischer Gastarbeiter, die freiwillig in ihre Heimat zurückkehren, vorsieht. Diese erhalten, wenn sie mit ihren Ersparnissen sogenannte Arbeitnehmergesellschaften – bevorzugt in strukturschwachen Regionen – gründen, entweder finanzielle Zuschüsse oder eine von der deutschen Regierung finanzierte Zusatzausbildung.

Angesichts der unsicheren wirtschaftlichen und politischen Verhältnisse in den meisten Anwerbeländern sowie der langjährigen Anwesenheit und geringen Rückkehrbereitschaft vieler Gastarbeiter stellt sich die Frage nach der Wirksamkeit solcher Programme. Typisch für die rein ökonomische Betrachtungsweise der „Gastarbeiterfrage" erscheint es aber, daß die durch die Auswanderung bewirkte Entfremdung von den heimatlichen Lebensformen und die daraus folgenden Probleme der sozialen Wiedereingliederung – falls diese überhaupt gelingt – bisher kaum beachtet wurden.[10]

2. *Ausbildungsmaßnahmen in den Anwerbeländern*

Um den Bedarf der deutschen Wirtschaft an Facharbeitern zu decken, der aus dem Arbeitskräftereservoir der Anwerbeländer nicht mehr befriedigt werden konnte, hatte man 1970 damit begonnen, in den Heimatländern der Gastarbeiter Maßnahmen zur beruflichen Qualifikation durchzuführen.[11] Diese Ausbildung, die auf eine spätere Beschäftigung in der Bundesrepublik ausgerichtet war, sah neben den fachlichen Anlernmaßnahmen auch die Teilnahme an deutschen Sprachkursen vor. Solche Kurse – sie wurden mit Erlaß des Anwerbestops bis auf weiteres eingestellt – gab es in Italien, Jugoslawien, der Türkei, Spanien und Tunesien; mit Portugal waren 1973 noch entsprechende Vereinbarungen getroffen worden.

An den Kosten dieser Schulung, die an Gewerkschaftszentren, Gewerbeschulen und sonstigen Ausbildungseinrichtungen durchgeführt wurden, waren die Bundesanstalt für Arbeit (Anschaffung von Maschinen und Geräten)[12] und – zu sehr günstigen Bedingungen – deutsche Firmen beteiligt. Der vom deutschen Arbeitgeber bezahlte Zuschuß von monatlich 250 bis 300 DM pro anzulernenden Arbeiter – dieser erhielt für die Dauer der Ausbildung keine Vergütung bzw. nur ein geringes Taschengeld – sicherte jenen eine auf die spezifischen Bedürfnisse des Betriebes hin ausgebildete Arbeitskraft, die nur an die zahlende Firma vermittelt werden durfte.

Fachlich gesehen bezogen sich die meisten Anlernmaßnahmen auf Metallberufe, daneben wurden, vor allem 1973, auch größere Zahlen ausländischer Arbeiter für Hotel- und Gaststättenberufe sowie für das Baugewerbe angelernt.[13]

Auf die Erfordernisse der Anwerbeländer nahm diese Form des ,,Kaufes von Facharbeitern" (Peters) hingegen keine Rücksicht: Jene stellten die Einrichtungen zur Verfügung, in denen die eigenen Arbeitskräfte nach den Wünschen und Erfordernissen deutscher Unternehmen ausgebildet wurden. So war in speziellen Anlernverträgen festgelegt worden, daß die Betriebe ,,... das Ziel der Anlernung bestimmen können, daß ihnen ein Einfluß auf die Methoden der Anlernung eingeräumt wird und daß sie das Recht haben, die Anlernung zu beobachten sowie an den Abschlußprüfungen mitzuwirken."[14] Wie die Bundesanstalt für Arbeit 1974 feststellte, war die Beurteilung der Schulungsmaßnahmen durch die beteiligten deutschen Betriebe so positiv, daß, im Falle der Aufhebung oder Modifizierung des Anwerbestops, mit deren Ausweitung und Intensivierung gerechnet wird.

Trotz gewisser Vorteile für den einzelnen Arbeiter ist diese Form der Einflußnahme auf das Ausbildungswesen eines Landes problematisch – nicht nur im Hinblick auf die spätere Verwendung jener Arbeitskräfte, die für die hochspezialisierten Wirtschaftsstrukturen moderner Industriestaaten ausgebildet wurden. Kurzfristig gesehen mögen diese Maßnahmen als positiver Beitrag zur Beseitigung von Arbeitslosigkeit und Unterbeschäftigung in den Emigrationsländern erscheinen. In der Tat wirken sie sich langfristig eher nachteilig auf die Entwicklung jener Länder aus; denn auf diesem Wege werden neue

Abhängigkeiten geschaffen, neue Einflußbereiche eröffnet und damit die Chancen zur wirtschaftlichen und sozialen Emanzipation weiterhin verringert.

3. Sprachkurse und berufliche Weiterbildung für Gastarbeiter in der Bundesrepublik

Für eine erfolgreiche Teilnahme an beruflichen Fortbildungsmaßnahmen ist eine gewisse Kenntnis der deutschen Sprache die wichtigste Voraussetzung. Es erscheint deshalb angebracht, im Folgenden kurz auf Umfang und Grad der Deutschkenntnisse bei ausländischen Arbeitern einzugehen, wie sie in der Repräsentativuntersuchung '72 ermittelt wurden:[15]

Die ausländischen Arbeitnehmer nach ihren Kenntnissen in der deutschen Sprache (in %)

Nationalität	Männer				Frauen			
	sehr gut	einigermaßen	schlecht	gar nicht	sehr gut	einigermaßen	schlecht	gar nicht
Italiener	18	43	28	11	12	35	36	17
Griechen	14	41	36	9	6	34	40	20
Spanier	11	32	39	18	10	34	40	16
Portugiesen	6	26	41	27	.	26	47	23
Türken	7	35	43	15	7	30	43	20
Jugoslawen	17	45	30	8	24	43	26	7
Übrige Ausländer	70	20	10	.	67	25	.	.
Insgesamt	22	36	31	11	21	34	31	14

Quelle: Bundesanstalt f. Arbeit, Repräsentativuntersuchung '72, S. 29.

Wie die Tabelle zeigt, hatte das Gros der Gastarbeiter seine Deutschkenntnisse am Arbeitsplatz erworben. Hinsichtlich der Sprachkenntnisse bestehen aber – und dies dürfte sich inzwischen nicht grundsätzlich geändert haben – Unterschiede zwischen den verschiedenen Nationalitäten. Diese sind (im wesentlichen) auf den Umfang und die Qualität der Ausbildung, die Dauer des Aufenthaltes in der BRD und die Art der Beschäftigung zurückzuführen. So wirkte sich bei den Jugoslawen, von denen ein überdurchschnittlich hoher Anteil schon vor der Einreise in die Bundesrepublik über Deutschkenntnisse verfügte,[16] die bessere Schulbildung und, insbesondere im Falle der weiblichen Arbeitskräfte, die überwiegende Beschäftigung im Dienstleistungsgewerbe positiv auf das Erlernen der Sprache aus. Einen günstigen Einfluß auf die Sprachkenntnisse der Ausländer haben auch private Kontakte zur deutschen Bevölkerung, eine Möglichkeit des Spracherwerbs, die von den Italienern relativ häufig wahrgenommen wird.

Sprachkurse für Gastarbeiter gibt es seit über 15 Jahren, sie wurden aber bisher nur von einem verschwindend geringen Teil der ausländischen Arbeiter besucht.[17] Diese werden von den Freien Wohlfahrtsverbänden, den Gewerkschaften, Volkshochschulen und einer Reihe anderer Stellen veranstaltet. Auch die Betriebe sind, soweit sie sich einen Nutzen davon versprechen, an einer Verbesserung der Deutschkenntnisse ihrer Gastarbeiter interessiert. Einige Unternehmen führen sogar selbst Sprachlehrgänge durch, in denen aber nicht die Umgangssprache, sondern ein spezielles „Arbeitsdeutsch" – bezogen auf die interne betriebliche Situation – vermittelt wird.[18]

Von der Bundesregierung wurden zur Verbesserung des Sprachunterrichts für ausländische Arbeitnehmer vor einigen Jahren neue Initiativen entwickelt mit dem Ziel, das Angebot an Sprachkursen auszuweiten und die Ausbildung der Sprachlehrer zu verbessern. Die Maßnahmen werden vom Bundesarbeitsministerium finanziert und vom 1974 gegründeten „Sprachverband – Deutsch für ausländische Arbeitnehmer e. V." koordiniert und fachlich betreut.[19] 1978 wurden vom Sprachverband 1600 Kurse für Jugendliche und Erwachsene mit ca. 20000 Teilnehmern gefördert, für 1979 war eine Verdopplung der Kurs- und Teilnehmerzahl vorgesehen. Dieses Angebot bewegt sich jedoch in recht bescheidenem Rahmen, wenn man es auf die Zahl der in der Bundesrepublik lebenden ausländischen Arbeiter und deren Familienangehörige bezieht: So gerechnet beschränkte sich die (offizielle) Förderung des Deutschunterrichts für Gastarbeiter und deren Familienangehörige – ihre Zahl betrug 1978 über 2,1 Millionen (ohne Kinder unter 16 Jahren) – lediglich auf 1 Prozent dieser Bevölkerungsgruppe.

Trotz guten Willens aller Beteiligten waren die Maßnahmen zur sprachlichen Förderung der ausländischen Arbeiter bisher wenig erfolgreich. Die Schuld wird in der Regel den Gastarbeitern zugeschoben, die die deutsche Sprache nicht erlernen wollten. Die Gründe für die hohen Ausfallquoten dürften hingegen nicht bei den Ausländern selbst, sondern eher an den ungünstigen äußeren Umständen, an der Unübersichtlichkeit und mangelnden Qualität des Angebots und nicht zuletzt an der Unsicherheit hinsichtlich ihrer Aufenthaltsdauer (und der daraus folgenden geringen Motivation) liegen. Die meisten Kurse finden nach der Arbeit statt, zu einer Zeit, in der der Arbeiter physisch und psychisch kaum mehr in der Lage ist, dem Unterricht zu folgen. Dazu kommt, daß die verwendeten Lehrmethoden wenig Rücksicht auf den niedrigeren Bildungsstand der meisten Gastarbeiter nehmen, die schnell das Interesse an einem schulmäßig durchgeführten Sprachunterricht verlieren.[20] Es fehlt aber nicht nur an für diese Zielgruppe speziell ausgebildeten Lehrern, sondern auch an geeignetem Unterrichtsmaterial. Die Tatsache, daß die meisten Gastarbeiter aufgrund ihrer wenigen Kontakte zur einheimischen Bevölkerung kaum Gelegenheit haben vorhandene Deutschkenntnisse anzuwenden und zu erweitern, wirkt sich ebenfalls nicht gerade günstig auf die Bereitschaft zum Besuch eines Sprachkurses aus.

Ausländische Arbeiter eignen sich ihre Kenntnisse der deutschen Sprache unter sehr ungünstigen Bedingungen an. Obwohl sie häufig nur die Umgangssprache oder ein verkürztes „Pidgin-Deutsch“ sprechen, reicht aber ihre Kommunikationsfertigkeit in der Regel für die Verständigung im täglichen Lebens- und Arbeitsbereich aus. In vielen Fällen nicht ausreichen dürften diese (unsystematisch erworbenen) Sprachkenntnisse für die Ablegung einer Sprachprüfung, wie sie neuerdings[21] als zusätzliche Voraussetzung für die Erteilung einer unbefristeten Aufenthaltserlaubnis bzw. der Aufenthaltsberechtigung verlangt wird. Die Verbesserung des aufenthaltsrechtlichen Status vom Nachweis „einfacher" (unbefristete Aufenthaltserlaubnis) bzw. „ausreichender" (Aufenthaltsberechtigung) Kenntnisse der deutschen Sprache abhängig zu machen, erweist sich in mehrfacher Hinsicht als problematisch: Selbst wenn in den meisten Bundesländern[22] – für die Erteilung der Aufenthaltsberechtigung – auf die Ablegung einer schriftlichen Prüfung verzichtet werden soll, ist die Beurteilung der mündlichen Sprachfertigkeit nicht nur wegen des großen Ermessensspielraums der jeweils zuständigen Ausländerbehörde mehr als fragwürdig. So dürfte sich die Angst vor der ungewohnten Prüfungssituation und deren Ausgang beim Gros der Ausländer eher als zusätzliches Hindernis für die Erlangung eines besseren aufenthaltsrechtlichen Status erweisen.[23]

Die Überwindung der Sprachbarriere ist, und darüber besteht kein Zweifel, ein wichtiger Bestandteil jeglicher Integrationspolitik. Um dies zu ermöglichen, müßten jedoch – statt Prüfungen abzuhalten – zunächst einmal die nötigen Voraussetzungen zum Erlernen der Sprache geschaffen werden. Ist man in der Bundesrepublik – im Gegensatz zu Schweden[24] – schon nicht zur gesetzlichen Regelung des Anspruchs auf bezahlten Sprachunterricht während der Arbeitszeit bereit, dann müßte zumindest die Förderung des Sprachkursangebots für Gastarbeiter materiell und personell wesentlich verstärkt und ausgebaut werden.

Unter den Maßnahmen zur beruflichen Qualifizierung ausländischer Arbeiter haben sich kombinierte Fach- und Sprachkurse am besten bewährt. Abgesehen davon, daß die Sprachkenntnisse der meisten Ausländer für auf deutsche Arbeitnehmer zugeschnittene Lehrprogramme nicht ausreichen,[25] erscheint diese Methode auch deshalb sinnvoll, weil die Verbindung von Wort und Objekt unmittelbar hergestellt und die praktische Anwendbarkeit des erworbenen Wissens ständig demonstriert wird.

Während die Betriebe selbst am häufigsten Träger beruflicher Bildungsmaßnahmen sind, werden überbetriebliche Aus- und Fortbildungskurse vorwiegend vom Internationalen Bund für Sozialarbeit (Jugendsozialwerk e. V.) organisiert und veranstaltet. Der IB führt seit 1968 eine Reihe von Ausbildungslehrgängen für ausländische Arbeitnehmer – meist in Abend- und Samstagskursen – durch, die u. a. mit der Facharbeiter- oder Gesellenprüfung abgeschlossen werden können. Für diese kombinierten sprachlichen und und beruflichen Fördermaßnahmen werden finanzielle Zuschüsse von den Arbeitsministerien des Bundes und der Länder sowie vom Sozialfonds der Europäischen Gemeinschaft gewährt.[26] Außerdem werden noch Kurse von Institutionen aus den Heimatländern der Gastarbeiter angeboten, für die zum Teil Studienhilfen beantragt werden können.[27] Mit der beruflichen Weiterbildung italienischer Arbeitnehmer befaßt sich u. a. auch das ENAIP-Berufsbildungswerk, das – zusammen mit Bildungsorganisationen der Gewerkschaft – Kurse an verschiedenen Orten der Bundesrepublik veranstaltet, die auch zur Facharbeiterprüfung führen. Weitere Ausbildungsmöglichkeiten bieten die Kurse der Industrie- und Handelskammern, des Deutschen Gewerkschaftbundes und der Volkshochschulen, die Deutschen wie Ausländern offenstehen.

Ausländische Arbeitnehmer haben, ebenso wie Deutsche, Anspruch auf finanzielle Förderung beruflicher Fortbildung und Umschulung.[28] Während die allgemeinen Voraussetzungen für beide Gruppen gleichermaßen gelten, ist der Förderungsanspruch bei Ausländern an zusätzliche Bedingungen geknüpft: Sie müssen vor Beginn einer Fortbildungs- bzw. Umschulungsmaßnahme mindestens zwei Jahre versicherungspflichtig in der Bundesrepublik gearbeitet haben und eine längerfristig gültige Aufenthalts- und Arbeitserlaubnis besitzen. Hinter diesen restriktiven Vorschriften steht das Rentabilitätsdenken; denn schließlich muß, damit sich die Förderungsmaßnahme arbeitsmarktpolitisch bezahlt macht, mit einem längeren Verbleib des Ausländers in der Bundesrepublik gerechnet werden können.

Die vielkritisierte Tatsache, daß die Möglichkeiten der beruflichen Weiterbildung von den ausländischen Arbeitern nicht im entsprechenden Maße genützt werden, hat verschiedene Gründe: Sprachschwierigkeiten – diese werden am häufigsten genannt –, mangelnde Information und zu hohe Anforderungen spielen hier ebenso eine Rolle wie Schichtarbeit, familiäre Verpflichtungen und das Fehlen von Schulungsmöglichkeiten am Wohnort. Dazu kommt, daß der abendliche Unterricht für viele Gastarbeiter eine nicht mehr tragbare zusätzliche Belastung darstellt.[29] Für viele von ihnen stellt sich auch die Frage, ob sich eine mit persönlichen Opfern und finanziellen Einbußen verbundene Ausbildung angesichts der geringen Aufstiegschancen und der Ungewißheit ihrer Aufenthaltsdauer in der Bundesrepublik überhaupt „lohnt". Für diejenigen Gastarbeiter, die Schichtarbeit leisten oder wegen der Anwesenheit ihrer Familie bzw. wegen dem Bestreben, bestimmte Sparziele in der Heimat zu erreichen auf zusätzliche Einnahmen aus Überstundenarbeit angewiesen sind, dürfte eine berufliche Weiterbildung in der oben beschriebenen Form zudem gar nicht in Betracht kommen.

Der Anteil derer, die an einer (außerbetrieblichen) beruflichen Bildungsmaßnahme in der Bundesrepublik teilgenommen haben, ist in der Tat kaum nennenswert: 1977 besuchten rd. 8600 ausländische Arbeitnehmer die knapp 700 Kurse des IB, wobei die Mehrzahl der Teilnehmer auf die sogenannten „Vorbereitungskurse", und hier wiederum auf die Deutschkurse, entfielen. Während sich noch verhältnismäßig viele Teilnehmer in den berufsfachlichen „Grundkursen" finden, ist im Gegensatz dazu die Zahl der Teilnehmer in den „Aufbau- und Oberstufenkursen" – letztere werden mit der Facharbeiter- bzw. Gesellenprüfung abgeschlossen – verschwindend gering. Entsprechend niedrig ist die Zahl derjenigen Ausländer, und dies dürfte nicht nur für den IB, sondern auch für die übrigen Träger außerbetrieblicher Ausbildungsmaßnahmen zutreffen, die die Facharbeiterprüfung ablegen.[30]

Die geringe Motivation der Gastarbeiter, die Strapazen (und Kosten) einer beruflichen Qualifizierung auf sich zu nehmen wird dann verständlich, wenn man die tatsächlichen Aufstiegsmöglichkeiten – vom Un- bzw. Angelernten zum Facharbeiter betrachtet; diese sind nach wie vor auf wenige Ausnahmen beschränkt. Denn bei der häufigsten Form der Ausbildung ausländischer Arbeitskräfte, der innerbetrieblichen Qualifikation, handelt es sich meist nur um den Aufstieg vom ungelernten zum angelernten Arbeiter. Die Ausbildung zum Facharbeiter erfolgt nur dann, wenn für diese Branche keine einheimischen Arbeiter mehr zur Verfügung stehen.[31]

Die Mehrzahl der Gastarbeiter bleibt, als Hilfsarbeiter oder Angelernte, weiterhin in den niedrigsten beruflichen Positionen. Sie entspricht damit jener Funktion, die ihr vom ,,Gastland" zugedacht worden ist, nämlich ,,Schicht unter der Unterschicht" (Bingemer) zu sein.[32]

VI. Die Problematik der Ausländerrechts

Immer wieder geben Presseberichte über die Ausweisung und Abschiebung von Ausländern Anlaß zur Kritik an der, wie es vielfach scheint, unzulässigen Härte der Behörden. In der Regel wird hierbei übersehen, daß jene Behördenpraxis durch das neue Ausländergesetz von 1965 und seine Ausführungsvorschriften nicht nur gedeckt, sondern in manchen Fällen geradezu gefördert wird.

Charakteristisch für das Ausländergesetz, das sich aufgrund seiner unklaren Rechtsbegriffe praktisch für jegliche Form der Ausländerpolitik einsetzen läßt, sind die großen Ermessensspielräume der Ausländerbehörden, die die Betroffenen der Willkür oder Verständnislosigkeit einzelner Verwaltungsbeamter ausliefern. Im Hinblick auf deren rechtliche und soziale Diskriminierung ist der Grundsatz der Gleichbehandlung nach Artikel 3 des Grundgesetzes im Falle der Ausländer nicht mehr gewährleistet; dort heißt es nämlich: (1) ,,Alle Menschen sind vor dem Gesetz gleich", und (3): ,,Niemand darf wegen seines Geschlechtes, seiner Abstammung, seiner Heimat und Herkunft, seines Glaubens, seiner religiösen oder politischen Anschauungen benachteiligt oder bevorzugt werden".

Das am 28. 4. 1965 vom Deutschen Bundestag verabschiedete Ausländergesetz löste die bis dahin gültige Ausländerpolizeiverordnung ab, die aus dem Jahre 1938 stammte und nicht mehr mit den Grundsätzen der Verfassung übereinstimmte. Die Konzeption des neuen Ausländergesetzes entsprach dem Willen der Gesetzgeber, das Fremdenrecht aus der Zeit des Dritten Reiches zu liberalisieren und den Erfordernissen der Zeit anzupassen. Die amtliche Begründung des Gesetzentwurfes lautet folgendermaßen: ,,Die Bundesregierung verfolgt eine liberale und weltoffene Fremdenpolitik, die die Einreise und den Aufenthalt von Ausländern erleichtert".[1] Wie aber steht es in der Praxis?

1. *Die Aufenthaltserlaubnis*

Jeder Ausländer, der sich länger als drei Monate in der Bundesrepublik aufhalten oder hier eine Erwerbstätigkeit ausüben will, benötigt eine Aufenthaltserlaubnis, die von den deutschen Konsulaten im Ausland erteilt wird. Hierauf besteht jedoch kein Rechtsanspruch; die Erteilung des Visums steht im Ermessen der Behörden und ist ausschließlich an der Interessenlage der Bundesrepublik orientiert.[2]

Nach § 2 Absatz 1 AuslG „darf die Aufenthaltserlaubnis ... erteilt werden, wenn die Anwesenheit des Ausländers Belange der Bundesrepublik Deutschland nicht beeinträchtigt". Welches die „Belange"[3] der Bundesrepublik sind und unter welchen Umständen eine solche Beeinträchtigung anzunehmen ist, wird im Gesetz allerdings nicht gesagt. In der Ausführungsvorschrift zum AuslG heißt es dazu: Die Entscheidung für oder gegen die Erteilung einer Aufenthaltsgenehmigung soll unter Berücksichtigung aller „einschlägigen Gesichtspunkte" erfolgen. Hierbei sind „außer Gründen, die in der Person des Ausländers liegen, ... insbesondere auch Gründe politischer und wirtschaftlicher Art sowie die Belange des Arbeitsmarktes zu beachten". Selbst wenn die Belange der Bundesrepublik nicht berührt werden, aber durch die Anwesenheit des Ausländers als „gefährdet" erscheinen, muß die Aufenthaltserlaubnis versagt werden.[4] Demnach konnte bisher – wie Fälle aus der Praxis beweisen – schon allein der Antrag auf Einbürgerung, weil dieser auf die Absicht zur Niederlassung schließen läßt, staatliche Belange („Die Bundesrepublik ist kein Einwanderungsland") beeinträchtigen und zur Ablehnung einer Verlängerung der Aufenthaltserlaubnis führen. Hier ist inzwischen eine gewisse Lockerung festzustellen: Nach einer neuen Entscheidung des Bundesverfassungsgerichts kann ein (länger ansässiger)

Ausländer auch künftig mit der Verlängerung seiner Aufenthaltserlaubnis rechnen, ,,wenn er sich beanstandungsfrei verhält und ein Interesse an seiner Weiterbeschäftigung besteht. Für die Ablehnung des Verlängerungsantrags genügt dann nicht mehr die allgemeine Begründung, die Bundesrepublik sei kein Einwanderungsland ..."[5]

Trotz der genannten Erleichterung finden die Belange der Ausländer – und dies ist ein Kernpunkt der Kritik – sowohl was das Gesetz selbst als auch dessen Handhabung durch die Behörden betrifft, nach wie vor wenig Beachtung. Dies wird an der scheinbar liberalen, de facto jedoch restriktiven Regelung des Familiennachzugs deutlich: Zwar können Familienangehörige von Gastarbeitern, gemeint sind Ehepartner und Kinder unter 18 Jahren, ohne Sichtvermerk in die Bundesrepublik einreisen – falls sie nicht beabsichtigen zu arbeiten – sie erhalten aber erst dann eine Aufenthaltserlaubnis, wenn der Nachweis einer ,,angemessenen" Wohnung und gesicherter wirtschaftlicher Verhältnisse erbracht worden ist.[6] Obwohl diese Regelung an sich plausibel erscheint, so erweist sich gerade der Wohnungsnachweis, die Wohnung muß den durchschnittlichen Anforderungen vergleichbarer deutscher Arbeitnehmer entsprechen, angesichts der schwierigen, für Ausländer noch verschärften Lage auf dem Wohnungsmarkt als äußerst problematisch. Damit wird der Nachweis einer, gemessen an deutschen Normen ,,ausreichenden" Wohnung,[7] gekoppelt mit dem vorläufigen Arbeitsverbot für die Ehefrau,[8] zum administrativen Mittel für die Beschränkung des Familiennachzugs. Somit ist der Versuch der Behörden, Probleme der Infrastruktur– statt diese endlich anzugehen – auf die Betroffenen abzuwälzen, wieder einmal Beweis für eine, nicht an der Person, sondern allein an der Rentabilität der Arbeitskraft ausgerichtete Ausländerpolitik.

Bei der Erteilung bzw. Verlängerung der Aufenthaltsgenehmigung sind, wie schon aus den wenigen zitierten Textbeispielen hervorgeht, dem Ermessen der Behörden keinerlei Grenzen gesetzt; dies führt was den Ausländer betrifft, zu einer kaum tragbaren Rechtsunsicherheit. Neben unterschiedlichen Auffassungen zwischen den einzelnen Bundesländern, ja sogar zwischen den Ausländerbehörden innerhalb eines Bundeslandes was die Auslegung so unbestimmter Begriffe wie „erhebliche Belange" angeht, ist auch die Praxis der lokalen Behörden keineswegs einheitlich. Trotz dieser Widersprüche ist die von einem Ausländeramt getroffene Entscheidung für das gesamte Bundesgebiet verbindlich. Da der § 2 des Ausländergesetzes keinerlei Tatbestandsmerkmale enthält, ist eine gerichtliche Kontrolle der Willkür von Behördenentscheidungen kaum zu verwirklichen.[9] Unter diesen Umständen dürfte die Feststellung eines Kommentators des Ausländergesetzes wohl zutreffen, daß die Erteilung der Aufenthaltserlaubnis in der Bundesrepublik „dicht an den Rand eines Gnadenaktes" gerückt sei (W. Kanein).

2. Die neuen Durchführungsbestimmungen zum Ausländergesetz

Als wesentliches Hindernis für die Lebensplanung der Ausländer erwies sich bisher, abgesehen von der Unsicherheit hinsichtlich deren Verlängerung, auch die kurze Befristung der Aufenthaltserlaubnis. Diese wurde in der Regel, auch nach einem längeren Aufenthalt in der Bundesrepublik, nur für bis zu zwei Jahre erteilt;[10] eine unbefristete Aufenthaltserlaubnis bzw. eine Aufenthaltsberechtigung wurde nur in Ausnahmefällen ausgestellt.[11]

Aufgrund vielfacher Kritik der seit Anfang der siebziger Jahre zunehmend restriktiven Ausländerpolitik, bei der der Schwerpunkt der Maßnahmen auf der Reduktion – und nicht der Integration – der ausländischen Bevölkerung lag, entschloß sich die Bundesregierung zu einer gewissen Neuorientierung im Bereich der Ausländerpolitik.

Im 1977 veröffentlichten Papier der Bund-Länder-Kommission hielt man zwar weiter an den bisherigen Schwerpunkten „Integration" und „Konsolidierung" fest, verstärkte aber, angesichts der wachsenden Probleme der in der Bundesrepublik lebenden ausländischen Familien, die integrationspolitischen Maßnahmen.[12] Den Vorschlägen der Bund-Länder-Kommission zur Verbesserung des Aufenthaltsrechts der Ausländer wurde 1978 durch eine Änderung der Verwaltungsvorschrift zur Ausführung des Ausländergesetzes Rechnung getragen, die offiziell folgendermaßen begründet wurde: „Soziale und humanitäre Gründe erfordern, den in der Bundesrepublik Deutschland lebenden ausländischen Arbeitnehmern und ihren Familien eine angemessene gesellschaftliche Eingliederung zu ermöglichen."[13]

Nach den neuen Bestimmungen soll in der BRD beschäftigten ausländischen Arbeitnehmern nach einem ununterbrochenen rechtmäßigen Aufenthalt von 5 Jahren in der Regel eine unbefristete Aufenthaltserlaubnis erteilt werden, wenn:[14]

- sie die besondere, auf 5 Jahre befristete Arbeitserlaubnis (nach § 2 AEVO) besitzen;
- sie sich auf einfache Weise mündlich in der deutschen Sprache verständlich machen können;
- sie ausreichenden Wohnraum für sich und ihre Familie nachweisen können;
- ihre in der Bundesrepublik lebenden Kinder der gesetzlichen Schulpflicht nachkommen.

Ehegatten und minderjährige Kinder können die unbefristete Aufenthaltserlaubnis schon vor Ablauf der Frist von 5 Jahren erhalten, falls der Partner die unbefristete Aufenthaltserlaubnis besitzt; sie müssen aber „ausreichende Kenntnisse der deutschen Sprache" haben.

Nach einem Aufenthalt von 8 Jahren kann die Aufenthaltsberechtigung beantragt werden. Hierzu muß der Antragsteller nachweisen, daß:

- er sich in das wirtschaftliche und soziale Leben der Bundesrepublik Deutschland eingefügt hat, und daß
- er ausreichende Deutschkenntnisse besitzt.

Die Absicht der Bundesregierung, den aufenthaltsrechtlichen Status ausländischer Arbeitnehmer und ihrer Familien – in Angleichung an das internationale Aufenthaltsrecht – stufenweise zu verbessern, erweist sich jedoch in der Praxis als problematisch. Die Kritik an der neuen Regelung bezieht sich vor allem darauf, daß man sich wiederum nicht dazu entschließen konnte, den Ausländern, bei Erfüllung der oben genannten Voraussetzungen, einen Rechtsanspruch auf die Aufenthaltssicherung einzuräumen. Durch die Formulierung „in der Regel", die zwar gegenüber der früheren „Kann"-Bestimmung eine Verbesserung darstellt, ist die Entscheidung über die Verfestigung des Aufenthalts nach wie vor in das alleinige Ermessen der Ausländerbehörden gestellt. Gerade im Hinblick auf die vielfach vorherrschende negative Einstellung gegenüber den Gastarbeitern stellt sich die Frage, ob Verwaltungsvorschriften ohne Gesetzeskraft dazu ausreichen, die Praxis der Behörden im Sinne der Betroffenen – als „Einwanderer" – zu verändern.

Inhaltliche Bedenken ergeben sich aus der Diskrepanz zwischen den Bestimmungen des Ausländergesetzes und den in der Verwaltungsvorschrift festgelegten (restriktiveren) Regelungen, sowohl was die unbefristete Aufenthaltserlaubnis als auch die Aufenthaltsberechtigung betrifft. Nach F. Franz „erscheint (es) ... höchst fraglich, ob die frühere und die in Zukunft gewollte Verwaltungsübung durch Gesetzesvorschriften gedeckt wird, die der Ausländerbehörde die Erteilung einer unbefristeten Aufenthaltserlaubnis jederzeit, ohne zusätzliche Anforderungen an Arbeitsplatz, Deutschkenntnisse, Wohnraum und deutschen Schulbesuch der Kinder, gestatten (§ 7 AuslG)".[15] In der Tat stellt der in der neuen Verwaltungsvorschrift geforderte Wohnungsnachweis, vor allem aber der Nachweis deutscher Sprachkenntnisse als Voraussetzung für die Verfestigung der Aufenthaltsgenehmigung, gegenüber früher eine erhebliche Erschwernis dar. Auch die Verlängerung der Wartezeit für die Erteilung der Aufenthaltsberechtigung von 5 Jahren (§ 8 AuslG) auf 8 Jahre (Neuregelung der Verwaltungsvorschrift) kann, so Franz, nicht eigenmächtig von der Exekutive bestimmt werden. Denn die Entscheidung über die Verfestigung des Aufenthalts liegt beim Gesetzgeber und nicht bei der Verwaltung.

Letztlich kann das Ziel der sozialen Integration der in der Bundesrepublik lebenden Gastarbeiterbevölkerung nur über eine Reform (und inhaltliche Konkretisierung) des Ausländergesetzes, das dem Tatbestand des Einwanderungslandes durch Sicherung des Aufenthaltes Rechnung trägt, erreicht werden. Eine Ausländerpolitik, die, aufgrund ihrer Ambivalenz und Widersprüchlichkeit – trotz neuer, scheinbar verbesserter Regelungen – weiter an der Diskriminierung der Ausländer festhält, ist hingegen wenig geeignet, deren Assimilationsbereitschaft (und Eigeninitiative) zu fördern.[16]

3. Auflagen und Beschränkungen der Aufenthaltserlaubnis

Im krassen Widerspruch zur Liberalisierung des Fremdenrechts steht auch folgender Passus im Ausländergesetz: ,,Die Aufenthaltserlaubnis kann mit Bedingungen und Auflagen versehen werden" und ,,Die Aufenthaltserlaubnis kann nachträglich räumlich und zeitlich beschränkt sowie mit Bedingungen und Auflagen versehen werden" (§ 7, Absatz 3 und 4 AuslG).

Wiederum ist über Art und Voraussetzungen für solche Vorsichtsmaßnahmen nichts ausgesagt; es bleibt den Behörden überlassen, über deren Notwendigkeit zu entscheiden. In der allgemeinen Verwaltungsvorschrift zur Ausführung des Ausländergesetzes heißt es dazu lediglich: ,,Auflagen oder Bedingungen zur Aufenthaltserlaubnis können verfügt werden, wenn dies zur Wahrung öffentlicher Interessen geboten erscheint."[17] Zulässige Auflagen oder Bedingungen sind u.a.: Das Verbot einer Erwerbstätigkeit (dies soll in der Regel bei Studenten verfügt werden); das Verbot einer bestimmten Erwerbstätigkeit (z.B.: Ausübung eines Gewerbes); die Bindung der Aufenthaltserlaubnis an den Bestand eines individuellen Arbeitsvertrages (dies betrifft speziell die ausländischen Arbeiter); das Gebot, eine Kaution für die Kosten der Heimreise beziehungsweise ,,einer etwa erforderlichen Abschiebung" zu hinterlegen; die vorübergehende räumliche Beschränkung.[18]

Rechtliche Bedenken werden vor allem dagegen erhoben, daß jede Aufenthaltserlaubnis ,,mit Bedingungen und Auflagen versehen werden kann", ohne daß im Gesetz Näheres über Art und Voraussetzungen solcher Vorsichtsmaßregeln ausgesagt ist. Auch die Bestimmung, nach welcher die Behörde ermächtigt ist, eine schon (uneingeschränkt) erteilte Aufenthaltserlaubnis nachträglich räumlich oder zeitlich einzuschränken, läßt sich kaum mit den Prinzipien der Rechtsstaatlichkeit vereinbaren, denn: ,,... der Gesetzgeber darf sich seines Rechtes, die Schranken der Freiheit zu bestimmen, nicht dadurch begeben, daß er ... die Grenzziehung im einzelnen dem Ermessen der Verwaltung überläßt".[19]

Besonders nachteilig für ausländische Arbeitnehmer in der Bundesrepublik ist die Ermächtigung der Behörden, die Aufenthaltserlaubnis mit dem Arbeitsvertrag zu verbinden. Diese Regelung, die dazu führt, daß der Gastarbeiter bei einem Wechsel seines Arbeitsplatzes oder bei Kündigung seine Aufenthaltserlaubnis verliert, liefert ihn gegebenenfalls der Willkür seines Arbeitgebers aus. Diese aufenthaltsrechtliche Nebenbestimmung gilt (nach Art. 2 I GG) als verfassungswidrig, weil nur die Arbeitsämter, nicht aber die Ausländerbehörden zur Steuerung des Arbeitsmarktes befugt sind.[20]

4. Die politische Betätigung von Ausländern

Mit dem Grundrecht der freien Meinungsäußerung, das von der Verfassung auch Ausländern zugestanden wird unvereinbar ist folgende, in das neue Ausländergesetz aufgenommene Bestimmung: ,,Die politische Betätigung von Ausländern kann eingeschränkt oder untersagt werden, wenn die Abwehr von Störungen der öffentlichen Sicherheit oder Ordnung oder von Beeinträchtigungen der politischen Willensbildung in der Bundesrepublik Deutschland oder sonstige erhebliche Belange der Bundesrepublik Deutschland es erfordern" (§ 6 Absatz 2). Was die erstere betrifft, so gelten – laut Verwaltungsvorschrift – für

Ausländer und Deutsche verschiedene Maßstäbe: ,,Aus dem auch für Ausländer geltenden Grundrecht der freien Meinungsäußerung (Artikel 5GG) kann kein Recht auf uneingeschränkte politische Betätigung hergeleitet werden, da sich die Begriffe der freien Meinungsäußerung und der politischen Tätigkeit nicht decken."[21]

Wiederum erscheint die Generalklausel ,,erhebliche Belange", die hier in erster Linie die (guten) Beziehungen der Bundesrepublik zu anderen Staaten betreffen. Im Hinblick auf die Praxis stellt sich dann die Frage, ob die aktive Vertretung einer politischen Meinung möglicherweise nur dann frei ist, wenn sie den Interessen der Bundesrepublik (bzw. der jeweiligen Regierung) nicht widerspricht.[22]

Ausländer besitzen kein Wahlrecht; sie haben damit keine Möglichkeit, am politischen Entscheidungsprozeß mitzuwirken. Ihre Interessenvertretungen (Ausländerbeiräte, Ausländerparlamente, etc.) sind – beschränkt auf lediglich beratenden Status – politisch machtlos und dürften eher Ventil- und Alibifunktionen erfüllen. Seit Jahren wird die Gewährung des kommunalen Wahlrechts vor diesen selbst und von zahlreichen, mit Ausländern befaßten Stellen gefordert. Für die Arbeiterwohlfahrt ,,ist die Erteilung des Kommunalwahlrechtes ein wichtiges und notwendiges Element bei der Konzipierung einer Integrationspolitik".[23] Wie Untersuchungen ergeben haben, wächst mit zunehmender Aufenthaltsdauer bei den Gastarbeitern die Unzufriedenheit mit ihrer politischen Unmündigkeit und Bevormundung.[24] Die Ablehnung des kommunalen Wahlrechts für Ausländer wurde bisher vornehmlich mit dem juristischen Argument, das Wahlrecht wäre nach dem Grundgesetz nur deutschen Staatsbürgern vorbehalten, begründet. Im Gegensatz dazu heißt es in einer, von den Teilnehmern der hessischen Landeskonferenz des DGB im Juni 1979 verfaßten Resolution: ,,Wahlrecht ist Menschenrecht. Es ist daher nicht eine nach normativen Recht zu beantwortende, sondern politisch zu entscheidende Frage. Es ist also eine Frage des politischen Willens. Das Kommunalwahlrecht für ausländische

Mitbürger muß eingeführt werden, weil die Demokratie es erfordert".[25]

5. Die Ausweisung

Besonders aktuell wird die Frage nach dem Rechtsschutz des Ausländers in der Bundesrepublik angesichts der Tatsache, daß nach § 10 des Ausländergesetzes praktisch unter jeder Voraussetzung eine Ausweisung verfügt werden kann.

Damit stellt sich die Frage, ob das neue Ausländergesetz, das nach Ansicht von Fachleuten betont „antiliberal" ist,[26] tatsächlich einen Fortschritt gegenüber der Ausländerpolizeiverordnung von 1938 darstellt. Während sich jene auf die beispielhafte Aufzählung von Ausweisungsgründen beschränkte, enthält das heute gültige Fremdenrecht neben einem detaillierten Katalog von Ausweisungstatbeständen aus dem Straf- und Zivilrecht wiederum die unbestimmte Generalklausel „erhebliche Belange der Bundesrepublik Deutschland".

Folgende Ausweisungsgründe sind in § 10 AuslG aufgeführt: Gefährdung der Grundordnung oder Sicherheit der BRD; Straffälligkeit; Anstaltsunterbringung oder Fürsorgeerziehung; Verstöße gegen das Steuerrecht; Verstöße gegen das Arbeitserlaubnis- und Aufenthaltsrecht; Täuschung einer Behörde; Betteln; Prostitution und Landstreichertum; Gefährdung der öffentlichen Gesundheit oder Sittlichkeit; Inanspruchnahme der Sozialhilfe und wenn die Anwesenheit des Ausländers „erheblich Belange der Bundesrepublik Deutschland aus anderen Gründen beeinträchtigt".

Die Möglichkeiten, gegen § 10 des Ausländergesetzes zu verstoßen, sind täglich gegeben. Selbst Bagatellgründe, wie die Verletzung der Meldevorschriften oder kleinste Verkehrsdelikte, aber auch die nicht nur vorübergehende Inanspruchnahme von Sozialhilfe, können schon zur Ausweisung führen.[27]

Besonders schwierig ist es für die Gastarbeiter, sich im

,,Dickicht des Fremdenrechts" (Majer) zurechtzufinden. In Unkenntnis der Zusammenhänge fühlen sie sich häufig ungerecht behandelt und der Willkür der Behörden ausgeliefert. Und dies mit Recht, denn der Grundsatz von der ,,Verhältnismäßigkeit der Mittel", d.h. ein so schwerwiegender Eingriff wie die Ausweisung muß zu ihrem Anlaß in angemessenem Verhältnis stehen, findet in der Praxis der Behörden vielfach nicht die nötige Beachtung.[28]

Selbst die des öfteren erhobene Forderung nach einer gründlichen Information der Ausländer im Bezug auf ihre Einspruchsmöglichkeiten gegen ausländerbehördliche Entscheidungen nützt nur wenig, solange die zwangsweise Abschiebung sofort vollzogen werden kann. Denn nach § 13 AuslG soll die Abschiebung zwar ,,schriftlich angedroht" und ,,eine Frist bestimmt" werden, aber: ,,Von der Androhung und Fristsetzung kann ... abgesehen werden, wenn dies durch besondere Gründe gerechtfertigt ist."

Von dieser Maßnahme betroffen sind u. a. jene illegalen ausländischen Arbeiter, die im Zuge polizeilicher Razzien bei sogenannten ,,Nacht- und Nebelaktionen" in ihre Heimatländer abgeschoben werden. Besonders problematisch ist jedoch die Abschiebung jener Ausländer, die bei Rückkehr in ihre Heimat schwere bzw. schwerste Strafen zu erwarten haben. Zu den auf solche Weise geahndeten ,,Verbrechen" zählt die Verweigerung des Wehrdienstes ebenso wie die Beteiligung an politischen Aktivitäten, die gegen das dort herrschende Regime gerichtet sind. Obwohl § 14 AuslG die Abschiebung in einen Staat, in dem ,,das Leben" oder die ,,Freiheit" des Ausländers ,,wegen seiner Rasse, Religion, Staatsangehörigkeit, seiner Zugehörigkeit zu einer bestimmten sozialen Gruppe oder wegen seiner politischen Überzeugung bedroht ist", untersagt,[29] ist die Einhaltung dieser Bestimmungen – wie auch neuere Fälle beweisen – von seiten der Behörden nicht immer garantiert.

6. Fazit

Mit der kritischen Erörterung einiger für ausländische Arbeitnehmer besonders wichtiger Bestimmung des deutschen Fremdenrechts sollte darauf hingewiesen werden, daß dieses – zumindest im Sinne einer ,,liberalen und weltoffenen Ausländerpolitik"[30] – längst reformbedürftig ist.

Nachzuprüfen wären neben den Regelungen der Zuständigkeit vor allem die Generalklauseln sowie die Problematik des fast unumschränkten Ermessensspielraum der Behörden, durch die die verfassungsrechtlich garantierte ,,Effektivität des Rechtsschutzes" nicht mehr in jedem Falle gewährleistet ist.[31] Eine Präzisierung der gesetzlichen Bestimmungen und eine Vereinheitlichung der Behördenpraxis wären nicht nur unter dem Gesichtspunkt der Rechtsstaatlichkeit, sondern auch im Interesse einer Verbesserung der internationalen Beziehungen zu erstreben. Entsprechende Vorschläge, die über wirtschaftspolitische Aspekte hinaus eine Humanisierung des geltenden Ausländergesetzes zum Ziel haben, liegen schon vor.[32]

Die Rechtslage der Ausländer in der Bundesrepublik ist ,,uneinheitlich" und ,,verschwommen" (Bingemer). Sie unterliegen unterschiedlichen Rechtsnormen, neben dem speziellen Ausländergesetz noch dem deutschen Recht, dem Recht ihres Heimatstaates und den EG-Vereinbarungen, die sich teilweise sogar widersprechen. Als Beispiel sei nur das EG-Recht angeführt, das, im Gegensatz zum deutschen Ausländergesetz, auf Integration der Migranten innerhalb der Mitgliedstaaten abzielt und damit zu einer Diskriminierung der übrigen Gastarbeiternationalitäten führt.[33]

Die politische und rechtliche Benachteiligung der ausländischen Arbeiter hat – vor allem im Zusammenhang mit den, seit 1973 durchgeführten ,,Konsolidierungsmaßnahmen" der Bundesregierung – zu einer tiefen Verunsicherung der betroffenen Bevölkerungsgruppe geführt. Mißtrauen, Isolation und Rückzug in einen verstärkten Nationalismus sind die Folgen einer, ausschließlich an wirtschaftlichen Interessen und der Fiktion vom „vorübergehenden Aufenthalt“ ausgerichteten Ausländerpolitik.

Die Forderung nach Gleichberechtigung ist demnach nicht nur eine humanitäre Frage; diese ist vielmehr eine Notwendigkeit, wenn eine weitere Polarisierung der Bevölkerung in Einheimische und unterprivilegierte ausländische Minderheiten[34] vermieden und Konflikte zwischen Deutschen und Gastarbeitern verhindert werden sollen.

VII. Sozialleistungen

Für die Dauer ihres Aufenthaltes in der Bundesrepublik gilt für ausländische Arbeitnehmer das deutsche Sozialversicherungsrecht. Da dieses auf dem Territorialprinzip aufgebaut ist, endet der Versicherungsschutz in der Regel mit dem Verlassen des Bundesgebietes und nur die im Inland zurückgelegte Beschäftigung wird sozialversicherungsrechtlich anerkannt. Ausnahmen von dieser Regelung gelten für die Angehörigen der EG-Staaten, die sozialversicherungsrechtlich wie Inländer behandelt werden, sowie für die Bürger jener Staaten – und darunter fallen die Hauptanwerbeländer[1] – mit denen die Bundesrepublik Sozialversicherungsabkommen abgeschlossen hat. Durch solche zwischenstaatlichen Verträge wird gewährleistet, daß Versicherungszeiten im Ausland angerechnet und Leistungsansprüche (z. B. bei Arbeitslosigkeit) in die Heimatländer der Gastarbeiter übertragen werden können.

Daß diese Regelungen eine notwendige Grundlage für die Beschäftigung ausländischer Arbeitskräfte bilden, steht außer Zweifel. Es muß aber darauf hingewiesen werden, daß die sozialrechtlich unterschiedliche Behandlung der einzelnen Gastarbeiternationen in der Praxis zu ganz erheblichen Diskriminierungen führen kann. Hier stehen die EG-Verordnungen, die auf eine volle Eingliederung der Arbeitnehmer innerhalb ihrer Mitgliedstaaten hinzielen im Widerspruch zur Ausländerpolitik der Bundesregierung, aufgrund derer der Gastarbeiter oft gar nicht dazu kommt, gewisse sozialversicherungsrechtliche Voraussetzungen zu erfüllen.[2] Als weiteres Hindernis für den Erwerb und die Geltendmachung von Ansprüchen aus der Sozialversicherung erweist sich immer wieder die für Ausländer äußerst komplizierte und undurchsichtige deutsche Bürokratie. Mißverständnisse infolge von Sprachschwierigkeiten, mangelnde Routine, die eher affektive Einstellung der Südländer gegenüber Gesetzen sowie Mißtrauen und Furcht im Umgang mit Behörden können ebenfalls leicht dazu führen, daß Fristen versäumt und Ansprüche verwirkt werden.[3]

Für die ausländischen Arbeitnehmer in der Bundesrepublik sieht der Versicherungsschutz in den einzelnen Bereichen der Sozialversicherung folgendermaßen aus:

1. *Krankenversicherung*

Den versicherungsrechtlichen Bestimmungen zufolge sind „die in der Bundesrepublik Deutschland beschäftigten ausländischen Arbeitnehmer mit den gleichen Rechten und Pflichten krankenversichert wie deutsche Arbeitnehmer".[4] Krankenversicherungspflicht besteht für Gastarbeiter in denselben Grenzen, die nach der Reichsversicherungsordnung auch für einheimische Arbeitnehmer gültig sind. Das heißt, jene zahlen dieselben Versicherungsbeiträge, auch für ihre Familien, wie ihre deutschen Arbeitskollegen. Auf die in der Bundesrepublik lebenden Familienangehörigen bezieht sich folgende Bestimmung: „Die in der Bundesrepublik Deutschland beschäftigten ausländischen Arbeitnehmer haben bei ihrer Krankenkasse Leistungsansprüche auch für Familienangehörige, die sich gewöhnlich in der Bundesrepublik Deutschland aufhalten. Familienangehörige in diesem Sinne sind die unterhaltsberechtigte Ehefrau sowie die unterhaltsberechtigten Kinder."[5] Die im Heimatland verbliebenen Familienangehörigen können nur dann Leistungen aus der Krankenversicherung beanspruchen, wenn zwischenstaatliche Sozialversicherungsabkommen bestehen; dies trifft auf alle Hauptanwerbeländer zu.

Der ausländische Arbeitnehmer hat im Krankheitsfall Anspruch auf Sachleistungen wie ärztliche Behandlung und Versorgung sowie auf Krankengeld und Familienzuschläge. Dies gilt auch bei Erkrankungen im Ausland; hier muß jedoch – um Leistungen zu erhalten – die Arbeitsunfähigkeit umgehend dem dortigen Versicherungsträger (sowie dem deutschen Arbeitgeber) mitgeteilt werden. Reist der Gastarbeiter während seiner Krankheit ohne vorherige Zustimmung seiner Krankenkasse nach Hause, dann ruht sein Anspruch aus der Versicherung.

Bei Fehlen zwischenstaatlicher Abkommen, z. B. im Fall von Marokko und Tunesien, kann der ausländische Arbeiter, der sich während seiner Arbeitsunfähigkeit in seiner Heimat aufhält, trotz regelmäßiger Beitragszahlung an die deutsche Krankenversicherung, nur nach voriger Genehmigung Leistungen erhalten.[6]

Exkurs: Der Krankenstand der Gastarbeiter

Die in der Öffentlichkeit verbreitete Meinung, deutsche Krankenkassen würden durch die Ausländer in besonders hohem Maße beansprucht, denn Gastarbeiter würden öfters „krank feiern", entspricht nicht den Tatsachen. Wenn auch der Krankenstand der Ausländer während der letzten Jahre leicht gestiegen ist und seit 1976 etwas über dem Gesamtdurchschnitt aller Pflichtversicherten liegt, so ist ein Vergleich der Krankheitsstatistik von Deutschen und Gastarbeitern nur unter Einschränkungen möglich. Denn die höhere Krankenquote der Ausländer erklärt sich u. a. daraus, daß die Repräsentativstatistik nicht nur Arbeiter, sondern auch Angestellte erfaßt, eine Berufskategorie, deren Krankheitshäufigkeit erheblich unter der der Arbeiter liegt; Angestellte sind aber unter den Gastarbeitern kaum vertreten. Bei bereinigter Statistik zeigt sich folglich, daß der Krankenstand der ausländischen Arbeiter, trotz zunehmender Belastung durch das Dauerprovisorium ihrer Lebenssituation,[7] immer noch niedriger als bei den deutschen Pflichtversicherten ist.

Der insgesamt geringere Krankenstand der Gastarbeiter[8] hat seine Ursache nicht nur in der günstigen Altersstruktur[9] und der strengen gesundheitlichen Auswahl der Immigranten. Viele Ausländer werden auch durch Sprach- und Kontaktprobleme sowie aus Angst vor Schwierigkeiten mit dem Arbeitgeber von einem notwendigen Arztbesuch abgehalten. Günstig auf die Krankheitsquoten der ausländischen Arbeiter dürfte sich zudem auswirken, daß jene bei längerer Krankheit entlassen und ausgewiesen werden können, ein Faktor, der statistisch freilich schwer nachweisbar ist. In einem Kommentar zu § 2 des Ausländergesetzes heißt es dazu: ,,Bei längerer Krankheit kann die Aufenthaltserlaubnis versagt werden, weil der Zweck des Aufenthaltes, nämlich Arbeitnehmertätigkeit und damit Hilfe für die deutsche Wirtschaft und Industrie, nicht mehr vorliegt.“[10]

2. *Unfallversicherung*

Die gesetzliche Unfallversicherung erstreckt sich auf alle in einem Betrieb beschäftigten deutschen und ausländischen Arbeitnehmer; sie umfaßt Wegeunfälle,[11] Arbeitsunfälle und Berufskrankheiten.

Aufgrund zwischenstaatlicher Abkommen und der EG-Bestimmungen werden den Gastarbeitern Leistungen aus der deutschen Unfallversicherung nicht nur in der Bundesrepublik, sondern auch in ihren Heimatländern gewährt. Die zur Wiederherstellung der Arbeitsfähigkeit nötige ärztliche Behandlung wird dagegen nur dann vom deutschen Krankenversicherungsträger finanziert, wenn besondere Vereinbarungen zwischen der Bundesrepublik und den betreffenden Anwerbeländern bestehen.

Exkurs: Die Unfallquote bei Gastarbeitern

Anders als beim Krankenstand liegt die Unfallquote der Gastarbeiter erheblich über der der deutschen Arbeitnehmer, sie ist im Gesamtdurchschnitt – hier fehlt es jedoch an zuverlässigem Zahlenmaterial – etwa doppelt so hoch wie die der Deutschen. Auch bei den tödlichen Arbeitsunfällen sind die Ausländer stark überrepräsentiert.

Die zu Beginn ihrer Tätigkeit in der Bundesrepublik besonders hohe Unfallhäufigkeit der Gastarbeiter ist auf folgende Faktoren zurückzuführen:[12]

- Gastarbeiter sind, wesentlich häufiger als deutsche Arbeiter, in Wirtschaftszweigen und Arbeitsplätzen mit hoher Unfallquote beschäftigt.
- Sie werden vielfach zu kurz und oberflächlich angelernt:
- Ein großer Teil der Gastarbeiter ist in Deutschland in anderen als den erlernten Berufen beschäftigt; sie haben vielfach weder die Erfahrung noch die körperliche Verfassung, um die ihnen ungewohnte Schwerarbeit (die schwersten und schmutzigsten Arbeiten sind in der Regel den Ausländern vorbehalten), zu leisten.
- Körperliche und psychische Überbelastung durch Schichtarbeit, Überstunden und die Problematik ihrer familiären Situation erhöhen das Unfallrisiko.
- Häufig arbeiten sie, aus Angst vor Entlassung, trotz Krankheit weiter und sind damit noch stärker unfallgefährdet.
- Wegen mangelhafter Sprachkenntnisse können sie Hinweisschilder z. T. nicht richtig lesen und Zurufe und Warnungen von Kollegen nur schwer verstehen.
- Sie sind Gefahren gegenüber leichtsinniger und oft nicht gewöhnt, sich streng an die Sicherheitsvorschriften zu halten.
- Die Unfallhäufigkeit wird (bzw. wurde) durch die hohe Fluktuation der Ausländer – diese ist jedoch seit dem Anwerbestop stark zurückgegangen – die ein ständiges Umlernen erfordert, begünstigt.

Die Unfallquote der einzelnen Gastarbeiternationalitäten ist unterschiedlich hoch; die Ursachen hierfür liegen u. a. in der Art der Tätigkeit (z. B. ist das Baugewerbe ein „unfallintensiver“ Beschäftigungszweig), der Herkunft (Städter gewöhnen sich schneller an eine industrielle Arbeitswelt), dem Ausbildungsstand und der Aufenthaltsdauer.

Die Unfallhäufigkeit und die Verteilung der Arbeitsunfälle auf die einzelnen Gastarbeiternationalitäten sah zwischen 1970 bis 1974 folgendermaßen aus:

Arbeitnehmer	Arbeitsunfälle je 1000 Arbeitnehmer 1974	1970	Abnahme in v. H.
Deutsche	80	87	– 8
Griechen	170	204	– 17
Italiener	149	229	– 35
Jugoslawen	168	223	– 25
Spanier	155	205	– 24
Türken	224	276	– 18
Ausländer insgesamt	166	219	– 24

Quelle: Bayerisches Staatsministerium für Arbeit u. Sozialordnung, Ausländerische Arbeitnehmer in Bayern, München 1979, S. 35.

Wie aus dem Unfallverhütungsrecht der Bundesregierung vom 29. 1. 1976 hervorgeht, weist die Unfallquote der ausländischen Arbeiter eine fallende Tendenz auf. Hier zeigen sich deutlich die positiven Auswirkungen des längeren Aufenthaltes in der Bundesrepublik, ein Effekt, der als Folge des Einwanderungsstops, auch in Zukunft zu einem weiteren Rückgang der Arbeitsunfälle bei Ausländern führen dürfte.

Um Fehlinterpretationen zu vermeiden, darf die (statistisch) höhere Unfallhäufigkeit der Gastarbeiter jedoch nicht als isolierte Größe betrachtet und bewertet werden, denn: ,,Unter Berücksichtigung gleichartiger Bezugsgrößen, zum Beispiel im Hinblick auf Vorbildung, Art der Tätigkeit, Betriebszugehörigkeit, würde ein Vergleich der Unfallquoten deutscher und ausländischer Arbeitnehmer wahrscheinlich ergeben, daß nur unwesentliche Abweichungen vorliegen.“[13]

3. Arbeitslosenversicherung

Nach dem Arbeitsförderungsgesetz vom 25. 6. 1969 haben ausländische Arbeitnehmer Anspruch auf Leistungen aus der Arbeitslosenversicherung, wenn sie die allgemeinen Voraussetzungen[14] erfüllen, über eine gültige Aufenthaltsgenehmigung und Arbeitserlaubnis verfügen bzw. wenn feststeht, daß ihnen eine neue Arbeitserlaubnis erteilt werden kann. Sofern zwischenstaatliche Abkommen bestehen,[15] wird die Arbeitslosenunterstützung auch im Heimatland des Ausländers gewährt, wobei die Versicherungszeiten in der Bundesrepublik für die Erfüllung der Anwartschaft berücksichtigt werden.

Gastarbeiter aus Ländern, mit denen keine Verträge geschlossen worden sind – beispielsweise die Türkei und Portugal – können Leistungen aus der deutschen Arbeitslosenversicherung nur in der Bundesrepublik in Anspruch nehmen. Bei Rückkehr in ihre Heimat erhalten sie keine Entschädigung für die in der Bundesrepublik entrichteten Beiträge.

Dem Prinzip der sozialversicherungsrechtlichen Gleichstellung von Deutschen und Ausländern steht jedoch die restriktive verwaltungsrechtliche Praxis entgegen. Dieser Widerspruch führt dazu, daß arbeitslose Ausländer ohne besondere Arbeitserlaubnis bzw. ohne Anspruch auf Erteilung der besonderen Arbeitserlaubnis[16] und bei Fehlen geeigneter Stellenangebote, kaum die Möglichkeit haben, im Anschluß an den Bezug von Arbeitslosengeld noch längerfristig Arbeitslosenhilfe oder Sozialhilfe zu erhalten.[17]

Gelingt es dem Ausländer nicht, innerhalb eines Jahres einen neuen Arbeitsplatz zu finden,[18] dann wird davon ausgegangen, daß der Arbeitsmarkt für ihn „verschlossen" ist, d. h., daß er – aufgrund der Arbeitsmarktlage – auch in absehbarer Zeit nicht mehr vermittelt werden kann. Damit ist er für den Arbeitsmarkt nicht „verfügbar" und verliert die Voraussetzung für die Erteilung einer neuen Arbeitserlaubnis, die beim Bezug von Arbeitslosenhilfe vorliegen muß.

Ist ein Gastarbeiter dann mangels Einkommen auf den Bezug von Sozialhilfe angewiesen, so führt diese, (nach einer kurzen Übergangsfrist) gemäß § 10 des Ausländergesetzes – Mittellosigkeit ist eine Beeinträchtigung „erheblicher Belange" der Bundesrepublik – zur Ausweisung. Der Ausländer muß nach § 12 AuslG das Bundesgebiet unverzüglich verlassen.

4. Rentenversicherung

Die in der Bundesrepublik beschäftigten ausländischen Arbeitskräfte unterliegen, ebenso wie die einheimischen Arbeiter, der Rentenversicherungspflicht. Mit der Zahlung ihrer Beiträge erwerben sie dieselben Ansprüche wie deutsche Arbeitnehmer.[19] Der Rentenanspruch ruht jedoch, solange sich der Empfänger freiwillig außerhalb der Bundesrepublik aufhält. Nur bei Bestehen zwischenstaatlicher Sozialversicherungsabkommen – diese wurden inzwischen mit der Mehrzahl der Anwerbeländer abgeschlossen[20] – kann die Rente auch im Heimatland des Ausländers bezogen werden. Demnach können die in die deutsche Rentenversicherung eingezahlten Beiträge, auch bei Rückkehr in das Herkunftsland, nicht mehr verfallen; denn die Versicherungszeiten innerhalb der Vertragsstaaten werden für die Ermittlung der Rente zusammengerechnet.

Wer aus der Sozialversicherungspflicht ausscheidet und nicht zur freiwilligen Weiterversicherung berechtigt ist,[21] der bekommt auf Antrag die Arbeitnehmerbeiträge – bei freiwilliger Höherversicherung die Hälfte der entrichteten Beiträge – zurückerstattet. Die Zahlung wird in der Regel auch in das Ausland geleistet. Der Anspruch auf Beitragsrückerstattung kann jedoch erst dann geltend gemacht werden, wenn mindestens zwei Jahre seit dem Ende der Versicherungspflicht vergangen sind. Während dieser Zeitspanne darf keine rentenversicherungspflichtige Tätigkeit in der Bundesrepublik oder Westberlin ausgeübt worden sein.

Im Hinblick auf Mißverständnisse in der Öffentlichkeit, die in der Ausländerbeschäftigung eine Belastung für die deutsche Rentenversicherung sieht, scheint es wichtig darauf hinzuweisen, daß deutsche Altersrenten schon seit Jahren von den Beiträgen der ausländischen Arbeiter mitfinanziert werden.[22] Da letztere aufgrund ihrer günstigen Altersstruktur zur Zeit kaum Leistungen in Anspruch nehmen, ergibt sich ein ganz erheblicher Beitragsüberschuß, der letztlich den deutschen Arbeitnehmern zugute kommt. Zweifellos müßten ohne die Einzahlungen der Gastarbeiter die Beiträge zur Rentenversicherung jetzt schon höher sein. Die Gastarbeiter helfen somit die Rentenlasten zu tragen, die vor allem auf den ungünstigen Altersaufbau in der Bundesrepublik, rund 16 Prozent der deutschen Bevölkerung sind über 65 Jahre alt, zurückzuführen sind.

VIII. Freizeit und Betreuung

Wesentlich schwieriger als die Anpassung an die betriebliche Arbeitswelt ist für den Gastarbeiter das Zurechtfinden im außerbetrieblichen Leben. Für ihn, der aus der Geborgenheit seiner heimatlichen Umgebung[1] in eine hochindustrialisierte, urbane Gesellschaft kommt, bedeutet Freizeit „eine von Leere erfüllte Aussparung der Arbeitszeit" (Bingemer).

Der abrupte Wechsel in eine – verglichen mit den mediterranen Herkunftsländern – schon von ihrer Lebensform her völlig fremde Gesellschaft, die für die Lage der Emigranten nur wenig Verständnis aufbringt, wirkt sich in der Freizeit besonders belastend aus. Sprachschwierigkeiten, Vorurteile von seiten der deutschen Bevölkerung, die die Fremdheit der Ausländer leicht als gefährlich ansieht, sowie das Leben in beengten Wohnungen[2] bzw. gettoähnlichen Unterkünften[3] lassen die Gestaltung der freien Zeit zum Problem werden. Angesichts dieser Umstände trifft sicher zu, daß für den ausländischen Arbeiter „... die Streß-Situation des modernen Lebens dort (liegt), wo sie beim Deutschen in der Regel ihre Grenze findet: In der Privatsphäre".[4]

Insbesondere diejenigen ausländischen Arbeiter, die ohne ihre Familien in der Bundesrepublik leben müssen, und das waren 1976 (nach einer Schätzung des Bundesarbeitsministeriums)[5] immerhin 46 Prozent, haben für die gesetzlich geregelte Freizeit oft wenig Verständnis. Sie erscheint vielen von ihnen als überflüssige Zeit, mit der sie nicht viel anzufangen wissen; als willkürliche Beschränkung der Möglichkeit, mehr Überstunden zu leisten.[6]

Aber nicht nur die „heimkehrorientierten" Ausländer, die als Alleinstehende oder Lediggehende die familiäre Geborgenheit am meisten vermissen, verbringen ihre Freizeit weitgehend isoliert von der deutschen Bevölkerung. Wie aus Untersuchungen hervorgeht, sind die Auswirkungen der Aufenthaltsdauer auf die Freizeitaktivitäten der (erwachsenen) Gastarbeiter verhältnismäßig gering. Als diskriminierte Minderheit und wegen der damit verbundenen sozialen und kulturellen Barrieren sind die meisten von ihnen nicht in der Lage, das allgemeine Freizeitangebot auch in entsprechendem Maße zu nützen.[7] Dazu kommt in vielen Fällen auch der Wunsch, heimatliche Werte und Traditionen, zumindest in der Freizeit, weiter zu pflegen. Daß die Ansicht der Ausländer, sich in der Freizeit anders zu verhalten als die Deutschen, mit wachsender Aufenthaltsdauer zunimmt, wird in der Literatur mit dem geringeren Anpassungsdruck aufgrund der besseren rechtlichen Absicherung erklärt.[8]

Wie neuere Erhebungen zeigen, haben sich die Freizeitaktivitäten der Gastarbeiter im Laufe der vergangenen Jahre wenig geändert. Die weitaus häufigsten Freizeitbeschäftigungen sind:[9] Radiohören, fernsehen, (Zeitung) lesen, spazierengehen und Besuche machen/bekommen, während es sich bei ‚ausgehen' (Kino, Cafe, Gaststätte) um überwiegend ‚männliche', bei ‚Hausarbeiten erledigen' um überwiegend ‚weibliche' Freizeittätigkeiten handelt. Hingegen spielt der Besuch von Freizeitzentren und Freizeitclubs nach wie vor eine sehr untergeordnete Rolle: Diese sind nicht bekannt, zu weit von der Wohnung entfernt oder werden wegen ihres offiziellen Charakters nicht besucht – man bevorzugt informelle Treffpunkte.[10]

Das Freizeitverhalten der Gastarbeiter wird weitgehend durch den Grad der Anpassung – hier sind die Sprachkenntnisse von entscheidender Bedeutung – und die Möglichkeit zur Identifikation mit der hiesigen Gesellschaft bestimmt. Aber auch Faktoren wie: Alter, Geschlecht und familiäre Situation (alleinstehend, ‚lediggehend' oder mit Familie in der BRD), Größe des Wohnorts (vielfältigeres Angebot), Art der Tätigkeit (Schichtarbeit, Überstunden) und der Unterbringung (Heim, Privatwohnung oder Privatzimmer), der sozio-kulturelle Hintergrund (städtische bzw. ländlische Herkunft, Bildungsniveau) und die Kontakte mit der Heimat (Besuche, Geldüberweisungen), die Aufenthaltsdauer und die Sparziele haben auf die Freizeitgestaltung einen wichtigen Einfluß. Viele Freizeitwünsche der Ausländer scheitern jedoch nicht nur wegen des fehlenden Angebots am Ort oder aus Mangel an Zeit und Geld, sondern auch an den Vorurteilen der deutschen Bevölkerung, der an privaten Kontakten mit Gastarbeitern wenig gelegen ist.[11]

Nach Arweiler bietet ,,Freizeit die große Chance, sich in die Gesellschaft aktiv einzugliedern . . ."[12] Aber ist es nicht gerade umgekehrt? Solange ausländische Arbeiter, rechtlich nicht abgesichert und sozial diskriminiert, als Außenseiter der Gesellschaft im ständigen Provisorium leben müssen, solange werden sie diese Gelegenheit auch in Zukunft kaum wahrnehmen können. Organisierte Freizeit und ,,kirchlich betreute Unterhaltung" (Schöfer) sind, wie sich inzwischen gezeigt hat, keine Lösung. Denn sie können, als offizielle Betreuungsmaßnahmen geplant, die Aufgabe des heimatlichen Milieus, den Verlust von Selbstbestimmung, Eigeninitiative und Spontaneität nicht ersetzen.

Bei einer kritischen Betrachtung der Freizeiteinrichtungen für Gastarbeiter zeigt sich, daß die grundsätzlichen Probleme der Ausländer auf dem Wege der ,,Betreuung" nicht gelöst werden können. Die häufig geäußerte Klage, daß diese – mit viel Idealismus aufgebauten und geleiteten – Institutionen nicht stärker besucht würden, ist nicht nur auf die ,,Unorganisierbarkeit des Südländers" (Maturi) zurückzuführen.

1. Ausländersozialarbeit als Hilfe zur Emanzipation

Rund 90 staatliche und private Organisationen befassen sich mit der Gastarbeiterbetreuung; bei den Verbänden der Freien Wohlfahrtspflege waren 1978 allein über 700 ausländische Sozialberater beschäftigt.[13] Die Wohlfahrtsverbände, die die Hauptlast der Ausländerbetreuung tragen, bezahlen mehr als zwei Drittel des Gesamtaufwandes aus eigenen Mitteln, d.h. sie werden nur zu einem geringen Teil von den Steuern und Versicherungsbeiträgen der Gastarbeiter finanziert. Obwohl die Bundesanstalt für Arbeit von den ausländischen Arbeitnehmern jährlich rund 1 Milliarde DM an Versicherungsgeldern einnimmt, standen 1979 für die Ausländerbetreuung durch die Wohlfahrtsverbände nur 24,5 Millionen DM zur Verfügung.[14] Dieser Beitrag der Bundesregierung zur sozialen Integration der ausländischen Arbeitnehmer und deren Familien nimmt sich äußerst bescheiden aus, wenn er auf die Gesamtzahl der zu betreuenden Personen umgerechnet wird.[15]

Während bis Ende der sechziger Jahre noch Orientierungs- und Anpassungshilfen, (Auskünfte über Rechtsfragen, Hilfen bei der Beschaffung von Papieren und Unterlagen, Interventionen bei den Behörden), im Vordergrund der Ausländerbetreuung standen, hat die inzwischen veränderte Situation eine Erweiterung und Umorientierung der Beratungsdienste erforderlich gemacht. Die Grenzen der bisher praktizierten, auf aktuelle Einzelfallhilfe ausgerichteten Betreuungsarbeit wurden mit der längeren Aufenthaltsdauer, vor allem aber im Zusammenhang mit der vermehrten Familiennachholung und dem Heranwachsen der zweiten Ausländergeneration in der Bundesrepublik immer deutlicher sichtbar. Die durch die Belastungen der jahrelangen Emigration verursachten Schwierigkeiten und Konflikte sowie die zunehmend problematischen Folgen einer ausschließlich am wirtschaftlichen Nutzen ausgerichteten Ausländerpolitik waren im Rahmen der bisherigen Beratungstätigkeit nicht mehr zu bewältigen.

Die Probleme der Familien, insbesondere aber die Integration der ausländischen Kinder und Jugendlichen waren Bereiche, die sich durch Einzelfallhilfen nicht lösen ließen. Die Komplexität und Vielfalt der Probleme – als neue Schwerpunkte waren die Familien- und Jugendberatung hinzugekommen – machten andere Methoden, eine bessere Ausbildung der Sozialberater[16] und mehr finanzielle Mittel erforderlich. Entsprechend dem Konzept der stadtteilbezogenen Gemeinwesenarbeit sollte vielmehr die Arbeit an der Basis verstärkt und der Aufbau von Selbsthilfegruppen im Wohnbereich der Ausländer gefördert werden.[17]

Bei der Verwirklichung einer solchen Form der „emanzipatorischen" Sozialarbeit, die nicht „für", sondern „mit" den Betroffenen arbeitet und auf der Solidarität der Ausländer aufbaut, ergeben sich eine Reihe von Hindernissen:[18]

Die Aufteilung der Gastarbeiterbetreuung auf die Wohlfahrtsverbände, die ihrerseits unterschiedliche Vorstellungen und Arbeitsmethoden haben, erschwert die Solidarisierung der Ausländer, aber auch die Zusammenarbeit der jeweiligen Sozialberater. Untersuchungen haben ergeben, daß ein gemeinsames Vorgehen der Wohlfahrtsverbände für die Sache der Ausländer – hier dürften Konkurrenzgründe ebenfalls eine Rolle spielen – nur selten vorkommt. Widerstände gegen eine gruppenbezogene Beratungsarbeit ergeben sich von seiten der Wohlfahrtsverbände u. a. auch deshalb, weil mit der größeren Selbständigkeit und Unabhängigkeit der Ausländer nicht nur sehr häufig eine Kritik an der Arbeitsweise der Betreuungsorganisation, sondern für jene auch ein gewisser Machtverlust verbunden ist. Die Beratungsstellen wiederum sind weder von ihrer Struktur noch von ihrer Organisation her, die Beratung erfolgt hauptsächlich im Rahmen von Sprechstunden in den Diensträumen, auf Gruppenarbeit eingerichtet. Findet diese, entsprechend dem Konzept der Zielgruppenarbeit, in den Treffpunkten und Zentren für Gastarbeiter statt, dann erfordert dies flexiblere Arbeitszeiten, mehr Überstunden und einen höheren Personalaufwand.

Was die Ausländer selbst betrifft, so erweist sich der Aufbau von Selbsthilfeorganisationen als ein schwieriger und langwieriger Prozeß. So wird eine Solidarisierung der Betroffenen mit dem Ziel, sich gemeinsam für eine Verbesserung ihrer Lage einzusetzen, durch die Gegensätze zwischen den verschiedenen Nationalitäten sowie durch Differenzen innerhalb der einzelnen nationalen Gruppen wesentlich erschwert. Dazu kommt, daß die Ausländer, als Folge ständig erfahrener Diskriminierung und Einschüchterung, Hemmungen haben, ihre Belange gegenüber Behörden und der Öffentlichkeit selbst zu vertreten.

Nicht gerade förderlich für eine emanzipatorische Ausländersozialarbeit ist die Praxis der Verwaltungsbehörden die nicht selten versuchen, über eine Verunsicherung der Gastarbeiter (und der Sozialberater), z.B. bei der Verlängerung der Aufenthaltserlaubnis, Anpassungsdruck auszuüben. Insbesondere in Zeiten verstärkter Arbeitslosigkeit erweist sich die Angst vor einer Nicht-Verlängerung der Aufenthaltserlaubnis als wirksames Mittel, die Ausländer zu disziplinieren; eine Methode, die bei den Betroffenen Passivität und Entpolitisierung zur Folge hat. Hier stellt sich die Frage, wie unter solchen Umständen die Empfehlungen der Bund-Länder-Kommission, für die Zukunft gehe es „vor allem um eine aktive, motivierende Arbeit mit emanzipatorischer Zielsetzung (Hilfe zur Selbsthilfe) sowie um eine integrationsorientierte Gruppenarbeit“,[19] verwirklicht werden sollen.

2. Folgerungen

Mit dem konventionellen Konzept der Betreuung kann, obwohl die Notwendigkeit zur Einzelfallhilfe immer gegeben sein wird, die kollektive Not unterprivilegierter Gruppen nicht bewältigt werden. Ausländer sind empfindlich gegenüber jener Art der Betreuung, die letztlich Bevormundung bedeutet, die zur Unmündigkeit statt zur Emanzipation erzieht.[20]

Betreuung im konstruktiven Sinn heißt hingegen, den Willen zur Selbsthilfe zu stärken. Denn, wie Martin Luther King einmal sagte, „wahre Solidarität ist mehr als die Münze, die man dem Bettler hinwirft; sie ist nicht so zufällig und gedankenlos. Sie kommt zu der Einsicht, daß ein Haus, das Bettler hervorbringt, umgebaut werden muß“.[21]

Wie schon mehrmals betont, erfolgt die Emigration in die westlichen Industriezentren in der Regel nicht freiwillig. Die Mehrzahl der Gastarbeiter sind Opfer einer Zwangslage gesellschaftlicher, wirtschaftlicher oder politischer Art. In Erkenntnis dieser Tatsache darf sich die Ausländerbetreuung nicht auf Integrations- und Anpassungshilfen beschränken, so wichtig diese auch für den einzelnen sein mögen. Sie muß sich darüberhinaus „in eine entwicklungspolitische Zielsetzung einordnen" (K. Lefringhausen). Denn, wie der Autor weiter ausführt, „der eigentliche Entwicklungsimpuls, den die Migration für die zurückgebliebenen Regionen abgeben kann und muß, ... (ist) der gestärkte Wille zur Selbsthilfe".[22]

Fürsorge für Gastarbeiter, in diesem weiteren Sinne verstanden, hat mit Betreuung in der herkömlichen Art nur mehr wenig zu tun. Anstelle von Beschwichtigung und Bevormundung muß dann die Forderung nach Gleichberechtigung und gesellschaftlicher Emanzipation der ausländischen Arbeiter, in der Bundesrepublik und in der Folge auch in deren Heimatländern stehen.

Die Konsequenzen einer solchen, auf die Stärkung des Selbstvertrauens und die politische Bewußtseinsbildung ausgerichteten Ausländerarbeit sind – zumindest vordergründig betrachtet – weder im Sinne unserer Wirtschaft noch im Interesse der Regierungen der (meisten) Emigrationsländer, für die eine Radikalisierung der politisch aktivierten Heimkehrer leicht zur Gefahr werden kann.

IX. Die schulische und berufliche Ausbildung der zweiten Ausländergeneration

1. Die Schulsituation der Gastarbeiterkinder

Knapp eine Million ausländischer Kinder und Jugendlicher unter 16 Jahren, darunter über 800000 Gastarbeiterkinder aus Anwerbeländern, leben in der Bundesrepublik; sie verteilen sich folgendermaßen auf die einzelnen Nationalitäten:

Nationalität	insgesamt	%
Griechenland	82500	10,3
Italien	133200	16,5
Jugoslawien	117300	14,6
Türkei	390800	48,5
Spanien	43500	5,4
Portugal	28300	3,5
Marokko	5900	0,7
Tunesien	3700	0,5
insgesamt	805200	100,0

Quelle: Bundesministerium für Arbeit und Sozialordnung, Drucksache IIa 8 und eigene Berechnungen Stand: 30. 9. 1978.

Die Zahl der ausländischen Kinder und Jugendlichen ist ständig im Steigen begriffen, denn, abgesehen von der großen Zahl der in der Bundesrepublik geborenen Kinder holen immer mehr ausländische Arbeiter ihre Familien nach und richten sich auf einen langfristigen Aufenthalt ein. Ihre Kinder wachsen hier auf, besuchen deutsche Kindergärten und Schulen oder sind z. T. schon selbst erwerbstätig. Es ist anzunehmen, daß die meisten von ihnen später nicht mehr in ihre Heimatländer zurückkehren werden.

Die schulische und berufliche Förderung der Gastarbeiterkinder ist jahrelang vernachlässigt worden. Während für die Schulmisere der Ausländerkinder von offizieller Seite u. a. die hohen Kosten geltend gemacht werden, dürfte dahinter auch die Erwägung gestanden sein, aus Gründen der arbeitsmarktpolitischen Flexibilität die Frage der sozialen Integration der ausländischen Familien möglichst lange offen zu halten.[1] Es bleibt abzuwarten, ob das neue Integrationsprogramm der Bundesregierung mit dem Schwerpunkt der Maßnahmen auf der beruflichen und sozialen Eingliederung der zweiten Ausländergeneration auch tatsächlich zu einer grundlegenden Verbesserung der Lage jener Bevölkerungsgruppe führt.[2] Bisher jedenfalls wurde die Eingliederung der Ausländerkinder in das deutsche Schulsystem in der Praxis eher ungern gesehen, denn die damit verbundenen pädagogischen und organisatorischen Probleme stellen eine zusätzliche Belastung der an sich schon überforderten Schulen dar.

Die besonderen Probleme der in der Bundesrepublik lebenden Gastarbeiterkinder waren lange Zeit hindurch nur wenigen Interessierten bekannt. Erst seit 1970, das von den Vereinten Nationen zum Internationalen Erziehungsjahr erklärt worden war, wandte sich die Aufmerksamkeit auch den drängenden Fragen der Kinder ausländischer Arbeiter, deren Zahl sich inzwischen vervielfacht hatte, zu. In Ergänzung zur hauptsächlich von den Freien Wohlfahrtsverbänden getragenen Betreuungsarbeit wurden Tagungen veranstaltet, Arbeitskreise gebildet und Untersuchungen durchgeführt mit dem Ziel, Möglichkeiten und Wege zu finden, um vor allem die schulische Situation der Ausländerkinder zu verbessern.

Als beispielhaft auf diesem Gebiet mag die 1970 im Anschluß an eine Tagung gegründete ,,Arbeitsgemeinschaft für Schulfragen der Kinder ausländischer Arbeitnehmer in der BRD" der Evangelischen Akademie Arnoldshain gelten. Hier wurde der Versuch gemacht, nicht nur verschiedene Gruppen und Institutionen zusammenzuführen, sondern auch die ausländischen Arbeitnehmer und Sozialarbeiter stärker in die Diskussion einzubeziehen.

Eine wachsende Zahl ausländischer Kinder und Jugendlicher besucht deutsche Schulen; im Schuljahr 1978/79 waren es knapp 490000, davon rd. 413000 Gastarbeiterkinder; seit 1965/66 ist ihre Zahl um das 14fache gestiegen.[3]

Mehr als vier Fünftel der ausländischen Schüler kommen aus den folgenden Hauptanwerbeländern für Gastarbeiter:

	1974/75	1975/76	1976/77	1977/78	1978/79
Griechenland	14,2	13,1	12,2	11,1	10,3
Italien	18,2	17,0	16,3	15,6	14,5
Jugoslawien	9,2	9,2	9,5	10,0	10,2
Portugal	2,7	3,1	3,4	3,5	3,4
Spanien	8,0	7,4	6,7	6,0	5,3
Türkei	29,2	32,4	34,4	37,3	41,3
zusammen	81,5	82,3	82,5	83,5	85,0

Quelle: Sekretariat der KMK bV Nr. 39 v. 26. 9. 1979. (in Prozent)

Wie aus der Tabelle hervorgeht, hat sich die nationale Zusammensetzung der ausländischen Schüler in allgemeinbildenden Schulen im Laufe der Jahre stark verändert: So ist der Anteil der türkischen Schüler von rd. 9 Prozent im Schuljahr 1965/66 auf über 41 Prozent gestiegen, während bei den übrigen Nationalitäten (mit Ausnahme Jugoslawiens) eine leicht rückläufige Entwicklung festzustellen ist.

85 Prozent der ausländischen Kinder besuchen Grund- und Hauptschulen, ihr Anteil in Realschulen und Gymnasien ist immer noch verschwindend gering. Der verhältnismäßig hohe Ausländeranteil in Sonderschulen scheint hingegen, zumindest in bestimmten Ballungsgebieten und Großstädten,[4] symptomatisch für die ,,Lösung" der schulischen Probleme, vor allem der Gastarbeiterkinder, zu sein.[5]

Der steigende Anteil ausländischer Schüler an der Gesamtzahl der Schüler in deutschen Schulen sowie deren Verteilung auf verschiedene Schultypen ist aus der folgenden Tabelle zu ersehen:

	1970/71	1976/77	1977/78	1978/79
Grund- und Hauptschulen	2,2	5,6	6,2	7,4
Sonderschulen	1,2	3,7	4,5	5,4
Gymnasien	0,9	1,5	1,5	1,6
Realschulen	0,6	1,3	1,3	1,5

Quelle: Sekretariat der KMK, bV Nr. 39 v. 26. 9. 1979. (in Prozent)

Gastarbeiterkinder sind gegenüber deutschen Arbeiterkindern nicht nur wegen ihrer, für den Besuch deutscher Schulen oft unzureichenden Sprachkenntnisse,[6] sondern wegen ihrer spezifischen Lebens- und Erziehungssituation und der daraus entstehenden Konflikte, zusätzlich benachteiligt. Das Leben in mehreren Kulturen, die ständige Konfrontation mit unterschiedlichen Anforderungen und Normen, wirkt sich sowohl auf die Entwicklung der Persönlichkeit als auch auf die Lernmotivation der ausländischen Kinder äußerst ungünstig aus. Verhaltensstörungen, Angstzustände, Depressionen und Konzentrationsschwäche sind die Folgen einer ständigen Überforderung durch Umwelt und Schule, gegen die sich die Betroffenen mit Reaktionen wie: Überanpassung und Verdrängung der eigenen Herkunft, Passivität, Rückzug in die nationale (Freundes)-gruppe oder mit Aggressivität zur Wehr setzen. Durch die Isolierung der ausländischen Kinder in der Klasse sowie durch das Fehlen von Freundschaft und Anerkennung in der Schule wird die geringe Lernmotivation noch verstärkt.

Besonders problematisch ist die Situation der älteren Kinder und Jugendlichen, die erst später in die Bundesrepublik gekommen sind und in ihren Heimatländern nicht mehr schulpflichtig sind. Bei ihnen ist ein erfolgreicher Schulbesuch meist gar nicht mehr möglich; sie werden, und dies betrifft vor allem die Mädchen, zur Hausarbeit und Beaufsichtigung ihrer jüngeren Geschwister herangezogen – rund die Hälfte der ausländischen Mütter ist (offiziell) erwerbstätig[7] – oder zum Geldverdienen angehalten.

Für viele Lehrer wiederum bedeuten die Ausländerkinder eine erhebliche Mehrbelastung, da sie weder über die nötige Vorbildung für einen Unterricht mit national gemischten Klassen,[8] noch über die erforderliche Zeit und das entsprechende Lehrmaterial verfügen. Gerade im Hinblick auf eine bessere gegenseitige Verständigung erscheint es wichtig, die interkulturelle Situation und die sich daraus ergebenden Konfliktmöglichkeiten (z. B. in Form von Diskussionen) bewußt in den Unterricht einzubeziehen. Ebenso sollte auch das Lehrmaterial den veränderten Anforderungen angepaßt werden.[9]

Durch das Schulverwaltungsgesetz vom 1. 4. 1965 unterliegen ausländische Kinder, solange sie in der Bundesrepublik leben, ebenso wie deutsche Kinder der Schulpflicht. Diese besteht auch dann, wenn die Ausländer nach den Gesetzen ihrer Heimatländer nicht oder nicht mehr schulpflichtig wären. Offiziellen Schätzungen zufolge kommen aber nur etwa 75 Prozent der ausländischen Schüler in der Bundesrepublik, (bei den Türken beträgt der Anteil schätzungsweise rd. 61 Prozent), der Schulpflicht nach.[10] Nachdem in den Empfehlungen der Kultusministerkonferenz von 1976 konkrete Vorschläge zur Kontrolle des Schulbesuchs ausländischer Kinder (im Gegensatz zu den Richtlinien von 1971) nicht mehr enthalten sind, ist – so Akpinar und andere Autoren – in Zukunft eher noch eine Zunahme des „Schuleschwänzens" zu erwarten.

Als Gründe für das Fernbleiben von der Schule werden u. a. genannt:[11]

- mangelnde Information der Eltern über die Schulpflicht in Deutschland;
- schulpflichtige Kinder müssen häufig ihre Geschwister beaufsichtigen und den Haushalt versorgen;
- Sprachschwierigkeiten, Vorurteile von Lehrern und deutschen Mitschülern führen zu einer negativen Einstellung gegenüber der Schule;

- ausländische Kinder, die aufgrund von Sprachschwierigkeiten und sonstigen Lücken dem Unterricht nicht folgen können, fühlen sich zurückgesetzt;
- wegen der beengten Wohnverhältnisse können sie zu Hause schlecht lernen; dazu kommt, daß sie von den Eltern keine Hilfe bei den Hausaufgaben erwarten können;
- weil die Wohnungsgröße nicht den gesetzlichen Vorschriften entspricht, und sie befürchten, daß deshalb die Kinder in das Heimatland zurückgeschickt werden, melden ausländische Eltern ihre schulpflichtigen Kinder nicht in der Schule an;
- die Unsicherheit hinsichtlich ihrer Aufenthaltsdauer macht eine längerfristige Planung unmöglich und läßt den Schulbesuch, dessen Erfolg sowieso zweifelhaft ist, für Eltern und Kinder als wenig sinnvoll erscheinen.

Im Hinblick darauf, daß die schulische Situation der ausländischen Kinder und Jugendlichen „durch einen unzureichenden Schulbesuch, eine extrem niedrige Erfolgsquote bereits im Hauptschulbereich und eine erhebliche Unterrepräsentation ausländischer Schüler an weiterführenden Schulen gekennzeichnet (ist)",[12] kann von Chancengleichheit keineswegs gesprochen werden. Der Status quo der Unterprivilegierung wird vielmehr durch die schulische Situation der Gastarbeiterkinder weiter aufrecht erhalten und unterstützt.

Um den Unterricht mit ausländischen Kindern in den einzelnen Bundesländern zu vereinheitlichen, sind von der Kultusministerkonferenz der Länder Richtlinien – die letzte Neufassung stammt von 1976 – erlassen worden.[13] Hierbei handelt es sich um die Empfehlung von Maßnahmen, die, im Zuge einer „Doppelstrategie", sowohl die Integration der ausländischen Schüler in das deutsche Bildungssystem als auch deren Wiedereingliederung in die Schulen der Heimatländer ermöglichen soll. Entsprechend den jeweiligen Zielvorstellungen lassen sich zur Bildungspolitik für Gastarbeiterkinder in der Bundesrepublik grundsätzlich drei verschiedene Positionen feststellen:[14]

- Bundesländer, die das Ziel verfolgen, Gastarbeiterkinder

möglichst weitgehend in das deutsche Schulsystem zu integrieren (z. B.: Berlin);
- Bundesländer, in denen die Wiedereingliederung in die Heimatländer durch die Einrichtung nationaler Klassen stärker gefördert wird (z. B.: Baden-Württemberg, Bayern);
- Bundesländer die versuchen, die Ziele der Integration – deutsche Schulabschlüsse – und der Reintegration – Pflege der Muttersprache und Erhaltung der kulturellen Identität – miteinander zu vereinbaren (z. B.: Nordrhein-Westfalen).

Inwieweit diese Vorstellungen in die Praxis umgesetzt werden können, hängt aber letztlich von den jeweiligen örtlichen und strukturellen Bedingungen ab, (Größe der Orte/Städte, Anteil der Ausländer, etc.), an die sich die Schulpolitik anpassen muß.

In der Neufassung 1976 der KMK-Empfehlungen, die gegenüber den Verlautbarungen von 1971 auf eine Verschlechterung der Ausbildungschancen für Gastarbeiterkinder hinauslaufen und (nach Meinung ihrer Kritiker) weder eine Integrations- noch eine Rückkehrhilfe bedeuten,[15] sind folgende Maßnahmen vorgesehen:

Aufnahme in die deutsche Schule.

Ausländische Kinder und Jugendliche, die in der Bundesrepublik schulpflichtig sind und dem Unterricht an einer deutschen Schule ohne erhebliche sprachliche Schwierigkeiten folgen können, werden grundsätzlich in die ihrem Alter oder ihren Leistungen entsprechenden Klassen der jeweiligen Schulformen/-stufen aufgenommen. (2.1)

Der Anteil der ausländischen Schüler in deutschen Klassen (Regelklassen) soll nach Möglichkeit ein Fünftel nicht übersteigen. Dieser Anteil kann dann überschritten werden, wenn es sich um ausländische Schüler handelt, die sich ohne sprachliche Schwierigkeiten am Unterricht beteiligen können. Sofern örtlich die Quote der in deutschen Regelklassen aufzunehmenden Schüler ein Fünftel wesentlich übersteigt, können besondere

Klassen für ausländische Schüler gebildet werden, die nach den Lehrplänen der deutschen Schule in deutscher Sprache arbeiten. (2.2)

Die Möglichkeit, bei einem Ausländeranteil von mehr als 20 Prozent besondere Klassen für ausländische Schüler einzurichten bringt die Gefahr mit sich, diese beim Auftreten von Problemen, trotz guter Sprachkenntnisse, (Sprachkenntnisse werden ja auch für den Besuch der ,,besonderen" Klassen vorausgesetzt), aus deutschen Klassen abzuschieben. Andererseits sind die ausländischen Lehrer, die solche Klassen häufig unterrichten, wegen mangelnder Sprachkenntnisse und zu geringer Kenntnis der deutschen Lehrpläne kaum dazu in der Lage, qualifizierten Unterricht in deutscher Sprache abzuhalten. Werden die Kinder hingegen von einem deutschen Lehrer unterrichtet, so können sich beiderseitige Verständigungsschwierigkeiten ebenfalls als erhebliches Hindernis für den Unterrichtserfolg erweisen. Nach Meinung Akpinars[16] stellen die besonderen Klassen, ,,behördlich organisierte Abstellgleise für ausländische Kinder (dar)"; sie sind letztlich ein Instrument, um die Bereitschaft zur Rückkehr zu fördern.

Für ausländische Schüler, die wegen erheblicher sprachlicher Schwierigkeiten dem Unterricht in einer deutschen Klasse nicht folgen können, sind entsprechend den Gegebenheiten und Möglichkeiten besondere Unterrichtseinrichtungen wie Vorbereitungsklassen, Klassen mit Muttersprache und deutscher Sprache als Unterrichtssprachen, Intensivkurse, Förderstunden o. ä. zu schaffen. Diese Einrichtungen sind Bestandteile der deutschen Schule. (2.3)

Grundsätzlich sollten alle Möglichkeiten ausgeschöpft werden, ausländische Schüler in nicht sprachbetonten Fächern gemeinsam mit deutschen Schülern zu unterrichten. (2.4)

Der vorgesehene gemeinsame Unterricht in den nicht sprachbetonten Fächern ist bisher in der Praxis, wegen fehlenden Drucks der Kultusbehörden, nur selten durchgeführt worden.[17]

Organisation und Inhalt des Unterrichts: Hilfen bei der Eingliederung in die deutsche Schule:

a) Vorbereitungsklassen. Der Unterricht in Vorbereitungsklassen hat die Aufgabe, die Eingewöhnung der ausländischen Schüler in die deutsche Schule zu erleichtern und zu beschleunigen. Er hat darum seinen Schwerpunkt in der Vermittlung der deutschen Sprache. Für etwa 15 Schüler gleicher oder verschiedener Sprachzugehörigkeit kann eine Vorbereitungsklasse eingerichtet werden. Bei 24 Schülern ist eine Teilung der Klasse möglich. (3.1.1)

Die Lehrpläne für den Unterricht in Vorbereitungsklassen orientieren sich an den deutschen Lehrplänen. (3.1.3)

In Vorbereitungsklassen mit Schülern gleicher Muttersprache können Unterrichtsinhalte in der Muttersprache der Schüler durch ausländische Lehrer vermittelt werden. Der Unterricht im Fach Deutsch soll durch deutsche Lehrer erteilt werden. (3.1.4)

Der Besuch der Vorbereitungsklasse kann bis zu 2 Jahren dauern. Nach ausreichender Förderung in der deutschen Sprache sind die Schüler unter Berücksichtigung von Alter und Leistungen den Regelklassen zuzuweisen. (3.1.5)

Wie die Erfahrung zeigt, werden die Vorbereitungsklassen ihrer Aufgabe vielfach nicht gerecht: Es fehlt an geeigneten Lehrern und an den nötigen Lehrmitteln. Außerdem wird der Unterricht durch zu große Klassen, deren heterogene Zusammensetzung, (im Bezug auf Alter, Sprachkenntnisse, etc.), die starke Fluktuation und das häufige Fehlen der Schüler erschwert. In vielen Vorbereitungsklassen findet der Unterricht nicht nach den deutschen Lehrplänen, sondern den Richtlinien der Heimatländer statt. Der Deutschunterricht wird oft nicht von deutschen Lehrern und nicht im notwendigen Umfang erteilt. In den Vorbereitungsklassen bleiben die ausländischen Kinder von den deutschen Schülern weitgehend isoliert, denn ein gemeinsamer Unterricht in nicht sprachbezogenen Fächern findet, obgleich vorgesehen, kaum statt. Obwohl der Besuch der Vorbereitungsklasse auf höchstens zwei Jahre begrenzt sein soll, werden diese gerne als ,,Dauereinrichtung" betrachtet; zum Übergang in die Regelklasse kommt es meist nicht mehr und es besteht in den letzten Jahren zunehmend die Tendenz, daß sich diese zu eigenständigen nationalen Klassen bzw. Schulen entwickeln.[18]

,,Vorbereitungsklassen in Langform" werden in Baden-Württemberg, Bayern und Nordrhein-Westfalen bei mindestens 25 Schülern gleicher Muttersprache aus dem Einzugsgebiet einer Schule für das erste bis sechste Schuljahr eingerichtet. Der Übergang in die Regelklasse, der nach der vierten oder sechsten Klasse erfolgen kann, ist jedoch wegen unzureichender Deutschkenntnisse nur selten möglich. Weil auch die Muttersprache nicht intensiv genug gelehrt werden kann, der Unterricht soll z.T. in deutscher Sprache und z.T. in der Muttersprache durchgeführt werden, besteht die Gefahr, daß durch dieses Modell ,,Analphabeten in zwei Sprachen" herangezogen werden.

b) Klassen mit Muttersprache und deutscher Sprache als Unterrichtssprache. Ausländische Schüler mit gleicher Muttersprache können in Ballungsgebieten ausländischer Arbeitnehmer in Klassen unterrichtet werden, in denen ggfs. nach besonderen Lehrplänen Lerninhalte der Jahrgangsstufe auch in der Muttersprache der Schüler vermittelt werden. Die deutsche Sprache wird zunächst nach der Methode fremdsprachlichen Unterrichts gelehrt, in der Regel durch einen deutschen Lehrer. Derartige Klassen können ab etwa 25 Schülern eingerichtet werden, wobei nicht mehr als zwei Jahrgangsstufen in einer Klasse zusammengefaßt werden sollten. Übergänge in Regelklassen sind möglich. Über den Anteil des muttersprachlichen Unterrichts und des Unterrichts in deutscher Sprache in den einzelnen Jahrgangsstufen sowie über die weiteren Voraussetzungen für den Übertritt in deutschsprachige Regelklassen entscheiden die Länder in eigener Zuständigkeit. (3.2)

Diese Klassen, die wegen der größeren Schülerzahl nur in

Gebieten mit hohem Ausländeranteil zusammengestellt werden können, unterscheiden sich von den Vorbereitungsklassen lediglich im negativen Sinne: Sie sind größer, es kann nach eigenen Lehrplänen unterrichtet werden, der Anteil des Unterrichts in der deutschen- bzw. der Muttersprache ist nicht von vorneherein festgelegt, der Übergang in die Regelklassen ist nur „möglich". Hier stellt sich die Frage nach den Lernzielen und Schulabschlüssen; und wie die Erfahrung zeigt, haben die muttersprachlichen Klassen in den meisten Fällen zur Einrichtung von nationalen Schulen geführt.

Als ergänzende Maßnahmen zur Unterstützung der Integration in deutsche Regelklassen sind Intensivkurse, Förderstunden und Hausaufgabenhilfen vorgesehen. Während Intensivkurse in Deutsch anstelle von Vorbereitungsklassen und Klassen mit zwei Unterrichtssprachen (bei zu geringer Schülerzahl) eingerichtet werden können, sind für ausländische Schüler in deutschen Klassen bei Bedarf Förderstunden zur Verbesserung der Sprachkenntnisse vorgesehen.

Intensivkurse und Förderstunden werden in der Praxis nur selten realisiert. Die Durchführung der in der KMK-Empfehlung erwähnten Hausaufgabenhilfen, Spielnachmittage und vorschulischen Maßnahmen ist, wegen zu geringer finanzieller Mittel, ebenfalls nicht im nötigen Umfang gewährleistet. Gewisse Aussichten auf Besserung bestehen insoferne, als die Bundesregierung im Rahmen des Integrationsprogramms für junge Ausländer beschlossen hat, „auf Verbesserungen bei der vorschulischen und schulischen Integration sowie der außerschulischen sozialpädagogischen Beratung, Betreuung und Qualifizierung hin(zu)wirken"; hierbei ist vor allem an die Unterstützung von Modellprojekten der Länder und Gemeinden gedacht.[19]

c) Muttersprachlicher Ergänzungsunterricht. Ausländische Schüler, die sich in Regelklassen oder in Vorbereitungsklassen ohne Unterricht in der Muttersprache befinden, sollen die Möglichkeit haben, muttersprachlichen Ergänzungsunterricht zu erhalten.[20] Er erstreckt sich auf die Pflege der Muttersprache und die für die Landeskunde wichtigen Inhalte. Um die ausländischen Schüler nicht zu überlasten, soll der Ergänzungsunterricht fünf Wochenstunden nicht überschreiten. (7.)

Beim muttersprachlichen Ergänzungsunterricht handelt es sich um eine Maßnahme, die die Eingliederung in das Schulsystem der Heimatländer erleichtern soll. Obwohl in den Empfehlungen der Kultusministerkonferenz hierfür nur bis zu 5 Wochenstunden vorgesehen sind, wird dieser, insbesondere bei den Griechen, vielfach stark ausgedehnt. Zur zeitlichen Überlastung, die Schüler werden z.T. 60 bis 70 Wochenstunden von der Schule beansprucht, kommt noch die Überforderung durch das Fehlen jeglicher Abstimmung mit der deutschen Schule, was Inhalt und Organisation des Unterrichts sowie die pädagogischen Methoden betrifft. Hier wäre es Aufgabe der deutschen Schulaufsicht dafür zu sorgen, daß durch Einhaltung des zeitlichen Rahmens und eine bessere Koordination mit dem deutschen Schulsystem Gastarbeiterkindern die Teilnahme am Ergänzungsunterricht ermöglicht, aber dadurch ihr Fortkommen in der deutschen Schule nicht zusehr behindert wird.[21]

In einer Zeit, in der (nicht nur) das Bundesarbeitsministerium vor den Folgen einer schulischen Diskriminierung ausländischer Kinder in der Bundesrepublik warnt,[22] werden von der Kultusministerkonferenz gleich drei Segregationsmodelle angeboten: Nationale Ersatzschulen (der Hinweis auf das Verbot solcher Schulen im Bereich der Grund- und Hauptschule fehlt in den KMK-Empfehlungen von 1976), besondere Klassen für Gastarbeiterkinder und besondere zweisprachige Klassen. Darüberhinaus können die Länder auch ,,andere Formen schulischer Förderung ausländischer Kinder ... erproben“ (KMK 1976, 8.). Daß hier wiederum die Möglichkeit eingeräumt wird, Kinder ausländischer Arbeiter in nationalen Schulen zu isolieren, steht nicht nur im Widerspruch zu den Vorschlägen und Forderungen offizieller Gremien,[23] sondern erscheint vor allem im Hinblick auf die berufliche u. soziale Zukunft der zweiten Ausländergeneration als äußerst bedenklich.

Einfluß auf die Neufassung der KMK-Empfehlungen dürfte das 1973 vorgelegte ,,Bayerische Modell" ausgeübt haben. Dieses sogenannte ,,offene Modell" stellt den muttersprachlichen Unterricht in Klassen mit Kindern gleicher Nationalität und nach dem Lehrplan der Heimatländer in den Vordergrund. Die deutsche Sprache wird im Rahmen von acht Wochenstunden als Fremdsprache gelehrt. Die Einrichtung nationaler Modellklassen – eine Besonderheit des Bayerischen Modells – die mit der sprachlichen Benachteiligung ausländischer Kinder in deutschen Regelklassen begründet wird,[24] fördert jedoch die soziale Isolierung der Ausländer und führt, weil mehrere Altersjahrgänge in einer Klasse unterrichtet werden, zur Entstehung nationaler Zwergschulen. Zu geringe Deutschkenntnisse und ein völlig anderer Unterrichtsstoff machen den Übertritt in die deutsche Regelklasse praktisch unmöglich. Daß diese Schulform, trotz ihrer offensichtlichen Nachteile, von vielen Gastarbeiterfamilien für ihre Kinder ,,gewählt" wird, läßt sich folgendermaßen erklären:[25]

- Ausländische Kinder werden mit dem Argument der mangelnden Sprachkenntnisse schon bei der Einschreibung auf ,,ihre" nationalen Klassen verwiesen, ,,damit sie dort Deutsch lernen";
- wenn sie, mangels Fördermaßnahmen, nicht versetzt werden können, werden sie aus deutschen Regelklassen abgeschoben;
- statt der Einweisung ausländischer Schüler in Sonderschulen, was von deren Eltern vielfach (mit Recht) als ungerecht empfunden wird, stimmen diese lieber einer Umschulung in muttersprachliche Klassen zu;
- die Eltern befürchten eine Entfremdung ihrer Kinder von der heimatlichen Kultur und Sprache; bei strengen Moslems können religiöse Motive eine zusätzliche Rolle spielen (z. B. bei den Türken);
- angesichts ihres ungesicherten aufenthaltsrechtlichen Status bevorzugen die Eltern eine Schulbildung, die eine Wiedereingliederung in das heimatliche Schulsystem (scheinbar) ermöglicht.

Der zahlenmäßige „Erfolg“ der muttersprachlichen Klassen ist demnach nicht auf die Qualität dieses Unterrichtsmodells zurückzuführen, er ist auch nicht das Ergebnis einer „freiwilligen und richtigen Entscheidung“[26] der ausländischen Eltern (so das bayerische Kultusministerium). Dieser ist vielmehr die Folge einer Schulpolitik, die, unter pädagogischen Vorwänden,[27] auf die Segregation der Ausländerkinder abzielt.

Inzwischen ist das Bayerische Modell auf vielfache Kritik gestoßen. Nicht zuletzt deshalb, weil es in seiner Grundkonzeption den konkreten Erfahrungen – die Bundesrepublik ist inzwischen zum Einwanderungsland geworden – widerspricht. Mit der Unterstützung nationaler Klassen und Schulen wird die Isolation der ausländischen Bevölkerung weiter verstärkt und in der Folge könnte es dazu kommen, „daß solche ‚Apartheid‘ aus scheinbar liberalen Gründen die tatsächliche Unterprivilegierung ... verewigt.“[28]

Geht man davon aus, daß der größte Teil der Gastarbeiterkinder nicht mehr in ihre Heimatländer zurückkehren werden, dann darf sich die deutsche Schule, so H. Müller,[29] nicht weiterhin als Übergangseinrichtung betrachten und sich damit der Verantwortung für die Ausländer entziehen. Das Offenhalten der Rückkehrmöglichkeit darf nicht zum Alibi für die Unzulänglichkeiten eines Schulsystems werden, das die Deklassierung der Ausländer gleichsam vorprogrammiert. Aufgabe der Schule ist es nicht, ausländische Kinder in Sonderklassen zu isolieren oder möglichst weitgehend zu assimilieren; vielmehr muß auch sie sich ändern, um – im Sinne einer richtig verstandenen Partnerschaft – deren „soziale Handlungsfähigkeit“[30] zu fördern; d.h. ihr Selbstwertgefühl zu entwickeln und sie zur kritischen Auseinandersetzung mit der deutschen Umwelt, zur Selbständigkeit und Selbstbehauptung zu befähigen.

Exkurs: Hausaufgabenhilfe[31]

Hausaufgaben spielen im deutschen Schulsystem eine wichtige Rolle. Sie werden als notwendige Ergänzung des Unterrichts gesehen, sollen diesen entlasten, Unzulänglichkeiten und Defizite ausgleichen helfen und zu einer Verbesserung der schulischen Leistung beitragen.[32] Hierbei wird davon ausgegangen, daß die Eltern als Partner der Schule ihre Kinder bei der Erledigung der Hausarbeiten anleiten und unterstützen – nur etwa jeder sechste deutsche Schüler macht seine Hausaufgaben allein – mit ihnen lernen und somit die Funktion von ,,Hilfslehrern" erfüllen.

Ausländische Eltern sind meist nicht in der Lage, den Erwartungen der Schule zu entsprechen und Nachhilfelehrer ihrer Kinder zu sein; eine Aufgabe, die schon von vielen deutschen Eltern als unzumutbare Belastung empfunden wird. Da es der Mehrzahl der Ausländer, abgesehen von sprachlichen (und zeitlichen) Problemen, selbst an der nötigen Schulbildung mangelt, sind sie mit der Hilfe bei den Hausaufgaben ihrer Kinder erst recht überfordert. Durch unterschiedliche Erziehungsvorstellungen und Erziehungsmethoden wird die für den Lernerfolg wichtige Zusammenarbeit zwischen Eltern und Schule noch weiter erschwert.

Um die Schulprobleme der Gastarbeiterkinder, die im Rahmen des regulären Unterrichts nicht gelöst werden konnten zu verbessern, wurde im Internationalen Erziehungsjahr 1970 im Rahmen einer Kampagne an die deutsche Bevölkerung appeliert, ausländischen Kindern Hausaufgabenhilfe zu leisten.

Der Versuch, Privatinitiative für die außerschulische Betreuung von Gastarbeiterkindern zu mobilisieren, hat sich als erfolgreich erwiesen. An vielen Orten der Bundesrepublik haben sich Gruppen, meist Schüler, Hausfrauen und Studenten (sowie Zivildienstleistende) zusammengefunden, um ausländischen Kindern bei der Bewältigung ihrer sprachlichen und schulischen Probleme zu helfen.[33]

Angesichts der besonderen Anforderungen, welche die Förderung sozial benachteiligter, psychisch und physisch extrem belasteter und in ihrer Entwicklung geschädigter Kinder[34] an Mitarbeiter und Helfer stellen, ist es jedoch kaum zu verantworten, eine solche Aufgabe auf Dauer allein dem guten Willen von Privatpersonen zu überlassen. Dies umso mehr, als es bisher – bei zunehmender Verschärfung der Probleme ausländischer Kinder – an methodischen und didaktischen Konzepten fehlt, um die Hausaufgabenhilfe auf eine wissenschaftlich besser abgesicherte Basis zu stellen.[35] Erschwerend wirkt sich aus, daß die meisten Mitarbeiter nicht über die nötigen pädagogischen Erfahrungen und Qualifikationen verfügen, um mit den Aggressionen der Kinder fertig zu werden.[36] Durch die bezüglich Alter, Vorbildung und Sprachkenntnisse heterogene Zusammensetzung der Gruppen sowie die starke Fluktuation von Kindern und Helfern wird der Erfolg der Arbeit ebenfalls beeinträchtigt.

Die Aufgaben, Ziele und Methoden der Hausaufgabenhilfe sind nicht von der Schule, sondern aus der Praxis heraus entwickelt worden. Obwohl die Kinder häufig über die Schule vermittelt und z. T. schulische Räume benützt werden, ist die fachliche Zusammenarbeit mit der Schule gering und ein Erfahrungsaustausch zwischen Helfern und Lehrern findet kaum statt. Die mangelnde Bereitschaft der Schule mit den Initiativgruppen zusammenzuarbeiten – von diesen wird eine Entlastung und nicht eine zusätzliche Beanspruchung der Lehrer erwartet – hat ,,dazu geführt, daß die Hausaufgabenhilfe noch stärker als durch Fragen der Organisation und der materiellen Sicherstellung durch Ratlosigkeit über Ziele, Inhalte und Methoden belastet ist.“[37] Zu den Schwierigkeiten der Hausaufgabenhelfer kommen noch die oft problematischen Beziehungen der Gastarbeiterkinder zur Schule hinzu; eine Situation, die zur Distanzierung vieler Gruppen der Schule gegenüber geführt hat.

Die Förderung ausländischer Kinder darf sich heute nicht mehr darauf beschränken, die Sprachkenntnisse zu verbessern, Lerndefizite auszugleichen und schulische Versäumnisse aufzuarbeiten. Hausaufgabenhilfe ,,im erweiterten Sinn“ muß vielmehr, ausgehend von den Voraussetzungen und Lebensbedingungen der Kinder versuchen, Schädigungen abzubauen und Belastungen entgegenzuwirken. Ziel einer solchen, therapeutisch orientierten Erziehungsarbeit ist es, die Persönlichkeitsentwicklung und das Selbstvertrauen der Kinder zu stärken und ihre Lernmotivation zu fördern.[38] Hausaufgabenhilfe als „soziale Lernhilfe" (Müller) verstanden, setzt eine ständige praxisbegleitende Fortbildung der Helfer,[39] die Einbeziehung von Eltern und Schule und – nicht zuletzt – eine gesicherte Finanzierung der Arbeit voraus. Als sehr günstig hat sich die (noch seltene) Mitarbeit von Ausländern in Initiativgruppen erwiesen, die nicht nur dazu beitragen, die sprachliche und interkulturelle Verständigung zu erleichtern, sondern auch das Selbstbewußtsein und die Selbstvertretung der ausländischen Familien zu fördern.

Wichtig wäre es schließlich, die bisher vernachlässigte, schwer zu erfassende Gruppe der Jugendlichen (für die Jugendarbeit müßten spezielle Konzepte entwickelt werden) stärker in die Betreuungsmaßnahmen einzubeziehen. Die gezielte pädagogische Arbeit mit Vorschulkindern, deren Probleme oft unterschätzt werden, geht hingegen über den Rahmen der Hausaufgabenhilfe hinaus und kann, so Akpinar, auch nicht Aufgabe ehrenamtlich tätiger Gruppen sein.[40]

Die Betreuung ausländischer Kinder und Jugendlicher könnte in enger inhaltlicher und organisatorischer Zusammenarbeit mit der Schule in pädagogischen Zentren – am besten gemeinsam mit deutschen Kindern – erfolgen, für deren Finanzierung die Steuergelder der Gastarbeiter herangezogen werden sollten.[41]

2. Berufliche Ausbildung und berufliche Chancen ausländischer Jugendlicher in der Bundesrepublik

40 bis 50000 ausländischer Jugendliche in der Bundesrepublik kommen jährlich in das erwerbsfähige Alter, ihre Zahl ist ständig im Steigen begriffen. Über 60 Prozent von ihnen (gegenüber rund 12 Prozent der deutschen Jugendlichen) haben keinen Hauptschulabschluß, 65 Prozent der 15 bis 19 jährigen

Ausländer erhalten keinerlei berufliche Ausbildung und nur etwa die Hälfte kommt der Berufsschulpflicht nach.[42]

Jugendliche Ausländer haben, selbst wenn sie in der Bundesrepublik aufgewachsen und zur Schule gegangen sind kaum eine Möglichkeit, eine qualifizierte Ausbildung zu erhalten. Die Mängel des Unterrichts für Gastarbeiterkinder in den allgemeinbildenden Schulen werden, aufgrund der unzureichenden finanziellen, personellen und räumlichen Ausstattung, in der Berufsschule noch verstärkt. Damit setzt sich die Benachteiligung ausländischer Jugendlicher im Bereich der beruflichen Bildung fort und den meisten von ihnen bleibt keine andere „Wahl", als Hilfsarbeiter zu werden.[43] Denn Ausländer ohne Hauptschulabschluß, mit mangelhaften Deutschkenntnissen und schlechterer Allgemeinbildung können mit deutschen Jugendlichen, bei erhöhten Anforderungen aufgrund der großen Zahl von Bewerbern und dem Mangel an geeigneten Ausbildungsstellen, nicht konkurrieren.[44] Vielmehr müssen sie zufrieden sein, bei der hohen Jugendarbeitslosigkeit als Ungelernte überhaupt einen Arbeitsplatz zu finden.

Verschärft wird die Situation durch die rechtlichen Vorschriften, nach denen junge Ausländer ab dem vollendetem 16. Lebensjahr eine Arbeitserlaubnis benötigen. Wegen heftiger Kritik an der bisherigen „Stichtagsregelung", aufgrund derer nach dem 1. 1. 1977 eingereiste Jugendliche keine Arbeitserlaubnis mehr erhielten und damit von jeglicher Ausbildung und Beschäftigung ausgeschlossen waren, ist diese zum 1. 4. 1979 von der Bundesanstalt für Arbeit folgendermaßen geändert worden:[45]

„Kindern, die vor Vollendung des 18. Lebensjahres ihren Eltern oder einem Elternteil ins Bundesgebiet gefolgt sind, kann die Arbeitserlaubnis für eine erstmalige Beschäftigung unter strikter Beachtung des Vorrangs deutscher und ihnen gleichgestellter ausländischer Arbeitnehmer erteilt werden, wenn sie sich 2 Jahre im Bundesgebiet aufgehalten haben. Um die Eingliederung jugendlicher Ausländer zu fördern, kann auf die Erfüllung der restlichen Wartezeit verzichtet werden, wenn der

Jugendliche an berufsvorbereitenden Vollzeitmaßnahmen von mindestens halbjähriger Dauer regelmäßig und bis zu deren Ende teilgenommen hat."

Als berufsvorbereitende Maßnahmen gelten:[46] Von der Bundesanstalt für Arbeit (nach § 40 AFG) geförderte berufsvorbereitende Lehrgänge; Maßnahmen zur sozialen und beruflichen Integration (MSBE); Maßnahmen zum Nachholen des Hauptschulabschlusses; das Berufsgrundbildungs- und Berufsvorbereitungsjahr sowie berufsvorbereitende Maßnahmen aufgrund tarifvertraglicher Regelungen.

Die Wartezeit muß nicht eingehalten werden, wenn der Jugendliche den deutschen Hauptschulabschluß (bzw. einen vergleichbaren oder höheren deutschen Schulabschluß) vorweisen kann. Die Wartezeit muß dem Antrag auf Arbeitserlaubnis unmittelbar vorausgegangen sein, sie wird durch einen Auslandsaufenthalt bis zu drei Monaten nicht unterbrochen.

Durch die neue „Wartezeitregelung" ist die Erlangung der Arbeitserlaubnis für ausländische Jugendliche aus Nicht-EG-Staaten zweifellos erleichtert worden. Trotzdem blieb mit der strikten Wahrung des Vorrangs von Deutschen und EG-Angehörigen auf dem Arbeitsmarkt eine wesentliche Einschränkung der Ausbildungs- und Vermittlungschancen ausländischer Jugendlicher weiter bestehen. Schließlich wirkt sich die Regelung, daß jene (nach § 19 AFG) nur dann eine Arbeitserlaubnis erhalten können, wenn für den vorgesehenen Ausbildungs- oder Arbeitsplatz kein deutscher Bewerber vorhanden ist, nicht gerade förderlich für deren Bereitschaft zur Teilnahme an qualifizierenden Maßnahmen aus. Hier erscheint es, so der Ausländerbeauftragte der Bundesregierung H. Kühn, im Sinne einer erfolgreichen Integration der Ausländer unerläßlich, diesen ohne Rücksicht auf den deutschen Arbeitsmarkt mit Abschluß der Schule oder einer anderen Qualifizierungsmaßnahme einen Rechtsanspruch auf die uneingeschränkte Arbeitserlaubnis zu gewähren.[47] Eine Forderung, die im Rahmen des neuen Integrationsprogramms realisiert werden soll und u. a. auch einen Rückgang der illegalen Beschäftigung zur Folge haben dürfte.

Die berufliche Ausbildungssituation ausländischer Jugendlicher ist, so J. Vink, katastrophal: Nur 25 Prozent der Ausländer zwischen 15 und 19 Jahren befinden sich in einer beruflichen Vollausbildung, 10 Prozent erhalten eine Teilausbildung ohne Abschluß und fast zwei Drittel bleiben, wie schon früher erwähnt, ohne jegliche Berufsausbildung.[48] Die Mehrzahl der erwerbstätigen ausländischen Jugendlichen ist hingegen als Hilfsarbeiter beschäftigt.

Das Interesse am Besuch der Berufsschule ist, wie die Statistik zeigt, vor allem bei den Jungarbeitern und Arbeitslosen, äußerst gering. Für sie stellt sich daher die Frage, ob der Besuch eines Unterrichts ohne jeglichen Bezug zu ihrer besonderen Lebenssituation, ein Unterricht, der auf ihre Wissenslücken und Sprachprobleme keinerlei Rücksicht nimmt, nicht nur Zeitverschwendung ist. Die negativen Erfahrungen in der allgemeinbildenden Schule wirken sich zusätzlich ungünstig auf die Bereitschaft zum Besuch des Berufsschulunterrichts aus.

Ausländer sind, ebenso wie deutsche Jugendliche, bis zum vollendeten 18. Lebensjahr berufsschulpflichtig. Obwohl es Aufgabe der Einwohnermeldeämter ist, den Schulen alle Berufsschulpflichtigen zu melden, wird nur ein kleinerer Teil von ihnen in der Kartei erfaßt.

Der geringe Berufsschulbesuch der Ausländer bzw. deren unzureichende Erfassung wird (von den Berufsschulen) folgendermaßen begründet:[49]

- Viele Meldeämter kommen ihrer Informationspflicht nicht ausreichend nach;
- es fehlt (im Falle der nicht gemeldeten Jugendlichen) an Kooperation zwischen Berufsschulen, Jugend- und Arbeitsämtern;
- die Jugendlichen werden von ihren Arbeitgebern – in allen größeren Betrieben ist dies Vorschrift – bei den Schulbehörden (aus Unkenntnis) nicht angemeldet oder nur dann beschäftigt, wenn sie den Berufsschulunterricht nicht besuchen;

- arbeitslose Jugendliche werden in Gemeinden, in denen nur der Arbeitgeber zur Anmeldung in der Berufsschule verpflichtet ist, oft nicht erfaßt;
- wegen unzureichender Deutschkenntnisse oder Lehrermangel wird ein beträchtlicher Teil der ausländischen Jugendlichen vom Berufsschulunterricht beurlaubt;
- viele ausländische Jugendliche sehen den Besuch der Berufsschule als nutzlos an; außerdem ist vielen Gastarbeiterfamilien die Berufsschulpflicht nicht bekannt.

Wie die Erfahrung zeigt ist die Berufsschule, sowohl was das Teilzeit- als auch das Vollzeitangebot betrifft,[50] derzeit nicht in der Lage, die Ausbildungsprobleme jugendlicher Ausländer zu bewältigen. So ist der Teilzeitunterricht, als Ergänzung zur praktischen Ausbildung, für Jugendliche, die in der Mehrzahl ohne Lehrstelle oder arbeitslos sind, weitgehend sinnlos. Dies umso mehr, als die in den Empfehlungen der Kultusministerkonferenz als Voraussetzung für die Berufsausbildung vorgesehenen sprachlichen Fördermaßnahmen (Intensivkurse)[51] in der Praxis kaum durchgeführt werden. Auch Vollzeitunterricht wie z.B. das Berufsgrundbildungsjahr und andere berufsvorbereitende Maßnahmen sind in ihrer jetzigen Form kaum dazu geeignet, die berufliche Qualifikation der Ausländer zu verbessern. Vielmehr ist zu vermuten, daß diese Angebote als „Bildungsparkplatz“ vor allem den Zweck haben, ausländische Jugendliche „unterzubringen“ bzw. vom Arbeitsmarkt fernzuhalten, um damit die Jugendarbeitslosigkeit – wenn auch nur kurzfristig – zu bekämpfen.[52]

Angesichts der genannten Problematik erscheint eine konsequente Durchsetzung der Berufsschulpflicht nur dann sinnvoll, wenn das Ausbildungssystem – unter Berücksichtigung der Bedürfnisse ausländischer Jugendlicher – ganz grundlegend reformiert wird. Um die beruflichen Perspektiven der Ausländer zu verbessern, müßten gleichzeitig neue Arbeitsplätze geschaffen und das Angebot an Lehrstellen (letzteres ist im neuen Integrationsprogramm vorgesehen) wesentlich vergrößert werden. Erst wenn die Jugendlichen realistische Möglichkeiten sehen, ihre Kenntnisse im Beruf auch anzuwenden, erst dann werden sie auch dazu bereit und motiviert sein, mehr als bisher an beruflichen Bildungsmaßnahmen teilzunehmen.

Als Folge ihrer unzureichenden Sprachkenntnisse und geringen beruflichen Qualifikationen sind ausländische Jugendliche, nicht nur in Zeiten der Rezession, wesentlich stärker als gleichaltrige Deutsche von Arbeitslosigkeit betroffen.[53] Die Zahl der arbeitslosen Ausländer unter 20 Jahren, die von der Bundesanstalt für Arbeit für (Mai) 1979 mit 6626 angegeben wird, beläuft sich einschlägigen Schätzungen zufolge jedoch auf ein Mehrfaches der von der offiziellen Statistik veröffentlichten Werte.[54] Die Diskrepanz zwischen dem offiziell registrierten und dem tatsächlichen Ausmaß der Arbeitslosigkeit jugendlicher Ausländer läßt sich folgendermaßen erklären:

Junge Ausländer erscheinen nur dann in der Arbeitslosenstatistik, wenn

- sie beim Arbeitsamt gemeldet sind;
- eine gültige Arbeitserlaubnis besitzen oder deren Erteilung vom Arbeitsamt als möglich angesehen wird;
- sie dem Arbeitsmarkt uneingeschränkt zur Verfügung stehen; wenn sie längerfristig krank sind, über das Arbeitsamt eine Lehrstelle suchen oder an Eingliederungs- oder Berufsförderungsmaßnahmen teilnehmen, dann werden sie nicht als Arbeitslose geführt.

Nicht mehr von der Statistik erfaßt werden auch diejenigen Jugendlichen, die sich, nach vergeblichen Bemühungen um eine Lehr- oder Arbeitsstelle, wieder in die Familie zurückgezogen haben – dies gilt vor allem für Mädchen – oder nicht gemeldet sind weil sie eine illegale Beschäftigung ausüben.

Ausländische Jugendliche sind, als Ungelernte, ständig von Arbeitslosigkeit bedroht.[55] Aus Furcht, den Arbeitsplatz zu verlieren, sind sie nicht in der Lage, sich gegen ihre Diskriminierung zu wehren und nehmen fast jegliche Bedingungen in Kauf. Denn arbeitslos zu sein bringt für die Betroffenen und deren Familien erhebliche psychische wie materielle Probleme mit sich.[56] So wirkt sich der Umstand, daß diese Jugendlichen den Erwartungen ihrer Angehörigen nicht entsprechen und statt zum Familieneinkommen beizutragen zur finanziellen Belastung werden, keineswegs günstig auf deren Selbstwertgefühl wie auf das innerfamiliäre ,,Klima" aus.

Junge Ausländer betrachten Arbeitslosigkeit, weil sie deren gesellschaftliche Ursachen meist nicht durchschauen, leicht als persönliches Versagen, auf das sie mit Resignation, Enttäuschung und dem Verlust an Selbstvertrauen reagieren. Längerfristig gesehen dürfte sich dies aber ändern; denn mit zunehmender Anpassung an das hiesige Wertsystem wird sich die zweite Ausländergeneration ihrer kollektiven Benachteiligung immer deutlicher bewußt.[57]

Nicht nur arbeitsmarktpolitische Erwägungen,[58] sondern auch die Erkenntnis, daß die fast auswegslose Situation der Ausländer zu sozialen Konflikten führen kann, hat die Bundesregierung dazu bewogen, die Integration dieser Bevölkerungsgruppe verstärkt zu fördern. Schwerpunkt des von Bund und Ländern getragenen ,,Jugendprogramms" sind die Maßnahmen zur sozialen und beruflichen Eingliederung (MSBE), die seit 1976 durchgeführt werden. Träger der Kurse, die ein Jahr dauern und bei denen die Berufsvorbereitung neuerdings stärker als bisher im Vordergrund steht,[59] sind in erster Linie die Volkshochschulen und Freien Wohlfahrtsverbände; die Adressaten arbeitslose ausländische Jugendliche, die nicht mehr (haupt)schulpflichtig sind. Das Programm, das 1978/79 rd. 200 Kurse mit etwa 3000 Teilnehmern umfaßte,[60] ist bei weitem nicht ausreichend; es soll in Zukunft – im Zusammenhang mit dem neuen Integrationskonzept der Bundesregierung – ausgebaut werden. Ein weiteres Projekt, das zur Verbesserung der beruflichen Chancen ausländischer Jugendlicher beitragen soll, sind die Lehrgänge zum nachträglichen Erwerb des Hauptschulabschlusses, die (vorwiegend) von den Volkshochschulen, zum Teil unter beträchtlichen finanziellen Belastungen, durchgeführt werden.[61] Hier stellt sich jedoch die Frage, ob eine Institution der Erwachsenenbildung, indem sie die Aufgaben der Schule übernimmt nicht dazu beiträgt, die Mängel des Schulsystems festzuschreiben und dringend nötige Reformen weiter hinauszuschieben.[62]

Das Ziel der Chancengleichheit im Bildungsbereich läßt sich allein durch Sondermaßnahmen für Ausländer nicht verwirklichen, auch wenn diese auf lange Sicht durchaus notwendig sind. Es erfordert darüberhinaus strukturelle Änderungen im Ausbildungssystem, die letztlich nicht nur den ausländischen, sondern auch den deutschen Jugendlichen zugute kämen.

X. Kriminalität

1. Die Kriminalität erwachsener Gastarbeiter

Nach einer weit verbreiteten Ansicht ist die Kriminalität der ausländischen Arbeiter in der Bundesrepublik besonders hoch, ein Vorurteil, das durch den Mangel an verlässlichen wissenschaftlichen Daten und vergleichbaren offiziellen Statistiken,[1] durch sensationelle Pressemeldungen und vielfach unobjektive Berichterstattung noch verstärkt wird.

In der Tat ist die Kriminalitätsbelastung[2] der ausländischen Wohnbevölkerung, und hier stellen die „Gastarbeiter" und deren Familien den Hauptanteil, je nach Delikten, Nationalitäten und Altersgruppen sehr unterschiedlich. Sie liegt aber, insgesamt betrachtet, unter den für die deutsche Bevölkerung festgestellten Werten. Dies ist umso erstaunlicher, als hier auch Verstöße gegen das Ausländergesetz mitgezählt werden, Delikte also, die nur Ausländer betreffen können und die Statistiken zu deren Nachteil verzerren. Bei einem Vergleich der Kriminalitätsbelastung der erwachsenen deutschen und ausländischen Wohnbevölkerung in drei deutschen Großstädten ergibt sich für die Summe aller Delikte folgendes Bild:

		Hamburg			Hannover			München		
		21–24 Jahre	25–29 Jahre	30–40 Jahre	21–24 Jahre	25–29 Jahre	30–40 Jahre	21–24 Jahre	25–29 Jahre	30–40 Jahre
1973	D	8318	6075	4157	5354	4968	3422	5419	4592	3172
	A	6962	5297	3884	3979	2927	2462	4971	3514	2600
1974	D	8315	6318	4475	4509	4334	2922	5643	4833	3487
	A	7141	5672	3994	3941	2632	2363	5022	3622	2679

	Hamburg			Hannover			München		
	21–24 Jahre	25–29 Jahre	30–40 Jahre	21–24 Jahre	25–29 Jahre	30–40 Jahre	21–24 Jahre	25–29 Jahre	30–40 Jahre
1975 D	8498	6103	4674	4833	4410	3586	4935	4608	3678
1975 A	7889	6420	4710	5846	3980	3158	4685	3360	2587
1976 D	7540	5990	4526	5078	5069	4084	4953	4467	3762
1976 A	6307	5908	4465	4267	3858	3360	5062	3248	2618
1977 D				5384	4638	4138	4003	4063	3564
1977 A				4336	4350	3187	4298	3032	2335

Quelle: Albrecht/Pfeiffer, ‚Kulturkonflikt' oder soziale Mangellage? In: Bewährungshilfe 2/79, S. 111.

Wie eine weitere Aufgliederung nach einzelnen Delikten zeigt, sind die Ausländer[3] bei Gewalt- und Sexualdelikten gleich oder etwas höher, bei Eigentums- und Vermögensdelikten bei weitem geringer als Deutsche belastet. Bei Beurteilung der spezifischen Struktur der Gastarbeiterkriminalität ist zu berücksichtigen, daß diese Form der gewaltsamen Konfliktlösung auch eine Folge der besonderen Lebenssituation ausländischer Arbeiter in der Bundesrepublik ist. So hat, nach Bingemer,[4] die Kriminalität als „Index sozialer Krisen" bei den Gastarbeitern ihre Wurzeln vor allem in der Frustration, die im Zuge der Anpassung an die neue Gesellschaft auch heute noch ständig erlebt wird. Die Orientierung an Verhaltensmustern, die in der Bundesrepublik wenig Gültigkeit haben, Sprach- und Kontaktschwierigkeiten sowie die falsche Einschätzung der für viele Gastarbeiter ungewohnten Verhaltensweisen der deutschen Bevölkerung[5] führen zu Spannungen, die sich in kriminellen Handlungen entladen können. Mißlungene Integrationsversuche und Enttäuschungen im Zusammenhang mit einem vielfach idealisierten Deutschlandbild können – im Extremfall – zu dem

Versuch führen, die ihnen vom ,,Gastvolk" aufgezwungene Isolation mit List oder Gewalt zu überwinden.

Daß die Kriminalität der Ausländer nicht primär auf ,,nationale Eigenschaften",[6] sondern auf die in der Bundesrepublik vorgefundenen Lebensumstände zurückzuführen ist, soll am Beispiel der Türken kurz verdeutlicht werden:[7] Für die türkischen Gastarbeiter, die speziell bei Gewalt- und Sittlichkeitsverbrechen die höchsten Ziffern aufweisen,[8] liegen die Voraussetzungen für eine Anpassung an den westdeutschen Lebensstil äußerst ungünstig. Für sie, die aus einer vom Islam geprägten Umwelt und aus vorwiegend agrarischen Regionen stammen,[9] ist die Umstellung auf ein ökonomisch, kulturell und religiös völlig fremdes Milieu besonders schwierig. Dazu kommt, daß viele türkische Arbeiter ihre Familien nicht bei sich haben; sie wohnen als ,,Lediggehende" zur Untermiete in privaten Zimmern und Wohnungen, meistens jedoch in den von den Firmen gestellten Wohnheimen. Wegen ihrer religiösen Essensvorschriften, die sie auch in der Fremde einzuhalten versuchen sind sie darauf angewiesen, sich ihre Mahlzeiten größtenteils selbst zuzubereiten.[10] Besonders die konservative Gruppe unter ihnen, die sich wegen der unterschiedlichen Schlachtmethoden weitgehend vegetarisch ernährt, leidet unter großen Entbehrungen. Auch das vom Islam vorgeschriebene Fasten stellt unter den gegebenen Umständen eine große physische und psychische Belastung dar.

Wie aus Befragungen türkischer Gastarbeiter[11] hervorgeht, fühlte sich eine beträchtliche Anzahl von ihnen in ihren Erwartungen an die Bundesrepublik enttäuscht. Die Gründe hierfür dürften aber nicht nur darin liegen, daß sich die türkischen Arbeiter ,,anstatt auf zuverlässige objektive Informationen auf subjektive Werturteile verlassen (haben)" (Abadan). Ihre Einstellung wird zweifelsohne auch von der unfreundlichen und vorurteilsvollen Haltung der deutschen Bevölkerung den als besonders fremdartig und bedrohlich empfundenen Türken gegenüber entscheidend geprägt.[12]

Weiters wurde festgestellt, daß die Türken von allen Gastarbeiternationalitäten am meisten unter Einsamkeit und Isolierung leiden; ihre Kontakte mit Deutschen sind – trotz mehrjähriger Aufenthaltsdauer – gering und nach wie vor weitgehend auf den Arbeitsplatz beschränkt. Da die in den unteren gesellschaftlichen Schichten ihres Landes geltenden sozialen Normen die strenge Trennung der Geschlechter vorschreiben, werden ihre an sich schon begrenzten Kontaktmöglichkeiten noch weiter eingeengt. Nach den Untersuchungen von Bingemer[13] fühlen sie sich im Vergleich zu den übrigen Gastarbeiternationalitäten am stärksten frustriert, eine psychische Verfassung, die gegebenenfalls leicht in Aggressivität umschlagen kann. Die größere Häufigkeit von schweren Delikten bei den Türken, die (nicht nur) in Sensationsberichten mit südlichen Sitten- und Ehrenkodices erklärt wird, dürfte demnach eher auf die außergewöhnliche Streßsituation dieser Gruppe von Gastarbeitern zurückzuführen sein. Dazu kommt, daß die Türken, die inzwischen mehr als ein Drittel der Gastarbeiterbevölkerung ausmachen, unter den ausländischen Arbeitern die Rolle des ,,Prügelknaben" spielen, dessen Verhalten von Polizei und Bevölkerung mit besonderer Aufmerksamkeit verfolgt wird.

2. Die Kriminalität junger Ausländer

Die Befürchtung, daß die hoffnungslose Lage der in der Bundesrepublik lebenden jungen Ausländer, die ,,als unterprivilegierte Außenseiter an den Rand der Gesellschaft abgedrängt werden" (Dörmann) eine zunehmende Kriminalisierung dieses Teil der Bevölkerung zur Folge haben könnte, ist in letzter Zeit immer häufiger geäußert worden. So wird von Wissenschaftlern und Politikern, von den Wohlfahrtsverbänden, Gewerkschaften, Kirchen und sonstigen Betreuungsorganisationen davor gewarnt, eine ,,Generation der Hoffnungslosigkeit" heranzuziehen, durch die der ,,soziale Frieden und die soziale Stabilität" hierzulande bedroht werden könne.[14] Nicht humanitäre Aspekte und die soziale Verpflichtung den Gastarbeitern gegenüber stehen im Vordergrund der Überlegungen; die Besorgnis gilt überwiegend den Gefahren, die eine mangelnde Integration der zweiten Ausländergeneration für Staat und Bevölkerung der Bundesrepublik mit sich bringen könnte.

Um die Diskussion der Ausländerkriminalität, die ganz wesentlich von Spekulationen und Vorurteilen bestimmt wird, auf eine sachliche Grundlage zu stellen, sowie den Praktikern konkrete Hilfen an die Hand zu geben, wurde 1978 an der Universität München eine vergleichende Analyse der Kriminalität deutscher und ausländischer Jugendlicher durchgeführt.[15] Anhand von Daten aus der amtlichen Kriminalstatistik für fünf deutsche Großstädte[16] sollten zunächst die Probleme in wichtigen Ausländerballungszentren erhoben werden. Im Anschluß daran wurde die Praxis staatlicher Instanzen (Jugendämter, Ausländerämter, Justiz, Strafvollzug) bei der Behandlung straffällig gewordener jugendlicher Ausländer untersucht. Die wesentlichsten Ergebnisse dieser Studie sollen im folgenden dargestellt und erläutert werden:

Die Zahl der ausländischen Kinder und Jugendlichen in der Bundesrepublik nimmt ständig zu und damit steigt auch die Zahl derjenigen, die straffällig werden. Für die Beurteilung der Ausländerkriminalität ist es deshalb wichtig zu beachten, daß deren Umfang in engem Zusammenhang mit der Bevölkerungsentwicklung steht.

Betrachtet man die Kriminalitätsbelastung der unter 21 Jahren alten Ausländer und Deutschen insgesamt, dann zeigt sich (für die untersuchten Städte), daß die Straffälligkeit der Deutschen geringfügig höher als die der Ausländer ist. Um zu einem genaueren Bild zu kommen erwies es sich jedoch als notwendig, die Kriminalitätsbelastungsziffern der beiden Bevölkerungsgruppen nach Alter und Deliktarten weiter aufzuschlüsseln. Die Ergebnisse waren dann folgende:

- Bei den Kindern (bis zu 14 Jahren) ist die Kriminalität in den letzten Jahren gestiegen, wobei die deutschen Kinder in den meisten Deliktgruppen etwas stärker als die Ausländer belastet sind.[17]

- Die Jugendlichen (14 bis 18 Jahre) weisen hingegen eine wesentlich höhere Kriminalitätsbelastung, und zumeist höhere Steigerungsraten als die Deutschen gleichen Alters auf; sie sind auch im Vergleich mit den übrigen Altersklassen am häufigsten straffällig.
- Bei den Heranwachsenden (18 bis 21 Jahre) liegt die Kriminalitätsbelastung der Ausländer ebenfalls über der der Deutschen, wenngleich hier der Abstand nicht so kraß ist.

Die durchschnittliche jährliche Überhöhung der Kriminalitätsbelastungsziffern (Summe aller Delikte) belief sich zwischen 1973–1977 auf folgende Werte:

	ausländische Jugendliche höher belastet als deutsche um (in Prozent):	ausländische Heranwachsende höher belastet als deutsche um:
Hamburg	40	10
Hannover	35	1
Frankfurt	37	22
Stuttgart	88	33
München	60	41

Quelle: Albrecht/Pfeiffer, Die Kriminalisierung junger Ausländer, München 1979, S. 32.

Die Analyse der einzelnen Deliktgruppen ergab, daß junge Ausländer – vorwiegend die Heranwachsenden – bei Sexualdelikten weitaus höher als Deutsche belastet sind.[18] Ähnlich ist es bei den Roheitsdelikten (dazu zählen u. a. Raub- und Körperverletzung), bei denen der Abstand zwischen Deutschen und Ausländern – betroffen sind nicht nur die Heranwachsenden, sondern auch die Jugendlichen – jedoch geringer als bei den Sexualdelikten ist.[19] Bei der jüngsten Altersgruppe werden Roheitsdelikte hingegen häufiger von deutschen als von ausländischen Kindern verübt. Beim einfachen Diebstahl überwiegen die Ausländer; hier sind die ausländischen Jugendlichen in besonders hohem Maße, und wesentlich stärker als die deutschen Jugendlichen, betroffen.[20] An Delikten wie schwerer Diebstahl (dazu rechnet man vor allem Einbruchdiebstahl) und den sogenannten „sonstigen Straftatbeständen" (Erpressung, Widerstand gegen die Staatsgewalt, Delikte gegen die öffentliche Ordnung, Begünstigung und Hehlerei, Sachbeschädigung, etc.) sind Ausländer insgesamt weniger häufig als junge Deutsche beteiligt. Speziell bei schwerem Diebstahl sind ausländische Jugendliche allerdings wieder häufiger vertreten als die Deutschen, während Kinder wie Heranwachsende erheblich weniger als Deutsche derselben Altersgruppen belastet sind. Bei den Vermögens- und Fälschungsdelikten (Betrug, Urkundenfälschung, Erschleichen von Leistungen, etc.) ist der Anteil der Tatverdächtigen bei Deutschen und Ausländern in den untersuchten Großstädten – faßt man alle Altersklassen zusammen – sehr unterschiedlich: Nur die ausländischen Jugendlichen sind in allen Städten meist beträchtlich höher belastet als die Deutschen, wobei das „Schwarzfahren" in öffentlichen Verkehrsmitteln eine nicht unerhebliche Rolle spielen dürfte.

Bei dem Versuch, eine Erklärung für die hohe Kriminalitätsbelastung vor allem der ausländischen Jugendlichen (und Heranwachsenden) zu finden, stellt sich, so die Autoren der genannten Studie, unausweichlich die Frage nach den Lebensbedingungen dieses Teils unserer Bevölkerung.[21]

Wie mehrfach beschrieben, sind die in der Bundesrepublik lebenden Kinder ausländischer Arbeiter gegenüber deutschen Kindern und Jugendlichen in vielfacher Weise benachteiligt. Zur Diskriminierung in Schule und Beruf kommen noch die Probleme in den Familien, die in ihren Vorstellungen und Verhaltensnormen – oft in übertriebenem Maße – an den Traditionen ihrer Heimatländer festhalten. Dabei ist ihnen nicht bewußt, daß solche Verhaltensmuster, die für das Leben in der Bundesrepubik meist keine Gültigkeit haben, inzwischen auch in ihren Heimatländern überholt sind.[22] In der deutschen Gesellschaft isoliert und verunsichert, sind die ausländischen Eltern kaum in der Lage, die durch ihre Kinder in die Familie hineingetragenen Konflikte mit der deutschen Umwelt zu bewältigen bzw. diesen bei der Lösung von Anpassungsproblemen zu helfen. Orientierungslosigkeit, mangelnde Selbstsicherheit und Aggressivität sind Folgen einer, durch die widersprüchlichen Anforderungen sowie die ständige Frustration durch Familie und Umwelt bewirkten psychischen Überforderung.

Während bei den jüngeren Gastarbeiterkindern, die noch überwiegend unter der Kontrolle und dem Einfluß der (autoritären) Erziehung im Elternhaus stehen, die Konflikte in Grenzen gehalten werden, ist dies bei den Jugendlichen nicht mehr der Fall. Nach Akpinar u. a. wird sich „Die Gefahr der Kriminalisierung ... verstärken, wenn ausländische Kinder und Jugendliche, die in der BRD geboren sind, die die deutsche Sprache beherrschen, die deutsche Schulen besucht haben, weiterhin aufgrund diskriminierender Faktoren gezwungen sind, in der Isolation zu verbleiben".[23] Kriminalität ist somit eine Form der Reaktion auf eine Gesellschaft, die jungen Ausländern aus Gastarbeiterfamilien jegliche Chancen verwehrt, ihre Erwartungen nicht erfüllt und sie zu materiell benachteiligten und sozial isolierten Außenseitern macht.[24]

Die Behandlung straffällig gewordener junger Ausländer ist gekennzeichnet durch den Widerspruch zwischen dem stärker an der Wiedereingliederung orientierten Strafrecht und dem Ausländerrecht, das die Herstellung von Sicherheit und Ordnung zum Ziel hat. Aufgrund der strengen Praxis der Ausländerbehörden wird jedoch vielen ausländischen Jugendlichen die Möglichkeit der Resozialisierung nach Verbüßung ihrer Strafe überhaupt nicht gegeben.[25] Denn nach § 10 Absatz 1 Nr. 2 des Ausländergesetzes kann ein Ausländer ausgewiesen werden, „wenn er wegen einer Straftat ... verurteilt worden ist". Hier wäre eine Änderung des Ausländergesetzes, vor allem der Ausweisungstatbestände, ein wichtiger Schritt, um den Absichten des Jugendgerichtsgesetzes entsprechend, die soziale Rehabilitation der betroffenen Jugendlichen durch Sicherung ihres Aufenthaltes zu ermöglichen.[26]

Die Folgen einer Ausländerpolitik, die vornehmlich jugendliche Hilfsarbeiter und Arbeitslose „produziert", sind offensichtlich. Die Ergebnisse der Untersuchung von Albrecht/Pfeiffer lassen darauf schließen, daß in Zukunft, mit der zunehmenden Zahl in der Bundesrepublik aufgewachsener Ausländer, mit einem Ansteigen der Kriminalität, auch bei den Heranwachsenden (und Erwachsenen) gerechnet werden muß.[27] Eine solche Entwicklung durch Maßnahmen zur Verbesserung der Lebenssituation ausländischer Kinder und Jugendlicher zu verhindern, ist ein wesentliches Ziel des neuerlich von der Bundesregierung beschlossenen Integrationsprogramms.

XI. Integration oder Assimilation?

Rund 3 Millionen Gastarbeiter leben heute in der Bundesrepublik. Ihr Anblick gehört zum gewohnten Erscheinungsbild unserer Städte. Sie tragen ganz wesentlich zur Vermehrung unseres Wohlstands bei; aus arbeitsmarkt- und wirtschaftspolitischen Gründen sind wir weiterhin auf ihre Mitarbeit angewiesen.

Die Anwesenheit der Ausländer und ihrer Familien ist, wie sich inzwischen deutlich gezeigt hat, zum Dauerzustand geworden. Trotz dieser Tatsache betrachtet sich die Bundesrepublik nicht als Einwanderungsland, ein Widerspruch, der eine konsequente Eingliederungspolitik bisher verhindert hat. Ausgehend von der Fiktion des „vorübergehenden Aufenthaltes" beschränkten sich die ausländerpolitischen Maßnahmen von Bund und Ländern weitgehend auf Hilfen zur beruflichen Eingliederung, während die sozialen Belange der Gastarbeiterfamilien vernachlässigt wurden. Versäumnisse, deren Folgen bei der zweiten, in der Bundesrepublik aufwachsenden Ausländergeneration in vollem Ausmaß sichtbar werden.[1]

Die Lebenssituation jener Menschen, die als Arbeitskräfte geholt wurden, als Mitbürger aber nicht akzeptiert werden, sieht bis heute so aus:

Die Gastarbeiter in der Bundesrepublik leben isoliert, als Außenseiter unserer Gesellschaft, „eine von keinerlei Autorität wirksam geschützte Gruppe unterprivilegierter Arbeiter" (Schöfer). Fundamentale politische und soziale Rechte, so das Recht der freien Arbeitsplatz- und Berufswahl, das Recht auf politische Betätigung, das Wahlrecht, das Recht auf Lebensplanung und den Schutz der Familie, gelten für sie nicht oder sind für sie eingeschränkt.

Die Unsicherheit ihrer Lage, ihre rechtliche, soziale und ökonomische Diskriminierung, wirken sich in der Tat eher negativ auf die Assimilation der Gastarbeiter aus. Die Erkenntnis, daß die Anpassungsbereitschaft an die Kultur des Einwanderungslandes (Erlernen der Sprache, etc.) umso größer ist, je besser die Integrationschancen (berufliche Stellung, Einkommen, etc.) des Ausländers sind, ist schon vor Jahren in Untersuchungen bestätigt worden.[2] So gesehen erscheint die derzeitige Praxis der Behörden nicht sehr sinnvoll, die (stufenweise) Integration der Gastarbeiter von Vorleistungen im Bereich der Assimilation (Sprachkenntnissen, Wohnungsstandard) abhängig zu machen; eine Politik, die sich, und das zeigt auch die Statistik, bisher als wenig erfolgreich erwiesen hat.[3] Im Hinblick auf die mangelnde Assimilation vieler Gastarbeiter findet das Vorurteil, diese wären an einer Integration gar nicht wirklich interessiert eine gewisse Bestätigung und dient seinerseits wieder als Rechtfertigung dafür, daß die sozialen Folgekosten der Ausländerbeschäftigung bislang weitgehend eingespart wurden. Eine verhängnisvolle Verwechslung von Ursache und Wirkung die als bequemes Alibi dafür dient, kostspielige Eingliederungsmaßnahmen immer wieder aufzuschieben.

Die Forderung nach Integration der Ausländer ist zum Schlagwort geworden, viel gebraucht, aber nur selten näher differenziert und definiert; eine Leerformel, die je nach politischer Zielsetzung mit unterschiedlichen Inhalten gefüllt wird.[4]

Wie M. Bartelt 1971 in einer Analyse der Äußerungen von Vertretern staatlicher Behörden und der Arbeitgeberorganisationen feststellte[5] – und diese Einstellung hat sich bis heute kaum geändert – wird unter „Integration“ in der Regel „Anpassung“ verstanden. Aber: „Nicht wir können uns den Ausländern anpassen“ (Balke), wir erwarten vielmehr, daß sie sich „nicht nur an unser betriebliches, sondern auch an unser sonstiges gesellschaftliches und soziales Leben, an unsere Ordnungsvorstellungen, unseren Lebensstil und unsere Rentabilität“ anpassen.[6] Auf die Situation der Gastarbeiter bezogen, bedeutet dies eine Zementierung des Status quo, die einfache Hinnahme der Tatsache, daß Millionen Menschen unter diskriminierenden Bedingungen unter uns leben und für uns arbeiten müssen.[7]

Mit der Anwerbung der Gastarbeiter sind in der Bundesrepublik verschiedene Modelle zur Gestaltung der Ausländerpolitik entwickelt und diskutiert worden. Während das System der zwangsweisen Rotation – der von vorneherein zeitlich befristete Aufenthalt – von der Bundesregierung abgelehnt wurde,[8] stand das Integrationsmodell – volle rechtliche und soziale Gleichstellung, leichter Erwerb der Staatsbürgerschaft – im Gegensatz zur offiziellen Politik, nach der die Bundesrepublik kein Einwanderungsland ist. Das derzeit praktizierte „bedarfsorientierte Integrationsmodell" ist der Versuch, das Integrationsmodell mit dem Modell der „freiwilligen" Rotation zu verbinden. Im Rahmen einer Doppelstrategie soll, wie an anderer Stelle näher beschrieben, einerseits die „temporäre" Integration der Ausländer gefördert, andererseits deren Rückkehrbereitschaft und Rückkehrfähigkeit verstärkt werden. Es ist offensichtlich, daß dieses Modell wegen seiner Widersprüchlichkeit und Ambivalenz nicht dazu in der Lage ist, die mit der Ausländerbeschäftigung verbundenen Probleme auf Dauer zu lösen. Denn: „Wenn die Integration eine wirkliche Zukunftsperspektive eröffnen soll, darf sie nicht als Provisorium ausgestaltet und angeboten werden."[9]

Nach Bartelt ist wirkliche Integration nur auf der Basis der Partnerschaft möglich. Dies würde bedeuten, die ausländischen Arbeiter „als gleichberechtigt zu akzeptieren, ihnen zur Durchsetzung ihrer berechtigten Forderungen zu verhelfen und sie zu einem schöpferischen Beitrag in unserer Gesellschaft anzuregen". Dabei schließt Partnerschaft Konflikte nicht aus; vielmehr kommt es darauf an, „daß Konflikte zwischen Deutschen und ausländischen Arbeitnehmern nicht harmonisiert oder autoritär ‚gelöst', sondern ausgetragen und geregelt werden, da sonst der ausländische Partner in seiner Machtlosigkeit festgehalten wird".[10] Als unterprivilegierte Minderheit haben die Gastarbeiter aber keine Möglichkeit, sich mit ihren deutschen „Partnern" auf gleicher Ebene auseinanderzusetzen. Im Gegenteil: In ihrer Funktion als Subproletariat werden sie bewußt in Abhängigkeit gehalten; wehrlose Objekte der Betreuung, deren Interessen von anderen vertreten werden müssen.[11]

Von den Folgen einer Politik, die den Ausländern die volle Teilhabe an der Gesellschaft verweigert, die Isolation statt Integration bewirkt, sind die in der Bundesrepublik heranwachsenden Kinder der Gastarbeiter am stärksten betroffen. Im Gegensatz zu den Eltern, von denen die meisten – und hier ist die „Heimkehrillusion" eine psychologische Hilfe – ein gewisses Maß an Diskriminierung als „Preis" für die Verbesserung ihrer Lebensverhätnisse in Kauf nehmen,[12] ist die zweite Generation nicht mehr ohne weiteres dazu bereit, ihre berufliche und soziale Benachteiligung zu ertragen.

Nicht vorwiegend humanitäre Gründe, sondern vor allem die Befürchtung, daß die katastrophale Lage der jungen Ausländer zu schweren Konflikten führen kann veranlaßte die Bundesregierung, die Eingliederung dieses Teils der ausländischen Bevölkerung in Zukunft verstärkt zu fördern. In dem, im März 1980 verabschiedeten Gesamtkonzept zur zukünftigen Ausländerpolitik heißt es: „Zukünftige Schwerpunktaufgabe der Ausländerpolitik muß die soziale Integration der zweiten und dritten Ausländergeneration sein." Und: „Dabei geht es vor allem um die volle Integration der Ausländerkinder in die deutschen Kindergärten und Schulen, um die angemessene Eingliederung der ausländischen Jugendlichen in das Berufsleben und um die Erleichterung der Einbürgerung bei uns herangewachsener Ausländer".[13] Größtes Gewicht wird hierbei auf den verstärkten Ausbau der Maßnahmen zur Berufsvorbereitung und sozialen Eingliederung (MSBE) gelegt; ergänzend dazu sollen 3–4 monatige Intensivsprachkurse, (insbesondere für später eingereiste Jugendliche), angeboten sowie – im Rahmen des „Benachteiligtenprogramms" – zusätzliche überbetriebliche Ausbildungsmöglichkeiten für Jugendliche ohne Aussichten auf eine Lehrstelle geschaffen werden. Mit dem Rechtsanspruch auf Erteilung der Arbeitserlaubnis, der jungen Ausländern unter bestimmten Voraussetzungen eingeräumt werden soll, ist beabsichtigt, zukünftige Lücken auf dem deutschen Arbeitsmarkt zu füllen. Denn das neue Ausländerprogramm dient im wesentlichen auch den Interessen der Arbeitgeber die darauf rechnen, mit Hilfe der ausländischen Jugendlichen den zu erwartenden Facharbeitermangel ausgleichen zu können.[14]

Die deutsche Bevölkerung steht einer Eingliederung der Gastarbeiter im Sinne von ,,Gleichberechtigung" eher ablehnend gegenüber,[15] eine Haltung, die selbst im täglichen Umgang mit den Ausländern gut beobachtet werden kann. Man erwartet von ihnen, die als ,,notwendiges Übel" (Bingemer) empfunden werden, Dankbarkeit und Unterordnung und die Bereitschaft, unsere ,,Dreckarbeit" zu machen.[16] Die Grundeinstellung der Deutschen gegenüber den ausländischen Arbeitern ist einerseits von Gleichgültigkeit, andererseits von Ressentiments und Vorurteilen geprägt, die sich unter den heutigen Umständen kaum abbauen lassen. Die Gastarbeiter gelten als schmutzig, faul und kriminell, sie nehmen uns ,,unsere" Arbeitsplätze weg, gefährden ,,unseren" Wohlstand. Behauptungen, deren Stichhaltigkeit keineswegs bewiesen ist. Ihr Gebrauch weist vielmehr darauf hin, daß die ausländischen Arbeiter die Rolle des Sündenbocks übernommen haben, der – stellvertretend – für die eigenen Fehler und Versäumnisse verantwortlich gemacht wird. Wie die Analyse von Befragungen und Presseberichten zeigt, ändern sich die Einstellungen in der Bevölkerung (und in den Massenmedien) mit der Gewöhnung an das Vorhandensein der Gastarbeiter nicht; das Bild von den Ausländern ist bei den Deutschen im Laufe der Jahre nicht positiver geworden ...[17]

Von seiten der Ausländer werden die oben beschriebenen Mechanismen folgendermaßen interpretiert: ,,Ist es wohl so, daß nicht wir das Problem sind, sondern daß wir durch unsere Gegenwart das ungelöste soziale Problem der deutschen Gesellschaft aufdecken? Ihren ‚Skandal' offenbaren? Ob die Gesellschaft uns deswegen ignoriert? Unsere Gegenwart bietet der deutschen Gesellschaft die Gelegenheit, sich zu dem zu bekennen, vor dem sie sich abschirmt".[18]

Für die bei uns lebenden Gastarbeiter und ihre Familien gibt es – auch in unserem eigenen Interesse – keine Alternative zur Integration. Es ist höchste Zeit, das ständige Provisorium ihrer Situation zu beenden und den Ausländern, von denen viele die Absicht haben zu bleiben, ohne Vorbehalte und Einschränkungen und ohne Zwang zur Assimilation, gleiche Lebenschancen einzuräumen.

Dabei setzt die Gewährung wichtiger bürgerlicher Grundrechte auch für (längerfristig ansässige) Ausländer, wie der Fall Schweden zeigt,[19] den Erwerb der Staatsbürgerschaft nicht notwendigerweise voraus.

Bei allen Vorschlägen zur sogenannten „Ausländerfrage" geht es aber letztlich darum zu erkennen, daß die moderne Arbeitsemigration keine zufällige oder vorübergehende Erscheinung, sondern eine Folge des Entwicklungsgefälles zwischen Ein- und Auswanderungsländern ist. Ein Ende der Gastarbeiterwanderungen – und diese sollten nicht nur als ökonomischer Faktor, sondern als Chance zur menschlichen und kulturellen Bereicherung gesehen werden – ist somit erst dann abzusehen wenn es gelingt, das Entwicklungsproblem im internationalen Rahmen zu lösen.[20]

Anhang

1. Anmerkungen

I. Die Anwerbung und Vermittlung ausländischer Arbeitskräfte

1. Nach dem 2. Weltkrieg trugen Millionen von Flüchtlingen, Heimatvertriebenen und Umsiedlern dazu bei, den durch die Kriegsverluste und die niedrige Geburtenrate verursachten Arbeitskräftemangel auszugleichen. Mit Errichtung der Berliner Mauer, dem Aufbau der Bundeswehr, der Einführung der Arbeitszeitverkürzung und flexiblen Altersgrenze sowie der Verlängerung der Ausbildungszeiten wurde die Lage noch verschärft.
2. Solche Anwerbestellen gab es (1973) in Italien, Griechenland, Spanien, der Türkei, Portugal, Jugoslawien, Tunesien und Marokko.
3. Die Vermittlung ausländischer Arbeiter in die BRD wurde durch den von der Bundesregierung zum 23. 11. 1973 verhängten „Anwerbestop“ auf unbestimmte Zeit beendet.
4. Deutscher Gewerkschaftsbundvorstand, Abt. Ausländische Arbeitnehmer, Beschäftigte (sozialversicherungspflichtig), Düsseldorf d. 30. 10. 1979. Bundesministerium für Arbeit und Sozialordnung, In der Bundesrepublik beschäftigte ausländische Arbeitnehmer, Drucksache IIa 5 – 28707 – 1 v. 6. 3. 79.
5. Für Angehörige aus Ländern, mit denen keine Anwerbungsvereinbarungen geschlossen wurden und für die keine besonderen Bestimmungen, wie z. B. die EG-Freizügigkeitsregelung galten, war die Einreise mit einer Aufenthaltsgenehmigung in Form eines Sichtvermerks die einzige (legale) Möglichkeit, eine Arbeit in der BRD aufzunehmen.
6. Daß dies letztlich auch keine Garantie für eine objektive Auswahl darstellte, beweist eine in Istanbul aufgedeckte Bestechungsaffäre an der, neben hohen türkischen Beamten, auch deutsche Ärzte beteiligt gewesen sein sollen. – Sendung der ARD, „Gastarbeiterhandel“, am 19. 4. 1971.
7. Vgl. V. Mehrländer, Beschäftigung ausländischer Arbeitnehmer in der Bundesrepublik Deutschland unter spezieller Berücksichtigung von Nordrhein-Westfalen. Opladen 1972², S. 48ff. u. S. 143ff.

8. Zu dieser Problematik auch: Bundesministerium für Jugend, Familie und Gesundheit (Hg.), Situationsanalyse nichterwerbstätiger Ehefrauen ausländischer Arbeitnehmer in der Bundesrepublik Deutschland, Bonn 1977, S. 113f. Eine zusätzliche Ursache enttäuschter Erwartungen können Verständigungsschwierigkeiten sein: Der Inhalt der Information wird aus sozio-kulturellen Gründen falsch verstanden bzw. falsch interpretiert. – Bingemer/Meistermann-Seeger/Neubert, Leben als Gastarbeiter, Köln und Opladen 1970, S. 81.
9. Bingemer, a.a.O., S. 80.
10. F. Vinck, Freizügigkeit – ein Grundrecht für EG-Arbeitnehmer. In: Auslandskurier, H. 5, 1970, S. 26. Dazu auch: H. D. Walz, Leben im Provisorium zwischen zwei Welten. In: Archiv für Wissenschaft und Praxis der sozialen Arbeit, H. 2, Frankfurt/M. 1979, S. 104f.
11. Von den italienischen Arbeitern, die 1972 eine Beschäftigung in der BRD gefunden hatten, waren 98,6 Prozent aus eigener Initiative eingereist. Ab 1973 wird die Zahl der Einreisenden aus EG-Ländern nicht mehr statistisch erfaßt. – Bundesanstalt für Arbeit, Ausländische Arbeitnehmer, Erfahrungsbericht 1972/73, Nürnberg 1974, S. 43.
12. Der Anteil der Illegalen, die vor allem im Bau- und Gastgewerbe beschäftigt werden, wird auf etwa 10 Prozent aller angeworbenen Gastarbeiter geschätzt. – J. Micksch, Gastarbeiter werden Bürger, Frankfurt/M. 1978, S. 128. Hier findet sich auch eine ausführliche Erörterung der Problematik, die mit dem Anwerbestop noch aktueller geworden ist.
13. Illegal zur Arbeitsaufnahme eingereiste Ausländer erhalten mangels einer gültigen Aufenthaltserlaubnis auch keine Arbeitserlaubnis. Sie haben sowohl gegenüber ihren „Vermittlern“ als auch gegenüber ihren „Arbeitgebern“ keinerlei Rechtsansprüche.
14. Den deutschen Firmen, die Illegale über „Subunternehmer“ beschäftigen, werden hohe Stundenlöhne abverlangt, während den Arbeiter selbst nur ein Bruchteil dieser Summe ausbezahlt wird. Die Differenz behalten die „Vermittler“ ein, ohne davon Steuern oder Sozialabgaben zu zahlen.
15. Mit dem „Gesetz zur Änderung des Arbeitsförderungsgesetzes und des Arbeitnehmerüberlassungsgesetzes“ vom 25. 6. 1975 wurden die Bestimmungen zur (konjunkturabhängigen) Bekämpfung

der illegalen Ausländerbeschäftigung verschärft: „Danach werden illegale Anwerbung, Vermittlung, Überlassung und Tätigkeit sowie illegales Tätigwerdenlassen ausländischer Arbeitnehmer teils mit Freiheitsstrafe bis zu 5 Jahren, teils mit Geldbußen bis zu 50000 DM belegt". – Bundesministerium für Arbeit und Sozialordnung, Drucksache IIa 8, S. 8.

16. Großer Mangel an Arbeitskräften besteht u.a. nach wie vor im Gastgewerbe, das wegen der schlechten Bezahlung und der unregelmäßigen Arbeitszeiten auf die Beschäftigung von Ausländern angewiesen ist.
17. Dazu bes. H. Harbach, Internationale Schichtung und Arbeitsmigration, Reinbek 1976, S. 161ff. Harbach weist darauf hin, daß eine ganz grundlegende Ursache für die Emigration in der Situation der Landwirtschaft in den Herkunftsländern der Gastarbeiter zu suchen ist.

II. Ursachen und Folgen der Emigration

1. In: Magnet Bundesrepublik, H. 42, 1966, S. 182. Zu den Vorteilen für die Gastarbeiter und deren Heimatländer auch: W. Bodenbender, Zwischenbilanz der Ausländerpolitik. Referat in der Evangel. Akademie Tutzing am 16. 11. 1976.
2. Wie H. D. Walz in seiner Untersuchung feststellte, hatte ein Großteil der jungen Emigranten aus Süditalien vor der Arbeitsaufnahme in der Bundesrepublik noch nie einen festen Arbeitsplatz mit geregelter Entlohnung gehabt. A.a.O., S. 109.
3. Daß sich diese Belastungen u.a. in gesundheitlichen Krisen manifestieren, zeigt die Analyse der Krankheitsstatistik. Nach den Ergebnissen der Kölner Studie waren 68 Prozent der Krankheiten bei Gastarbeitern psychisch bedingt oder mitbedingt. – Bingemer, a.a.O., S. 109. Ähnlich: F. Aksoy, Die Anpassungsschwierigkeiten eines Gastarbeiters, in: W. Althammer (Hg.), Südosteuropa-Studien H. 23, 1975, S. 150ff. Nicht systematisch untersucht wurden bisher die Auswirkungen der Arbeitsemigration auf Ehe und Familie, insbesondere auf die (in der Heimat zurückgelassenen bzw. später nachgeholten) Kinder.
4. Eine Darstellung der verschiedenen Migrationsmotive findet sich R. Lohrmann/K. Manfrass, Ausländerbeschäftigung und interna-

tionale Politik, München, Wien 1974; bei Harbach, a. a. O. und den meisten anderen einschlägigen Publikationen.

5. Während bis zum Einwanderungsstop die Verbesserung des Einkommens den häufigsten Grund für die Lösung des Arbeitsverhältnisses durch die Gastarbeiter bildete, hat seither die Fluktuation stark abgenommen.
6. Zur spezifischen Situation in den Anwerbeländern vgl. die Beiträge in Lohrmann/Manfrass, a. a. O., M. Borris, Ausländische Arbeiter in einer Großstadt, Frankfurt 1973, U. Boos-Nünning/M. Hohmann (Hg.), Ausländische Kinder. Schule und Gesellschaft im Herkunftsland, Düsseldorf 1977, H. Keskin, Die Türkei, Berlin 1978, u. a. m.
7. Von 1973 bis 1978 wurden von den ausländischen Arbeitern rund 40 Milliarden DM in deren Heimatländer überwiesen. – BMA Drucksache IIa 5 – 24200; Bonn, d. 29. 11. 1978.
8. Diese Aussage trifft nicht für alle Anwerbeländer zu; außerdem bestehen hier graduelle Unterschiede.
9. Eine Reihe von Autoren (Harbach, Hoffmann-Nowotny, Nikolinakos) weisen darauf hin, daß die Wanderung von Arbeitskräften letztlich eine Folge der unterschiedlichen Ränge (und damit Machtverhältnisse) im System der internationalen Schichtung ist.
10. Konzeptionen wie „Integration auf Zeit", aber auch der Vorrang der Inländer auf dem Arbeitsmarkt (§ 19 AFG) zeigen deutlich die Pufferfunktion großer Teile der Ausländer. Diese gilt jedoch nicht für bestimmte Tätigkeiten und Branchen, die, aufgrund der schlechten Arbeitsbedingungen und des geringen Sozialprestiges, mit Deutschen – auch in Zeiten der Rezession – nicht mehr besetzt werden können. Staatlicherseits wird die Ausländerbeschäftigung mit Hilfe der Aufenthalts- und Arbeitserlaubnis (und deren Auflagen und Beschränkungen) gesteuert.
11. P. Cinanni, Emigration und Imperialismus, München 1970, S. 83f.
12. Nach M. Nikolinakos brachte die Emigration Griechenland und Spanien ähnliche Nachteile, denn sie trug dazu bei, die Rückständigkeit bestimmter Auswanderungsregionen zu „verewigen" und die Entwicklungsunterschiede innerhalb dieser Länder zu verschärfen. – M. Nikolinakos, Politische Ökonomie der Gastarbeiterfrage, Reinbek 1973, S. 127. Nach P. Nikitopulos wanderten zwischen 1960 und 1975 mehr als 30 Prozent der heutigen Erwerbsbe-

völkerung Griechenlands aus. – a.a.O., Griechenland: Sozialstruktur in der Übergangsphase, in: Deutsch lernen 1/78, S. 27ff.

13. Mit der längeren Aufenthaltsdauer und dem verstärkten Familiennachzug tritt die Frage der sozialen Folgekosten der Ausländerbeschäftigung, die wegen der Fiktion vom „vorübergehenden Aufenthalt" weitgehend vernachlässigt worden war, immer stärker in den Vordergrund der Diskussion. Und dies, obwohl die Erwerbsquote der Gastarbeiter, und damit ihr Beitrag zum Steueraufkommen, immer noch überproportional hoch ist.
14. FAZ, Blick durch die Wirtschaft, v. 21. 1. 1971. Wie Bahadir betont, gibt es bis heute kaum wissenschaftliche Untersuchungen zu den Folgen der Arbeitsemigration für die Anwerbeländer. – S. A. Bahadir, Vor- und Nachteile der Wanderung von Arbeitskräften für die türkische Volkswirtschaft, in: Mitteilungen aus der Arbeitsmarkt- und Berufsforschung, H. 4/78, S. 473ff.
15. Zur ausführlichen Begründung dieser Feststellung vgl. Harbach, a.a.O., S. 200ff.

III. Die wirtschaftliche Bedeutung der ausländischen Arbeitnehmer

1. Zur Frage der Kosten-Nutzen-Rechnung der Ausländerbeschäftigung: Harbach, Internationale Schichtung und Arbeitsmigration, S. 77f. und Harbach, Die volkswirtschaftlichen und gesellschaftlichen Funktionen der Gastarbeiter in der BRD, in: Konrad-Adenauer-Stiftung, Studien zur Kommunalpolitik Bd. 15, 1976, S. 27f.; Nikolinakos, a.a.O., S. 20ff.; K. Ewers/P. Lenz. Die Ausländerbeschäftigung unter dem Druck von Wirtschaftskrise und „Konsolidierungspolitik", in: C. Offe (Hg.), Opfer des Arbeitsmarktes. Zur Theorie der strukturierten Arbeitslosigkeit, Neuwied/Darmstadt 1977, S. 198.

1a. So wären sozialpolitische Reformen wie die flexible Altersgrenze in der Rentenversicherung, die Verkürzung der Arbeitszeit, der Bildungsurlaub, etc. – bei gleichzeitigem Wirtschaftswachstum – ohne die Beschäftigung von Gastarbeitern kaum zu verwirklichen gewesen.

2. A. Wagner, Wirtschaftswachstum ohne Gastarbeiter? In: F.X. Kaufmann, Bevölkerungsbewegung zwischen Quantität und Qualität, Stuttgart 1975, S. 151.

3. K. Dohse, Die staatliche Regulierung der Ausländerbeschäftigung in der ökonomischen Krise. IIVG-Paper, Veröffentlichungsreihe des Internationalen Instituts für Vergleichende Gesellschaftsforschung, Wissenschaftszentrum Berlin, März 1978, S. 7ff. Längerfristig hatten die Bemühungen der Arbeitgeber doch Erfolg, denn am 1. 4. 1979 wurde, statt der bisherigen „Stichtagsregelung" für die Erteilung der Arbeitserlaubnis an Ehegatten und Kinder von Gastarbeitern die „Wartezeitregelung" eingeführt.
4. Der Bundesminister für Arbeit und Sozialordnung, Vorschläge der Bundesländer-Kommission zur Fortentwicklung einer umfassenden Konzeption der Ausländerbeschäftigungspolitik, Bonn d. 28. 2. 1977, Drucksache II a 5 – 24200/22, S. 3 ff. Dazu die Alternativvorschläge von H. Kühn, Stand und Weiterentwicklung der Integration der ausländischen Arbeitnehmer und ihrer Familien in der Bundesrepublik Deutschland, Bonn, Sept. 1979.
5. Daß die Kommission aufgrund ihrer, an den Bedürfnissen des Arbeitsmarktes orientierten Grundeinstellung wieder nicht zu einer dauerhaften Lösung der Integrationsfrage bereit war, zeigt sich auch darin, daß zwar viel von einer „Verfestigung" des aufenthaltsrechtlichen Status die Rede ist, aber ein Rechtsanspruch auf die Verfestigung als nicht „sinnvoll" erklärt wird. – Vorschläge der Bund-Länder-Kommission, a. a. O., S. 6.
6. In: Sonderdruck aus ‚Jahresbericht der Bundesvereinigung der Deutschen Arbeitgeberverbände 1977', S. 11. Während die Arbeitgeberverbände über Zwangsrotation und die weitgehende Unterbindung des Familiennachzugs Infrastrukturkosten einsparen wollten, wurde u. a. von seiten der Kommunen eine Beteiligung der Arbeitgeber an diesen Ausgaben gefordert.
7. Vgl. dazu: Harbach, Internationale Schichtung und Arbeitsmigration, a. a. O., S. 138f. und S. 177ff.; Verena McRae, Die Gastarbeiter, Stein/Nürnberg 1972^2, S. 32f. u. a.
8. Empirische Untersuchungen haben ergeben, daß die Mobilität der Ausländer z. Zt. noch deutlich höher ist als die der Deutschen. Dies ist u. a. auf deren spezifische Alters- und Sozialstruktur sowie deren Familienstand zurückzuführen: Jüngere und Ledige sind mobiler als Ältere und Verheiratete; Arbeiter sind eher zum Umziehen bereit als Angestellte und Selbstständige. – K. Hottes/U. Meyer, Siedlungsstrukturelle Auswirkungen der Verteilung von Auslän-

dern in den Gemeinden, in: Konrad-Adenaucr-Stiftung, Studien zur Kommunalpolitik Bd. 16, 1977, S. 339.

9. H. u. H. Reinmann, Gastarbeiter, München 1976, S. 34. Der positive Einfluß der Gastarbeiter auf die deutsche Wirtschaft als Konsumenten und Nachfrager von Dienstleistungen wird mit dem vermehrten Familiennachzug und der Gündung neuer Familien in der BRD noch steigen. Siehe dazu auch: United Nations, Department of Economic and Social Affairs, The Determinants and Consequences of Population Trends, New York 1973, S. 254.

10. Derzeit besuchen nur etwa 30 Prozent der ausländischen Kinder gegenüber ca. 70 Prozent der deutschen Kinder zwischen drei und sechs Jahren einen Kindergarten. – Ü. Akpinar/R. Bendit/A. López-Blasco/J. Zimmer, Sozialisationshilfen für Ausländerkinder, in: betrifft Erziehung H. 11/1978, S. 39.

11. Im März 1979 betrug die (offizielle) Arbeitslosenquote bei Ausländern 5,4 Prozent, bei allen Arbeitslosen 4,2 Prozent. Der tatsächliche Umfang der Arbeitslosigkeit dürfte, vor allem bei den Gastarbeitern, erheblich höher sein. Zahlen aus: Bundesministerium für Arbeit und Sozialordnung, Drucksache IIa 5 – 28707 – 3 v. 19. 4. 1979 (Arbeitslose ausländische Arbeitnehmer in der BRD im Jahre 1979).

12. Wie Dohse an Beispielen nachweist, werden die Beschäftigungsverhältnisse von Gastarbeitern vielfach mit Hilfe der Arbeitsämter beendet d. h., durch die Nichtverlängerung der Arbeitserlaubnis werden geplante Kündigungen überflüssig. Andererseits werden Ausländer auch deshalb eher entlassen, weil durch die Entlassung deutscher Arbeiter der soziale Frieden und der Ruf der Betriebe gefährdet würden. – A. a. O., S. 31 ff. u. S. 82.

13. R. Weber, Die Beschäftigung ausländischer Arbeitnehmer aus der Sicht der Wirtschaft, in: Bundesarbeitsblatt 4/1970, S. 250. Ähnlich W. Leiner, Was kostet ein Ausländer im Betrieb? In: Arbeit und Sozialpolitik 6–7/1973, S. 232f.

14. Die Konzentration der Gastarbeiterbeschäftigung auf bestimmte Wirtschaftszweige und Tätigkeiten hat zur sozialen Abwertung an sich schon unattraktiver Arbeitsplätze geführt, die zu übernehmen von den Deutschen als Abstieg empfunden wird.

15. 1978 lebten 61 Prozent der Gastarbeiter u. ihre Familien bereits länger als 6 Jahre, über 42 Prozent länger als 8 Jahre und rund 22 Prozent länger als 10 Jahre in der Bundesrepublik. – Bundesmini-

sterium für Arbeit und Sozialordnung, Ausländerpolitik in der Bundesrepublik Deutschland, Drucksache BMA/IIa 8, S. 5 und einige Berechnungen. Nachdem eine neuerliche Arbeitsaufnahme in der BRD (nach einer vorübergehenden Rückkehr in die Heimat) durch den Anwerbestop verhindert wird, hat dieser letztlich zu einer Verlängerung der Aufenthaltsdauer und zu einer geringeren Rückkehrbereitschaft geführt.

16. Zu den ausländischen Jugendlichen, die dazu beitragen sollen, die zukünftigen Facharbeiterlücken zu schließen, kommen noch die Ehefrauen der Gastarbeiter, von denen die Mehrzahl arbeiten möchte wenn ihnen dies ermöglicht wird. – Bundesministerium für Jugend, Familie und Gesundheit (Hg.), Situationsanalyse nichterwerbstätiger Ehefrauen ausländischer Arbeitnehmer in der Bundesrepublik Deutschland, Bonn 1977, S. 45ff.
17. W. R. Böhning, Die wirtschaftlichen Auswirkungen der Beschäftigung ausländischer Arbeitnehmer ... zitiert in: Informationsdienst Bildungsarbeit mit ausländischen Arbeitern 1/1979, S. 15.
18. Wie eine Repräsentativuntersuchung in Baden-Württemberg ergab, hatten fast 42 Prozent der befragten Ausländer nicht die Absicht, in ihre Heimat zurückzukehren; etwa genauso viele hatten keine konkreten Vorstellungen hinsichtlich ihrer Rückkehr. – Ministerium für Arbeit, Gesundheit und Sozialordnung Baden-Württemberg (Hg.), Ergebnisse der Ausländerbefragung 1978 in Baden-Württemberg, Stuttgart 1979. Die deutsche Wirtschaft rechnet mit einer Dauerbeschäftigung von rd. 1,5 Millionen Ausländern.

IV. Die Unterbringung

1. Harbach weist darauf hin, daß die Ergebnisse empirischer Untersuchungen zur Wohnsituation von Gastarbeitern umso positiver sind, je „offizieller" der Auftraggeber der Studie ist; wegen der Koppelung des Wohnungsnachweises an die Aufenthaltsgenehmigung ist man bei Kritik eher vorsichtig. – a.a.O., S. 209.
2. Untersuchungen (Mehrländer, Borris, Schildmeier) haben ergeben, daß diejenigen ausländischen Arbeiter, die längerfristig in der BRD bleiben wollen, für eine Verbesserung ihrer Wohnsituation – mit steigender Aufenthaltsdauer steigen auch die Ansprüche –

mehr Miete bezahlen würden. Gerade in der für sie noch akzeptablen mittleren Preiskategorie fehlt jedoch das Angebot.

3. Nach Schätzungen aufgrund der Kindergeldzahlungen befinden sich derzeit noch knapp 1 Million Ausländerkinder in den Heimatländern der Gastarbeiter, mit deren Nachzug langfristig gerechnet werden muß.
4. Diese sind abgedruckt in: Bundesanstalt für Arbeit, Repräsentativuntersuchung '72, S. 170f. Erläuterungen dazu bei L. Kippes/K. Matzeder, a.a.O., S. 140ff. Die Verbesserung der Unterkünfte sollte, so wird von einigen Autoren argumentiert, die Ausländer dazu veranlassen längere Zeit in den Wohnheimen zu bleiben um den Wohnungsmarkt zu entlasten. Diese Strategie erwies sich aber als nicht sehr erfolgreich. – Im einzelnen dazu Ewers/Lenz, a.a.O., S. 199f.
5. Bundesanstalt für Arbeit, a.a.O., S. 177f. Dieses Gesetz verfolgte, neben der Entlastung auch den Zweck, durch eine (indirekte) Verteuerung der ausländischen Arbeitskräfte als Folge höherer Investitionskosten die Nachfrage nach Gastarbeitern – im Zuge der Konsolidierungspolitik – zu bremsen. – Ewers/Lenz, a.a.O., S. 200.
6. Bundesanstalt für Arbeit, a.a.O., S. 129f.
7. So z.B. in Wohnheimen der Fa. Siemens.
8. Bundesanstalt für Arbeit, a.a.O., S. 106.
9. Hier kommt es dann zur Konzentration von Ausländern in für Deutsche nicht mehr akzeptablen Wohngebieten, wobei die Tendenzen zur Gettobildung und Isolierung durch die rechtliche und soziale Benachteiligung dieses Bevölkerungsteiles noch gefördert wird.
10. Zu den Ergebnissen dieser Studie im einzelnen: E. Zieris, Wohnsituation ausländischer Arbeitnehmer und Maßnahmen zu ihrer Verbesserung im Urteil der Gemeinden. In: Konrad-Adenauer-Stiftung, a.a.O., Bd. 16, 1977, S. 222ff.
11. In Bayern und in Westberlin wurden die Standards für die „Angemessenheit" der Wohnung gegenüber den gesetzlichen Mindestanforderungen heraufgesetzt, um auf diese Weise den Familiennachzug einzuschränken. – Dohse, a.a.O., S. 66. Bayerisches Staatsministerium für Arbeit und Sozialordnung, Ausländische Arbeitnehmer in Bayern, Bericht '79, S. 39ff.; Familienglück mit Hindernissen, in: Informationen des Deutschen Caritasverbandes 7/76, S. 6f.
12. Bundesanstalt für Arbeit, a.a.O., S. 104 und S. 113. Nachdem in

der letzteren Tabelle nicht zwischen „Gastarbeitern aus Anwerbeländern" und „übrigen Ausländern" unterschieden wurde, lassen sich für die „Ehepaare mit Kindern" keine exakten Zahlenangaben machen.

13. Bundesanstalt für Arbeit, a.a.O., S. 19.
14. Obwohl alle Gastarbeiter grundsätzlich ähnliche Wohnungsprobleme haben, scheint „das Ausmaß der Diskriminierung mit der kulturellen Distanz zu steigen" (Harbach). Demnach klagen die Türken am meisten über Vorurteile der deutschen Vermieter.
15. Bei unterdurchschnittlicher Unterbringung zahlen die Ausländer weit überdurchschnittliche Mieten. – Schildmeier, a.a.O., S. 60f.
16. Nach der Untersuchung von Borris wollten 37 Prozent der befragten Gastarbeiter mit Deutschen (in einem Haus) zusammenleben. – M. Borris, Ausländische Arbeiter in einer Großstadt, Frankfurt 1973, S. 159. Zur „Gettoisierung in Wohnhäusern" auch: A. Schildmeier, Integration und Wohnen, Hamburg 1975 (GEWOS).
17. Deutsche Hauptmieter wohnen doppelt so häufig in Sozialwohnungen wie ausländische Hauptmieter. – Zieris, a.a.O., S. 234f.
18. Etwa doppelt so viele deutsche wie (dazu berechtigte) ausländische Arbeiter beziehen Wohngeld. – Zieris, a.a.O., S. 226. Durch die vermehrte Inanspruchnahme von Wohngeld durch die Gastarbeiter könnten höhere Mieten bezahlt und damit die Wohnsituation der Ausländer – ein entsprechendes Angebot vorausgesetzt – verbessert werden.
19. Deutscher Städtetag, Positionen der Städte in der Ausländerpolitik Köln-Marienburg, 5. 2. 1977, S. 8.
20. Diese lautet folgendermaßen: „Die dem Bund zur Förderung des Wohnungsbaus für ausländische Arbeitnehmer zur Verfügung stehenden Mittel sollten grundsätzlich zur Modernisierung von Altbauwohnungen eingesetzt werden." Und: „Die im Rahmen des Förderungsprogrammes der Bundesanstalt für Arbeit entstandenen Unterkünfte für ausländische Arbeitnehmer sollten bei Änderung der Zweckbestimmung in erster Linie in Familienwohnungen umgewandelt werden." – Vorschläge der Bund-Länder-Kommision, a.a.O., S. 12f.
21. Weiterentwicklung der Ausländerpolitik. Beschlüsse der Bundesregierung vom 19. März 1980, S. 23.

22. Vgl. dazu A. Schildmeier, Freizeitmöglichkeiten ausländischer Arbeitnehmer, Schriftenreihe des BMJFG, Bd. 114, S. 114ff.
23. V. Mehrländer, in: E. Gehmacher/D. Kubat/v. Mehrländer: Ausländerpolitik im Konflikt, Bonn 1978, S. 130.

V. Ausbildungsstand und Fortbildungsmaßnahmen für ausländische Arbeiter

1. Bundesanstalt für Arbeit, Repräsentativuntersuchung '72, S. 28. Zum ähnlichen Ergebnis kam: MAGS, Situation der Familien ausländischer Arbeitnehmer in Nordrhein-Westfalen, Düsseldorf 1976, S. 256. Mehrländer (1974, S. 32) erklärt den relativ großen Anteil von Frauen mit höherem Ausbildungsniveau damit, daß es sich bei den Auswanderern um eine positive Auswahl (häufig lediger) Frauen handelt, die für die Mehrzahl der Frauen in den Mittelmeerländern nicht charakteristisch sind.
2. Von den, zwischen 1971 und 1973 in die BRD vermittelten Gastarbeitern war der Großteil in einem Bauberuf ausgebildet; es folgten die Metallberufe, die Textil- und Bekleidungsberufe (überwiegend Frauen) und die Bergleute. – Bundesanstalt für Arbeit, Erfahrungsbericht 1972/73, S. 59.
3. Bundesanstalt für Arbeit, Repräsentativuntersuchung '72, S. 28.
4. A.a.O., S. 45.
5. Schätzt man die Kosten für die Erziehung und Ausbildung einer Arbeitskraft, je nach Entwicklungsstand des Auswanderungslandes, auf 20–40 000 DM, dann wären dies bei zwei Millionen Gastarbeitern 40 bis 50 Milliarden DM. – eji 9/78, S. 6.
6. Bundesanstalt für Arbeit, Erfahrungsbericht 1972/73, S. 51. Die Einschränkung der Vermittlung erfolgte aufgrund des „Gastarbeitergesetzes" vom 8. 6. 1973, das die einzelnen Republiken verpflichtet, bei der Auslandsbeschäftigung die Bedürfnisse der Wirtschaft sowie die Verteidigungsfähigkeit des Landes zu berücksichtigen. – R. Lohrmann/K. Manfrass (Hg.), Ausländerbeschäftigung und internationale Politik, München 1974, S. 198.
7. Bundesanstalt für Arbeit, Erfahrungsbericht 1972/73, S. 45f. und Südosteuropa-Studien, H. 23, S. 128f.
8. So wurden bis 1975 in der Türkei für nur 3,3% der Mitglieder in Arbeitnehmergesellschaften auch tatsächlich Arbeitsplätze geschaf-

fen. Von den Gastarbeitern bevorzugt werden Investitionen in Immobilien und in die Gründung selbständiger Existenzen. – Bahadir, a.a.O. 478ff. Derzeit gibt es in der Türkei 160 Arbeitnehmergesellschaften. – BMZ, Jahresbericht 1979, S. 26.

9. Zu den im einzelnen geplanten Maßnahmen: Bundesminsterium für Arbeit und Sozialordnung, Vorschläge der Bund-Länder-Kommission, a.a.O., S. 31ff. Mit der Türkei wurde schon 1972 ein Wiedereingliederungsabkommen geschlossen.

10. Die Probleme der Wiedereingliederung stellen sich nicht nur den Erwachsenen, sondern vor allem den Jugendlichen, die, im Ausland aufgewachsen, sich kaum mehr an die Lebensverhältnisse in ihren Heimatländern gewöhnen können. Zur Situation der nach Sizilien zurückkehrenden Gastarbeiterfamilien: R. Lux/E. Remmel, Die Rückkehr, die keine ist, in: Sozialmagazin H. 12/78, S. 12ff.; zu den Problemen türkischer Rückwanderer: H. Widmann, Reintegration türkischer Migrantenkinder – Bilanz einer Forschungsreise, in: Bildung und Erziehung, H. 4/78, S. 377ff.

11. Diese Form der beruflichen Qualifikation von Gastarbeitern war bei den Arbeitgebern wegen ihrer Rentabilität und geringen Kosten – die Ausbildung erfolgte ja nicht zu Lasten der Produktion – sehr beliebt.

12. Die Bundesanstalt für Arbeit stellte 1972 für Anlernmaßnahmen im Ausland 1,6 Millionen DM zur Verfügung, 1973 waren es 2 Millionen DM. – Erfahrungsbericht 1972/73, S. 60.

13. Bundesanstalt für Arbeit, Erfahrungsbericht 1972/73, S. 61.

14. Bundesanstalt für Arbeit, Erfahrungsbericht 1969, S. 32.

15. In einer Zusatzbefragung zum Mikrozensus 1976 gaben 44% der über 25jährigen Ausländer an, gute Deutschkenntnisse zu haben, über 50% hatten gar keine oder nur geringe Deutschkenntnisse.

16. Diese werden von Mehrländer (S. 100f.) damit erklärt, daß für Jugoslawen schon vor Abschluß der Anwerbevereinbarung mit der BRD die Möglichkeit bestand, sich durch Eigeninitiative über deutsche Arbeitsämter einen Arbeitsplatz zu suchen. Die ebenfalls gut deutsch sprechenden Italiener sind wiederum meistens in kleineren Betrieben beschäftigt.

17. H. Barkowski/U. Harnisch/S. Kumm, Sprachlernen mit Arbeitsemigranten im Wohnbezirk. In: Deutsch lernen 1/79, S. 5. Ausgehend von der Erfahrung, daß der bisher praktizierte Deutschunterricht für Gastarbeiter den Bedürfnissen dieser Gruppe in keiner

Weise entspricht, bemühen sich die Autoren im Rahmen eines Forschungsobjektes der DFG in Berlin, den Sprachunterricht und das Unterrichtsmaterial zu verbessern. Zur Bildungsarbeit der Volkshochschulen vgl.: K. Meisel, Volkshochschularbeit mit ausländischen Arbeitern – ein Problemaufriß, in: Pädagogische Arbeitsstelle, Deutscher Volkshochschulverband, Informationsdienst 1/79, S. 11ff.

18. Positive Beispiele für die Durchführung betriebsinterner Sprachförderung sind u. a. das Modell „Lernstatt" sowie die Sprachkurse, die die Stadt Leverkusen in Zusammenarbeit mit einem örtlichen Industriebetrieb, bei voller Lohnfortzahlung während der Arbeitszeit, durchführt. – Vgl. dazu: Langenohl-Weyer u. a., Zur Integration der Ausländer im Bildungsbereich. Probleme und Lösungsversuche. München 1979, S. 60ff.
19. Neuer Schwerpunkt der Arbeit des Sprachverbands ist, neben der Förderung von Sprachkursen und Seminaren zur Sprachlehrerfortbildung die Förderung von Maßnahmen zur sozialen und beruflichen Eingliederung (MSBE) ausländischer Jugendlicher. Durch den hohen Verwaltungsaufwand bei Antragstellung und Abrechnung sowie die zu langen Fristen für die Beantragung bzw. Bedarfsmeldung wird jedoch die Inanspruchnahme von Förderungsmitteln erschwert.
20. Eine wichtige Funktion guten Deutschunterrichts ist es, im Gegensatz zu den traditionellen schulischen Lernformen, situations- und handlungsbezogene Kommunikation zu ermöglichen und anzuregen. Vgl. dazu: P. Szablewski, Zielgruppe: Ausländische Arbeiter. Zur Organisation von Deutschkursen. In: Deutsch lernen 4/76, S. 7ff. Ein Problem vieler Deutschkurse, auch beim IB, ist die Heterogenität der Teilnehmer.
21. Die betreffende Änderung der Allgemeinen Verwaltungsvorschrift zur Durchführung des Ausländergesetzes ist am 1. 7. 1978 in Kraft getreten. Dazu im Einzelnen: E. Dederichs: Ergänzende Länderanweisungen zur Allgemeinen Verwaltungsvorschrift zum AuslG, in: Deutsch lernen 4/79, S. 64ff.
22. Die Feststellung der deutschen Sprachkenntnisse wird in den einzelnen Bundesländern durch (meist unveröffentlichte) Erlasse geregelt, die den Ausländerbehörden weitgehenden Spielraum geben. Für die Erteilung einer unbefristeten Aufenthaltserlaubnis werden die Sprachkenntnisse in Form eines Gesprächs überprüft, für die

Aufenthaltsberechtigung müssen – in Bayern, Berlin und Schleswig-Holstein – mündliche und schriftliche Deutschkenntnisse nachgewiesen werden. – E. Dederichs, Nachweis ,,einfacher“ und ,,ausreichender“ Deutschkenntnisse: Die Erlasse der Bundesländer, in: Deutsch lernen 1/79, S. 88ff.

23. Zur Problematik der Koppelung von Aufenthaltsstatus und Sprachkenntnissen: H. Wilms, Sprachkenntnisse und ihre Bedeutung für den Aufenthaltsstatus ausländischer Arbeiter in der Bundesrepublik Deutschland, in: Deutsch lernen 2/78, S. 27ff. Vgl. dazu auch den Beitrag von H. Krockert im selben Heft.
24. In Schweden hat jeder ausländische Arbeiter der die Landessprache nicht beherrscht, Anspruch auf 240 Stunden bezahlten Sprachunterricht während der Arbeitszeit. Bezogen auf die Gesamtzahl der Gastarbeiter in Schweden und in der BRD war der Besuch von Sprachkursen in Schweden zwischen 1969/70 und 1972/73 um ca. das 70fache höher als in der Bundesrepublik. – Deutsch lernen 3/78, S. 50.
25. In der Repräsentativuntersuchung ’72 wurden mangelnde Deutschkenntnisse als häufigster Grund für die geringe Teilnahme an beruflichen Bildungsmaßnahmen genannt (S. 86). Deshalb auch die, im Vergleich zu den übrigen Kursen überdurchschnittlichen Teilnehmerzahlen an den berufsvorbereitenden Sprachkursen des IB. – Internationaler Bund für Sozialarbeit, Report 76/77, H. 18.
26. Die Zuschüsse, die die Personal- und Sachkosten abdecken, werden nur für die Grundkurse gewährt. Bei den Kursen der Mittel- und Oberstufe müssen alle Kosten durch Teilnehmerbeiträge bestritten werden; hier besteht jedoch die Möglichkeit der individuellen Förderung durch das Arbeitsamt.
27. So unterhält – im Rahmen der rückkehrbezogenen Fortbildungsmaßnahmen die jugoslawische Arbeiteruniversität ,,Neu-Belgrad“ ein Schulungszentrum in Friedrichshafen (mit Außenstellen in mehreren deutschen Großstädten), in denen jugoslawische Gastarbeiter für Berufe der Metallindustrie, des Fremdenverkehrs und der Gastronomie ausgebildet werden. Türkische Arbeiter werden in einem Modellprogramm des Bundesministeriums für wirtschaftliche Zusammenarbeit in der BRD zu Industriemeistern ausgebildet, um sich dann eine Existenz in der Heimat aufbauen zu können. – A. Langenohl-Weyer/J. Vink, Weiterbildung mit Aus-

ländern, in: Langenohl-Weyer u. a., a. a. O., S. 167 ff. Weitere Programme sind im Stadium der Planung bzw. Vorbereitung.

28. Durch das am 1. 1. 1978 in Kraft getretene Vierte Gesetz zur Änderung des Arbeitsförderungsgesetzes (von 1969) wurde die Teilnahme an Fortbildungs- und Umschulungsmaßnahmen erleichtert. – K. Leven, Krise oder Bewährung? in: Bundesarbeitsblatt 1/79, S. 19. Wegen der finanziellen Förderung der beruflichen Umschulung (2-jährige Vollzeitkurse, für die von den Arbeitsämtern Unterhaltsgelder und Umschulungskosten bezahlt werden) wird diese von den arbeitslosen Gastarbeitern zunehmend in Anspruch genommen. – A. Langenohl-Weyer/J. Vink, a. a. O., S. 165.

29. Nach der Untersuchung von Mehrländer gaben 25 Prozent der Befragten an, abends zu müde zu sein, um noch die anstrengenden Kurse zu besuchen. Daß die Arbeit in der BRD schwerer und ermüdender als in der Heimat ist, wurde in der Befragung von Schildmeier neuerdings wieder festgestellt. – U. Mehrländer, a. a. O., S. 97, A. Schildmeier, a. a. O., S. 94.

30. Von den Kursteilnehmern des IB sind dies jährlich weniger als acht Prozent; in Köln werden nur ein Prozent der Ausländer im produzierenden Gewerbe durch überbetriebliche Ausbildung beruflich qualifiziert. –

31. Eine, über die Einarbeitungszeit hinausgehende berufliche Weiterbildung ausländischer Arbeiter wird von den Betrieben nur selten gefördert, weil diese kostenintensiver ist als die Einstellung deutscher Facharbeiter. Deshalb bleibt die weitere Gestaltung seiner beruflichen Qualifikation dem Ausländer in der Regel selbst überlassen. – W. Nacken/W. Wüstendörfer, Berufliche Aus- und Fortbildung ausländischer Arbeitnehmer, in: Konrad-Adenauer-Stiftung, a. a. O., Bd. 13, 1976, S. 235.

32. Wenn sich auch die berufliche Stellung der meisten Gastarbeiter formal – vom Ungelernten zum Angelernten – verbessert hat, so hat sich an der Verteilung der Arbeitsplätze zwischen Deutschen und Ausländern bis heute nichts grundsätzliches geändert: Letztere besetzen nach wie vor die untersten Positionen und haben kaum Chancen, beruflich aufzusteigen. – K. Wahl, Zur Lage der Kinder und Familien ausländischer Arbeitnehmer in der BRD. In: Materialien zum zweiten Familienbericht der Bundesregierung, München 1977, S. 14 ff.

VI. Die Problematik des Ausländerrechts

1. Die ,,liberale" Fremdenpolitik trifft vorerst nur für Arbeitnehmer aus EG-Staaten zu: Diese haben, wenn sie in einem Arbeitsverhältnis stehen, Anspruch auf die Erteilung einer mindestens fünfjährigen Aufenthaltserlaubnis. – L. Kippes/K. Matzeder, Neuregelung gesetzlicher Bestimmungen über Ausländerbeschäftigung, Kissing 1976, S. 83.
2. Nachdem der Zuzug ausländischer Arbeiter sich nicht ,,automatisch" über den Arbeitsmarkt regeln ließ und sich andererseits die Aufenthaltsdauer der Gastarbeiter (und ihrer Familien) immer mehr verlängerte, beschloß die Bundesregierung Ende 1972 die Einreise mit Sichtvermerk, bis auf wenige Ausnahmefälle, zu sperren. – Zur Entwicklung der bundesdeutschen Ausländerpolitik: A. Langenohl-Weyer/R. Wennekes, Ausländische Familien in der Bundesrepublik: Die politischen und sozialen Rahmenbedingungen, in: Langenohl-Weyer u. a., Zur Integration der Ausländer im Bildungsbereich, München 1979, S. 11ff. Ewers/Lenz, a. a. O., S. 190f.
3. In der Ausländerpolizeiverordnung von 1938 war die ,,Würdigkeit" des Ausländers Voraussetzung für die Erteilung der Aufenthaltserlaubnis. Im neuen Ausländergesetz von 1965 wurde die ,,Würdigkeit" durch das Kriterium der ,,Belange der Bundesrepublik Deutschland" ersetzt; damit wurde eine ausschließlich an den ökonomischen Interessen der BRD orientierte Ausländerbeschäftigungspolitik ermöglicht. – F. Franz, Kurswechsel in der Fremdenpolitik? In: Deutsch lernen 3/78, S. 26ff. und 4/79, S. 50f.
4. Neufassung der Allgemeinen Verwaltungsvorschrift zur Ausführung des Ausländergesetzes vom 7. 7. 1978.
5. Franz, in: Deutsch lernen 4/79, S. 51. Franz verweist in diesem Zusammenhang auf die Problematik der unklaren Formulierung des Urteils, die unterschiedliche Interpretationen zuläßt.
6. Bundesministerium für Arbeit und Sozialordnung, Die neuen Bestimmungen über die Aufenthalts- und Arbeitserlaubnis. Vervielf. Manuskript o. J. Vgl. Anhang.
7. Der Wohnraum soll den durchschnittlichen Anforderungen vergleichbarer deutscher Arbeitnehmer an eine Wohnung entsprechen. Bei Berechnung der Wohnungsgröße müssen sämtliche,

auch die im Ausland lebenden Kinder berücksichtigt werden. Die Normen für den „angemessenen" Wohnraum sind in den einzelnen Bundesländern unterschiedlich. Dazu: Familienglück mit Hindernissen, in: Information des Deutschen Caritasverbandes 7/76, S. 6f.

8. Die Neuregelung vom 1. 10. 1978 stellt für die Ehepartner ausländischer Arbeitnehmer insoferne eine Verschlechterung dar, als der bisher allein auf dem 5jährigen ununterbrochenen Aufenthalt in der BRD begründete Anspruch auf die „besondere Arbeitserlaubnis" entfallen ist (Vgl. Anhang). Nach einer Wartezeit von vier oder weniger Jahren kann jedoch für Branchen, in denen ein besonderer Arbeitskräftemangel besteht (Fischindustrie, Hotel- und Gaststättengewerbe, etc.) ausländischen Ehepartnern die Arbeitserlaubnis für eine erstmalige Beschäftigung erteilt werden.
9. Franz, a. a. O., S. 29. Mit der in regelmäßigen Abständen erforderlichen (gebührenpflichtigen) Verlängerung der Aufenthaltserlaubnis hat der Staat die Möglichkeit, die Ausländerbeschäftigung laufend den Erfordernissen des Arbeitsmarktes anzupassen. – Ewers/Lenz, a. a. O., S. 190.
10. Bundesministerium für Arbeit und Sozialordnung, Die neuen Bestimmungen über die Aufenthalts- und Arbeitserlaubnis, a. a. O., S. 3.
11. Nach offiziellen Informationen (DGB, BRegierung – Ausländerprogramm) verfügten Ende 1979 knapp 23 Prozent aller Ausländer über eine unbefristete Aufenthaltserlaubnis und 0,6% über eine Aufenthaltsberechtigung, wobei der Anteil der Gastarbeiter gegenüber den „übrigen" Ausländern gering sein dürfte.
12. Die wachsende Problematik der zweiten Ausländergeneration einerseits und der Facharbeitermangel andererseits haben bewirkt, daß die Integration der ausländischen Kinder und Jugendlichen in Zukunft verstärkt gefördert wird.
13. Franz, a. a. O., S. 30.
14. Bundesministerium für Arbeit und Sozialordnung, Die neuen Bestimmungen ..., a. a. O., S. 3ff. Die Aufenthaltsberechtigung erlischt u. a. dann, wenn der Ausländer das Bundesgebiet „aus einem seiner Natur nach nicht vorübergehenden Grund" (§ 9 Abs. 1 AuslG) verläßt. Dieser wird bei einer Abwesenheit von mehr als 6 Monaten in der Regel angenommen. Ausnahmen: Ableisten der Wehrpflicht, Beibehaltung des Wohnsitzes, Fortbestand des Ar-

beitsverhältnisses. Dasselbe gilt für die (unbefristete) Aufenthaltserlaubnis. – Allgemeine Verwaltungsvorschrift zur Ausführung des Ausländergesetzes, Neufassung v. 7. 7. 1978.

15. Franz, a. a. O., S. 31.
16. Wie aus einschlägigen Untersuchungen (Hoffmann-Nowotny 1973, Walz 1978) hervorgeht, ist die rechtliche und soziale Gleichberechtigung Voraussetzung für die Bereitschaft zur Assimilation. Diese Forschungsergebnisse stehen im Gegensatz zur Einstellung der Bundesregierung, die die Assimilation (z. B. Nachweis von Sprachkenntnissen, etc.) als Voraussetzung für die rechtliche Integration (Erteilung d. unbefristeten Aufenthaltsgenehmigung/Aufenthaltsberechtigung) fordert.
17. So wurde am 1. 4. 1975 die Zuzugssperre für ausländische Arbeiter in Kreisen bzw. Städten mit einem Ausländeranteil von mehr als 12 Prozent verhängt, im Mai 1977 mangels Effektivität jedoch wieder aufgehoben. – Dazu ausführlich: Dohse, a. a. O., S. 62 ff.
18. Kippes/Matzeder, a. a. O., S. 27.
19. Entscheidung des Bundesverfassungsgerichts, zitiert in: Auslandreferat des ASTA der Universität Stuttgart/Evangelische Studentengemeinde Stuttgart, Dokumentation zum Ausländergesetz. Stuttgart 1969, S. 38. Dazu auch: H. Heldmann, Ausländerrecht, Darmstadt, Neuwied 1974 u. Köln 1980.
20. G. Bartels/J. Dellbrück/K. Wiegel, Vorschläge zur Reform des Ausländerrechts, in: Konrad-Adenauer-Stiftung, a. a. O., Bd. 15, S. 262 f. In den Erläuterungen zum AuslG von Kippes/Matzeder werden solche Bindungen der Aufenthaltserlaubnis an den Arbeitsplatz (auch) nach mehrjähriger ordnungsgemäßer Arbeitnehmertätigkeit als „ermessensfehlerhaft" bezeichnet. – A. a. O., S. 27.
21. Neufassung der Allgemeinen Verwaltungsvorschrift zur Ausführung des AuslG.
22. In der Literatur sind zahlreiche Fälle aufgeführt, in denen Ausländer, die sich – direkt oder indirekt – gegen die Regierungen ihrer Heimatländer, zu denen die BRD freundschaftliche Beziehungen unterhält, betätigten, ausgewiesen wurden. – Heldmann, 1974, S. 87 ff. u. a.
23. Arbeiterwohlfahrt, Bundesverband e. V., Grundpositionen der Ausländerpolitik, in: Theorie und Praxis der sozialen Arbeit, Beiheft 2, S. 20. Der Beitrag enthält eine ausführliche Diskussion der Voraussetzungen und Implikationen der politischen Partizipation

von Ausländern. Vgl. auch: R. Lohrmann/K. Manfrass, Ausländerbeschäftigung und internationale Politik, München, Wien 1974, S. 132ff.

24. Harbach, a. a. O., S. 223 (hier noch weitere Literaturhinweise).
25. In: Informationsdienst zur Ausländerarbeit 3/79, S. 94. Der volle Wortlaut der Resolution kann beim DGB-Landesverband Frankfurt bezogen werden. Überdies ist zu vermuten, daß der zunehmenden politischen Radikalisierung bestimmter Ausländergruppen durch eine verstärkte Integration der Gastarbeiter entgegengewirkt werden könnte.
26. Das Ausländergesetz basiert de facto auf dem Prinzip der „Duldung", denn (nach Schiedermair) ist es so gefaßt, daß nicht einmal der Schein eines Rechtsanspruches auf Aufenthalt entstehen kann.
27. Nur bei der Aufenthaltsberechtigung sind die Ausweisungstatbestände eingeschränkt. Bei sämtlichen Ausweisungstatbeständen kann die Ermessensentscheidung der Ausländerbehörden mit der Abschreckung anderer Ausländer gerechtfertigt werden. – Bartels/ Dellbrück/Wiegel, a. a. O., S. 281. Heldmann (1980), S. 40.
28. So der Fall des Jordaniers I. Tajar, der wegen Urkundenfälschung (er änderte eine Jahreszahl auf seiner Aufenthaltsgenehmigung) in seine Heimat abgeschoben wurde, wo ihn wegen Wehrdienstverweigerung u. U. sogar die Todesstrafe erwartete. – Dokumentation zum Ausländergesetz, a. a. O., S. 73. Weitere Beispiele bei Heldmann, a. a. O., S. 17ff. u. a.
29. Versichert ein Ausländer, daß durch eine Abschiebung sein Leben oder seine Freiheit bedroht ist, dann muß ihm vor der Abschiebung Gelegenheit gegeben werden, seine Anerkennung als Asylberechtigter zu beantragen. Bis zur Entscheidung über den Antrag darf er nicht abgeschoben werden. Dies gilt nicht für Ausländer, die wegen eines besonders schweren Verbrechens verurteilt wurden oder eine Gefahr für die Sicherheit darstellen. – Kippes/Matzeder, a. a. O., S. 39f.
30. Das Ausländergesetz steht im Widerspruch zu den Freizügigkeitsbestimmungen, weil es an den „Belangen der Bundesrepublik Deutschland" orientiert ist.
31. Dies bedeutet, daß Ausländer nicht nur die theoretische, sondern auch die faktische Möglichkeit haben müssen, gegen Verfügungen der Behörden Rechtsmittel zu ergreifen. In der Praxis würde dies

bedeuten, daß z. B. die sofortige Vollstreckung von Ausweisungsverfügungen nicht mehr zulässig wäre.

32. Z. B.: das „Düsseldorfer Reformprogramm zum Ausländerrecht" (Hg. G. Albrecht), das 1976 veröffentlicht worden ist und das – über die Erteilung der Aufenthaltsberechtigung – die weitgehende Gleichbehandlung der Ausländer zum Ziel hat.
33. Die rechtliche Bevorzugung der Ausländer aus EG-Staaten kann sich in der Praxis jedoch gegen sie kehren, weil deutsche Arbeitgeber vielfach lieber abhängige Arbeiter aus den Anwerbeländern beschäftigen. – H. Rittstieg, gesellschaftliche und politische Perspektiven des Ausländerrechts, in: T. Ansay/V. Gessner, Gastarbeiter in Gesellschaft und Recht, München 1974, S. 71.
34. Gerade die Türken, als die zahlenmäßig stärkste nationale Gruppe, werden leicht zum Objekt rassistischen Verhaltens von seiten der Deutschen, sobald sie mehr in den Vordergrund treten.

VII. Sozialleistungen

1. Abkommen bestehen mit folgenden Anwerbeländern: Italien, Griechenland, Jugoslawien, Spanien, Portugal, Türkei.
2. Diese Feststellung bezieht sich vor allem auf die Gewährung von Arbeitslosenhilfe und Sozialhilfe, Ansprüche, die ein großer Teil der Gastarbeiter nicht oder nur in begrenztem Maße wahrnehmen kann. Ausführlich dazu: K. Dohse, a. a. O., S. 49ff.
3. Das Bemühen, den ausländischen Arbeitern zu helfen, ihre Rechte in Anspruch zu nehmen, führt, angesichts der komplizierten Gesetzeslage, häufig zu einer Überforderung der Sozialberater. – epd-Dokumentation Nr. 21/79, S. 10.
4. Merkblatt des Bundesverbandes der Ortskrankenkassen.
5. a. a. O., Gemäß der Satzung des jeweiligen Sozialversicherungsträgers kann der Kreis der „anspruchsberechtigten Familienangehörigen" unter bestimmten Voraussetzungen erweitert werden.
6. Wenn die Kasse vor der Ausreise zugestimmt hat, dann ist auch die Zahlung einer einmaligen Abfindung möglich. – Kippes/Matzeder, a. a. O., S. 155. Hier finden sich die wichtigsten gesetzlichen Neuregelungen zur Ausländerbeschäftigung (mit Erläuterungen).
7. Wie Untersuchungen ergeben haben (Bingemer u. a.), sind psycho-somatische Störungen, z. T. verursacht durch den ständigen

Zwang zur Anpassung, ein bei Gastarbeitern besonders häufiges Krankheitsbild.

8. Gastarbeiter nehmen auch seltener als die deutsche Bevölkerung Krankenhausbehandlung in Anspruch, weil bei ihnen sowohl die Frauen als auch die älteren Menschen unterrepräsentiert sind.
9. Im Juni 1977 waren 70 Prozent aller beschäftigten ausländischen Arbeitnehmer, (der Anteil dürfte speziell für die Gastarbeiter noch höher liegen), zwischen 25 und 45 Jahre alt, bei den deutschen Beschäftigten waren es nur 47 Prozent. – Bayerisches Staatsministerium für Arbeit und Sozialordnung, a.a.O., S. 14.
10. Günter Weißmann, Kommentar zum Ausländergesetz, Berlin 1966, S. 46.
11. Unter „Wegeunfall" zählt, bei Vorliegen eines Arbeitsvertrages, die Fahrt zur Arbeitsaufnahme in der BRD sowie die Rückreise in die Heimat nach Beendigung des Beschäftigungsverhältnisses. Familienheimfahrten sind nur dann gegen Unfall versichert, wenn sich die Wohnung eines Ehepartners im Heimatland befindet, d.h. wenn die Familie (bei Verheirateten) nicht in die BRD nachgezogen ist. – Kippes/Matzeder, a.a.O., S. 165f.
12. Vgl. McRae a.a.O., S. 71; Harbach, a.a.O., S. 255f. u.a.
13. U. Mehrländer, Beschäftigung ausländischer Arbeitnehmer in der Bundesrepublik Deutschland unter spezieller Berücksichtigung von Nordrhein-Westfalen, Köln und Opladen 1969, S. 177. Ähnlich auch: Borris, a.a.O., S. 95.
14. Um Leistungen zu bekommen muß der Arbeitslose: Für die Arbeitsvermittlung verfügbar sein; die Anwartschaftszeit erfüllt haben, (in den letzten 3 Jahren vor der Arbeitslosenmeldung mindestens 180 Kalendertage beitragspflichtig beschäftigt gewesen sein), die Arbeitslosigkeit gemeldet und einen Antrag auf Arbeitslosengeld gestellt haben. – Bundesanstalt für Arbeit, Merkblatt für Arbeitslose Okt. 1979.
15. Abkommen bestehen mit Italien, (hier gelten inzwischen die EG-Verordnungen), Griechenland, Spanien und Jugoslawien.
16. Die „besondere Arbeitserlaubnis" wird nach 5-jähriger ununterbrochener unselbständiger Tätigkeit für eine Geltungsdauer von fünf Jahren erteilt.
17. Gastarbeiter mit einer befristeten Arbeits- und Aufenthaltserlaubnis können zwar – nach Erlöschen der Arbeitserlaubnis – den Anspruch auf Arbeitslosengeld noch voll ausschöpfen, bekommen

jedoch, wegen Versagung einer neuen Arbeits- und Aufenthaltserlaubnis, in der Regel keine Arbeitslosenhilfe mehr. Zur Behandlung arbeitsloser Ausländer vgl.: Ewers/Lenz, a.a.O., S. 210f. u.a.

18. Dies ist sehr schwierig, weil Ausländern nach § 19 AFG keine Arbeitserlaubnis erteilt werden darf, wenn für die Stelle geeignete Deutsche oder EG-Angehörige zur Verfügung stehen.
19. Ansprüche aus der Rentenversicherung umfassen: Rehabilitationsleistungen (Heilmaßnahmen müssen in der BRD durchgeführt werden), Erwerbs- bzw. Berufsunfähigkeitsrenten (nach einer Versicherungszeit von 5 Jahren), Hinterbliebenenrenten (ebenfalls nach 5 Jahren) und Altersrenten (nach einer Versicherungszeit von 15 Jahren gewährt).
20. Verträge bestehen mit Italien (EG-Recht), Griechenland, Spanien, Jugoslawien, der Türkei und Portugal.
21. Nach den geltenden zwischenstaatlichen Bestimmungen bzw. den EG-Verordnungen haben Italiener, (nur wenn sie ihren Wohnsitz außerhalb eines EG-Staates haben), Griechen, Portugiesen und Türken ein Recht auf Beitragserstattung; die beiden letzteren haben aber auch die Möglichkeit, sich nach der Rückkehr in die Heimat freiwillig in der deutschen Rentenversicherung weiterzuversichern. Bei den Jugoslawen und Spaniern ist die Erstattung der Versicherungsbeiträge in der Regel nicht möglich, sie können sich nur freiwillig weiterversichern. – Kippes/Matzeder, a.a.O., S. 159ff.
22. In der deutschen Rentenversicherung herrscht das „Umlageverfahren", d.h. die gegenwärtig ausbezahlten Renten werden von den heute Erwerbstätigen finanziert. Hier wirkt sich die überdurchschnittlich hohe Erwerbstätigenquote der Gastarbeiter als zusätzlicher Vorteil für die deutsche Sozialversicherung aus.

VIII. Freizeit und Betreuung

1. Ein Großteil der Gastarbeiter stammt ursprünglich nicht aus Städten oder Großstädten, auch wenn sie sich, im Zuge der Binnenwanderung, für kürzer oder länger in Städten aufgehalten haben.
2. Die beengten Wohnverhältnisse und die schlechte Ausstattung der Wohnungen schränken die Freizeitmöglichkeiten der Gastarbeiter

ganz erheblich ein. – Vgl. dazu: A. Schildmeier, Freizeitmöglichkeiten ausländischer Arbeitnehmer. Schriftenreihe des Bundesministers für Jugend, Familie und Gesundheit, Bd. 114, Stuttgart 1978, S. 14 und S. 57ff.

3. Besonders benachteiligt sind die Ausländer in Wohnheimen, von denen die meisten in Mehrbettzimmern hausen.

4. E. Schöfer, Die psychische Belastung ist das Kernproblem, in: Auslandskurier 5/1970, S. 17. Die Unzufriedenheit in der Freizeit geht auch aus neueren Befragungen hervor. – H. Becher/G. Erpenbeck, Freizeit ausländischer Arbeitnehmer, in: Konrad-Adenauer-Stiftung, a.a.O., Bd. 16, 1977, S. 55.

5. W. Bodenbender, Zwischenbilanz der Ausländerpolitik. Referat auf der Tagung der Südosteuropa-Gesellschaft in der Akademie Tutzing am 16. 11. 1976, S. 7.

6. Der Wunsch (und die Möglichkeit) nach Überstunden ist aber nicht mehr so stark ausgeprägt wie früher; nach der Untersuchung von Schildmeier war das Interesse an Überstundenarbeit bei Familien mit Kindern – aus ökonomischen Zwängen – sogar größer als bei Einzelpersonen oder reinen Erwachsenenhaushalten. – A.a.O., S. 94.

7. Nach Hoffmann-Nowotny wird die Anpassung von Immigranten (auch an die deutschen Freizeitgewohnheiten) durch die rechtliche und soziale Diskriminierung stark behindert. – J. Hoffmann-Nowotny, Soziologie des Fremdarbeiterproblems, Stuttgart 1973, S. 171ff.

8. Das stärkste Selbstbewußtsein zeigen die Italiener, die größte Anpassungsbereitschaft (diese bedeutet nicht unbedingt die tatsächlich stattfindende Anpassung) die Türken und Spanier. – Schildmeier, a.a.O., S. 97f. Das wachsende Bewußtsein sich anders zu verhalten als die Deutschen, könnte auch mit der Tendenz der Ausländer zum Rückzug in den Nationalismus erklärt werden.

9. Nach der Untersuchung von Schildmeier, a.a.O., S. 85ff.; zu ähnlichen Ergebnissen kam Mehrländer, a.a.O., S. 219.

10. Wie Gruppendiskussionen mit Ausländern zeigten, ist das Bedürfnis nach dezentralisierten Treffpunkten (sehr billige bzw. kostenlose Räumlichkeiten in den jeweiligen Wohngebieten) groß. – Ausführliche Vorschläge bei Schildmeier, a.a.O., S. 119ff.

11. Ausländische Kinder und Jugendliche, (hier vor allem die Jungen), haben mehr Freizeitkontakte mit Deutschen; sie nutzen auch das

allgemeine Freizeitangebot stärker als die Erwachsenen. Der Wunsch nach mehr privaten Kontakten mit Deutschen ist bei den Gastarbeitern nach wie vor sehr groß (Borris, Mehrländer, Schildmeier).

12. P. Arweiler, Arbeit, Freizeit und Integration, in: K. Bingemer/ E. Meistermann-Seeger/E. Neubert, Leben als Gastarbeiter, Köln u. Opladen 1970, S. 113.
13. Für die Caritas (zuständig für Italiener, Spanier, Portugiesen) arbeiten 334, für die Arbeiterwohlfahrt (Jugoslawen, Türken, Tunesier, Marokkaner) 291 und für das diakonische Werk (Griechen) 137 ausländische Sozialberater. – Informationsdienst zur Ausländerarbeit 3/79, S. 17. Die arbeits- und sozialrechtliche Beratung wird u. a. auch vom Deutschen Gewerkschaftsbund und der Katholischen Arbeitnehmerbewegung durchgeführt und ebenfalls von der Bundesregierung finanziell gefördert.
14. Zahlen aus: Diakonie 6/1979, S. 430.
15. Aufgrund der unzureichenden finanziellen und personellen Ausstattung der Freien Wohlfahrtsverbände kommt z. B. bei der Arbeiterwohlfahrt auf 6000 Türken nur ein türkischer Sozialarbeiter; erst bei einer Relation von (höchstens) 1:3000 könnte eine integrationspolitisch orientierte Arbeit geleistet werden. Im neuen Ausländerprogramm soll diese Relation durch eine Erhöhung der Subventionen für die Betreuungsarbeit der AWO erreicht werden. – Bundesverband der Arbeiterwohlfahrt, Grundpositionen der Ausländerpolitik, in: Theorie und Praxis der sozialen Arbeit, Beiheft 2, 4/79, S. 13. Bei rd. 3 Millionen Gastarbeitern (inklusive Familienangehörige) entfallen – an Bundeszuschüssen – pro Person DM 10 pro Jahr.
16. Zu Fragen des Berufsbildes und der Verbesserung der Ausbildung der Sozialberater: K. Pölzl, Überlegungen zum Sozialdienst des Deutschen Caritasverbandes für die ausländischen Arbeitnehmer in der Bundesrepublik Deutschland, in: Unser Standpunkt, Nr. 6, 1975, S. 51 f. Sozialberatung im Wandel. Eine Fachtagung des Diakonischen Werkes über soziale Hilfe für ausländische Arbeitnehmer, epd – Dokumentation Nr. 21/79. Informationsdienst zur Ausländerarbeit 3/79.
17. Von den Ausländern wird kritisiert, daß die Arbeit von Selbsthilfeorganisationen, auch wenn sich diese inzwischen bewährt haben, von den Wohlfahrtsverbänden zu wenig anerkannt und unterstützt

würde. – Informationsdienst zur Ausländerarbeit 3/79. Am erfolgreichsten im Aufbau von Selbsthilfeorganisationen sind die Spanier.

18. In Anlehnung an: M.-E. Karsten/A. Langenohl-Weyer/J. Vink, Vom Notstand in der Sozialberatung; I. Bilger/E. de Brito/B. Yakar, Hilfe zur Selbsthilfe – Leerformel oder Realität? H. Alfes, Möglichkeiten und Grenzen einer offensiven Ausländerarbeit; alle in: Informationsdienst zur Ausländerarbeit 3/79, S. 25ff.
19. Vorschläge der Bund-Länder-Kommission, a.a.O., S. 21. Trotz der genannten Zielsetzungen – und hier liegt der Widerspruch – wird vom Ausländer letztlich erwartet daß er sich anpaßt, damit die Möglichkeiten von Konflikten mit der deutschen Gesellschaft weitgehend ausgeschaltet werden.
20. Wie G. Boecken betont, liegen die Grenzen der Einzelbetreuung darin, daß durch die Individualisierung der Probleme die Einsicht in deren Gemeinsamkeit verhindert und damit den Ausländern die Grundlage für ein kollektives Engagement genommen wird. – G. Boecken, Rollenkonflikte ausländischer Arbeiterkinder zwischen Familie und Schule, in: Neue Praxis 3/78, S. 267f.
21. Zitiert in: E. Klee (Hg.), Gastarbeiter. Analysen und Berichte, Frankfurt 1972, S. 19. Hier wird auch das Konzept der „Betreuung" kritisch erörtert.
22. K. Lefringhausen, Gastarbeiter – Dritte Welt in Europa. Laetare Beiträge zur Erwachsenenbildung, H. 7/8, 1970/71.

IX. Die schulische und berufliche Ausbildung der zweiten Ausländergeneration

1. AGG, Arbeitsgemeinschaft der Katholischen Studenten- und Hochschulgemeinden, Materialien zum Projektbereich „Ausländische Arbeiter", Nr. 15/77. S. 101. Die Ambivalenz und Zweigleisigkeit der bundesdeutschen Ausländerpolitik zeigt sich u.a. darin, daß – im Zuge der Rückkehrförderung – vorgesehen ist, Gastarbeiterkinder „gezielt auf eine Berufsaufnahme in den Emigrationsländern vorzubereiten" (Projektgruppe Rückkehrförderung des BMZ und BMA), während andererseits die Integration der zweiten Ausländergeneration in Zukunft verstärkt gefördert werden soll (Integrationsprogramm der Bundesregierung für junge Ausländer).

2. Nähere Einzelheiten des Programms in: Weiterentwicklung der Ausländerpolitik. Beschlüsse der Bundesregierung vom 19. 3. 1980.
3. Sekretariat der Ständigen Konferenz der Kultusminister der Länder in der Bundesrepublik Deutschland, Der Schulbesuch ausländischer Schüler in der BRD 1965/66 – 1978/79, allgemeinbildende Schulen. Drucksache II B 01, Bonn, d. 10. 8. 1979.
4. Besonders hohe Ausländeranteile in Sonderschulen haben (1979): Baden-Württemberg (12,3%), Hamburg (6,7%), Berlin (7%), Hessen (6,3%). – Sekretariat der Kultusminister der Länder, a. a. O., IV. In Bayern dürfte sich ein Großteil der potentiellen ausländischen Sonderschüler in den „nationalen Modelklassen" finden.
5. Wie Akpinar feststellt, zeigt sich die zunehmende Bedeutung der Aufnahme von Gastarbeiterkindern in die Sonderschule darin, daß in den KMK-Empfehlungen 1976 zum ersten Mal auf diesen Bereich eingegangen worden ist. – Ü. Akpinar, Zur Schulsituation der Kinder ausländischer Arbeitnehmer, in: Langenohl-Weyer u. a., Zur Integration der Ausländer im Bildungsbereich, München 1979, S. 120f.
6. Die Sprachprobleme der ausländischen Kinder und Jugendlichen zeigen sich vor allem dann, wenn es um die Fähigkeit geht, sich differenzierter auszudrücken. Für den täglichen Bedarf reichen ihre Deutschkenntnisse in der Regel aus; die Kinder fungieren sogar häufig als Dolmetscher für ihre Eltern.
7. Der Anteil der Erwerbstätigen dürfte bei den Gastarbeiterfrauen, von denen viele (unangemeldet) an mehreren Stellen beschäftigt sind, de facto noch wesentlich höher sein. Negativ auf den Schulbesuch wirkt sich auch der Mangel an Betreuungsmöglichkeiten durch erwachsene, nichterwerbstätige Familienmitglieder, (85% der ausländischen Kinder leben in Kleinfamilien), sowie an Krippen-, Kindergarten- und Hortplätzen aus.
8. Zu den, in den letzten Jahren entwickelten Aus- und Fortbildungsangeboten – in diesen spielt das Fach „Deutsch als Fremdsprache" eine zentrale Rolle – vgl. H. H. Reich, Deutschlehrer für Gastarbeiterkinder: Eine Übersicht über Ausbildungsmöglichkeiten in der Bundesrepublik, in: Deutsch lernen 3/79, S. 3ff.
9. Akpinar, a. a. O., S. 119f., S. 126f.

10. Akpinar, a.a.O., S. 104. Ähnlich auch H. Kühn, Stand und Weiterentwicklung der Integration der ausländischen Arbeitnehmer und ihrer Familien in der Bundesrepublik Deutschland – Memorandum des Beauftragten der Bundesregierung – Bonn, Sept. 1979, S. 23.
11. Akpinar, a.a.O., S. 105; Harbach, a.a.O., S. 214.
12. Kühn, a.a.O., S. 23.
13. Neufassung der Vereinbarung „Unterricht für Kinder ausländischer Arbeitnehmer." Beschluß der Kultusministerkonferenz v. 8. 4. 1976.
14. Nach Akpinar, a.a.O., S. 102.
15. Diese Feststellung wurde u.a. von der Arbeiterwohlfahrt getroffen; sie ist damit begründet, daß der Aspekt der Reintegration und die darauf bezogenen Maßnahmen in der neuen Empfehlung stärker als bisher betont werden. – Bundesverband der Arbeiterwohlfahrt e.V., Schlechte Chancen für Ausländerkinder (Pressemitteilung), in: Deutsch lernen 3/76, S. 43 und J. Vink/E. Dederichs, Kommentar zur Empfehlung der Kultusministerkonferenz v. 8. 4. 1976, in: Deutsch lernen 3/76, S. 44f.
16. Akpinar, a.a.O., S. 110.
17. Vink/Dederichs, a.a.O., S. 45.
18. So beispielsweise in Frankfurt, wo griechische Lehrer auf Zeugnissen einen Stempel mit dem Aufdruck „Griechische Schule" verwendet haben. – W. Großmann, Mobilität und Integration, vervielf. Manuskript o.J. Zu den neuen KMK-Empfehlungen auch: J. Meyer-Ingwersen/R. Neumann/M. Kummer, Zur Sprachentwicklung türkischer Schüler in der Bundesrepublik, Kronberg/Ts. 1977, S. 261ff.
19. Es erscheint jedoch problematisch, die Förderung durch Bundesmittel auf Modellprojekte zu beschränken und die übrigen Maßnahmen dem Ermessen von Ländern und Kommunen zu überlassen. 1978 wurden vom Bundesarbeitsministerium für außerschulische Betreuungsmaßnahmen 1,5 Mill. DM zur Verfügung gestellt. Mit diesen Mitteln, die durch Landesmittel ergänzt wurden, konnten ca. 18000 Ausländerkinder betreut werden, ein im Verhältnis zur Gesamtzahl der ausländischen Kinder und Jugendlichen recht bescheidener Beitrag. Ein wesentlicher Teil der außerschulischen Maßnahmen wird durch Spenden und Zuschüsse privater Organisationen finanziert.

20. Dieser ist auch in den EG-Richtlinien vom 25. 7. 1977, bei freiwilliger Teilnahme und unter deutscher Schulaufsicht, vorgesehen.
21. Häufig wird der muttersprachliche Ergänzungsunterricht während der normalen Schulzeit durchgeführt, sodaß ausländische Schüler bis zu 10 Unterrichtsstunden pro Woche versäumen. – U. Mehrländer, Einflußfaktoren auf das Bildungsverhalten ausländischer Jugendlicher, Bonn 1978, S. 17.
22. W. Bodenbender, a. a. O., S. 12ff. Ähnlich auch die Kirchen, die Wohlfahrtsverbände und viele andere mit Ausländerarbeit befaßte Organisationen.
23. In den, vom Koordinierungskreis „Ausländische Arbeitnehmer" beim Bundesarbeitsministerium ausgearbeiteten Vorschlägen zur Integration der zweiten Ausländergeneration heißt es dazu: „Der Koordinierungskreis ist mehrheitlich der Auffassung, daß der Unterricht in national-homogenen Klassen dem Ziel der Integration entgegensteht." – Koordinierungskreis „Ausländische Arbeitnehmer" beim BMA, Integration der zweiten Ausländergeneration, Vorschläge verabschiedet am 22. 11. 1979, S. 12.
24. Zum „Bayerischen Modell": S. Harant, Schulprobleme von Gastarbeiterkindern, in: H. u. H. Reimann, Gastarbeiter, München 1976. Initiativgruppe – Betreuung von ausländischen Kindern e. V., Arbeit mit ausländischen Kindern, München 1977, S. 65ff. Ausländische Kinder in deutschen Schulen – eine Kontroverse, in: Deutsch lernen 2/79, S. 71ff. G. Runggaldier, Der erschwindelte Erfolg- oder muttersprachliche Klassen in Bayern, in: Informationsdienst zur Ausländerarbeit 4/79. S. 143.
25. G. Runggaldier, a. a. O., S. 144f. Seit 1973 sind in Bayern 543 nationale Klassen entstanden; 1979 besuchten von ca. 48000 grundschulpflichtigen Ausländerkindern in Bayern 18000 eine nationale Klasse.
26. Letztlich handelt es sich um keine echte Entscheidung, weil die vorgesehenen Fördermaßnahmen bzw. der muttersprachliche Ergänzungsunterricht für Ausländer in deutschen Regelklassen in der Praxis selten durchgeführt werden. Dazu kommt eine zu einseitige Information der Eltern, auf die oft noch Druck ausgeübt wird, ihre Kinder in die muttersprachlichen Klassen zu schicken.
27. Das „Bayerische Modell", nach dem der Unterricht 9 Jahre lang in besonderen Ausländerklassen stattfinden soll, wird damit begründet, daß eine zweisprachige Ausbildung – diese wird übrigens in

einer Reihe europäischer Länder schon lange mit Erfolg praktiziert – den Schulerfolg erheblich behindere (These von der ,,unilingualen Denkstruktur"). Das ,,Bayerische Modell" aus der Sicht des Kultusministeriums: G. Mahler, Zweitsprache Deutsch, Donauwörth 1974.

28. Dokumentation des Evangelischen Pressedienstes (epd), Frankfurt, v. 17. 8. 1970, S. 11.
29. H. Müller, Hausaufgabenhilfe für ausländische Kinder, in: Konrad-Adenauer-Stiftung, Studien zur Kommunalpolitik Bd. 17, Bonn 1979, S. 129f.
30. Zum Konzept der ,,sozialen Handlungsfähigkeit", einem in der neueren pädagogischen Diskussion viel verwendeten Begriff: Ü. Akpinar/A. López-Blasco/J. Vink, Pädagogische Arbeit mit ausländischen Kindern und Jugendlichen. Bestandsaufnahme und Praxishilfen, München 1977, S. 73ff.
31. Die Hausaufgabenhilfe ist nur eine, wenn auch die häufigste Aktivität außerschulischer Initiativgruppen. Zum Angebot und der Arbeit dieser Gruppen vgl. die detaillierte Untersuchung von Ü. Akpinar/A. López-Blasco/L. Vink: Pädagogische Arbeit mit ausländischen Kindern und Jugendlichen. Bestandsaufnahme und Praxishilfen. München 1977. Der Beitrag von H. Müller, Hausaufgabenhilfe für ausländische Kinder, in: Konrad-Adenauer-Stiftung, Studien zur Kommunalpolitik Bd. 17, 1979, S. 113ff., enthält zusätzliche Hinweise und Anregungen für eine neue, erweiterte Konzeption der Hausaufgabenhilfe. E. Harder, Zukunftschancen der Kinder ausländischer Arbeitnehmer, Dokumentation v. 16. 5. 1978, Institut für Kommunalwissenschaften, St. Augustin.
32. Obwohl die Hausaufgaben als Teil des Unterrichts betrachtet und zur Notengebung herangezogen werden, ist ihr pädagogischer Wert umstritten. Nachdem die Hilfe der Eltern bei den Hausaufgaben von den meisten Lehrern erwartet wird, tragen letztere dazu bei, die Chancen der Gastarbeiterkinder in deutschen Schulen noch zu verschlechtern. – Akpinar u. a., a. a. O., S. 178ff.
33. Je nach den Trägern der Hausaufgabenhilfe und der Zusammensetzung der Gruppen vertreten diese unterschiedliche Interessen, Ziele und Methoden.
34. Eine Ursache für Störungen der Persönlichkeitsentwicklung bei ausländischen Kindern, die deren schulische Integration behindern, sind die widersprüchlichen Anforderungen von seiten der Familie

einerseits und der deutschen Schule (und Umwelt) andererseits. Der Umstand, daß die Gastarbeiterkinder den Erwartungen von Lehrern und Mitschülern häufig nicht entsprechen, führt leicht zu Vorurteilen und Sanktionen, die sich ihrerseits wiederum negativ auf deren Selbstbewußtsein und Lernbereitschaft auswirken. – Dazu: Müller, a.a.O., S. 150.

35. Nicht nur eine Intensivierung der Forschung ist notwendig, deren Ergebnisse müßten den Gruppen auch besser zugänglich gemacht werden. Was den Gedankenaustausch und die Information der Gruppen betrifft, erfüllt die Arbeitsgemeinschaft der Katholischen Studenten- und Hochschulgemeinden (AGG) mit der Erstellung von Materialien und Veranstaltung von Tagungen eine wichtige Rolle.
36. Wie aus Berichten von Hausaufgabenhelfern hervorgeht, nehmen Verhaltens- und Lernstörungen bei Gastarbeiterkindern so stark zu, daß viele Gruppen nicht mehr wissen, wie sie mit diesen Problemen fertig werden sollen. Dazu kommt, daß die auf Freiwilligkeit basierenden Gruppen nicht dieselben disziplinarischen Möglichkeiten zur „Lösung" von Konfliktsituationen wie die Schulen haben. Wie aus Berichten von Betreuern hervorgeht, kann aggressives Verhalten aber auch Ausdruck emotionaler Bedürfnisse bzw. Kontaktwünsche sein. – Akpinar, a.a.O., S. 227.
37. Müller, a.a.O., S. 125; Akpinar, a.a.O., S. 170ff.
38. Die Erfahrungen vieler Initiativgruppen haben gezeigt, daß eine effektive Hausaufgabenhilfe erst dann möglich ist, wenn vorher die „äußeren" (z.B. Vorurteile) und „inneren" (z.B. Aggressivität) Störungen abgebaut worden sind.
39. Eine solche Fortbildung sollte, unter Anleitung von Fachleuten, unmittelbar an den praktischen Erfahrungen der Helfer ansetzen, diese reflektieren und weiterführen. – Akpinar, a.a.O., S. 241f.
40. Zum Thema ‚Vorschulerziehung' für Gastarbeiterkinder: A. López-Blasco, Ausländische Kinder im Kleinkindalter, in: A. Langenohl-Weyer u.a., a.a.O., S. 75ff. J. Lluch-Ordinaga/W.-D. Striening, Vorschulische Erziehung ausländischer Kinder, in: Konrad-Adenauer-Stiftung, Studien zur Kommunalpolitik Bd. 17, 1979. Akpinar u.a., a.a.O., S. 33ff. sowie ... die in den ‚Materialien' des ISS angegebene Literatur. Informationsdienst zur Ausländerarbeit 3/79.
41. Diese wurden schon 1969 von der action 365 gefordert. Zu weite-

ren Modellen: Akpinar, a.a.O., S. 244ff. Die Autoren weisen jedoch darauf hin, daß durch Sondermaßnahmen die Sozialisationsprobleme der Ausländer letztlich nicht gelöst werden können; wirkliche Hilfen können nur durch eine (dringend notwendige) grundlegende Reform des deutschen Schulsystems geleistet werden.

42. Kühn, a.a.O., S. 32f. Presse- und Informationsamt der Bundesregierung, Sozialpolitische Umschau Nr. 116/1979. J. Vink, Berufliche Bildung ausländischer Jugendlicher, in: A. Langenohl-Weyer u.a., a.a.O., S. 133. 1979 lebten rd. 121000 ausländische Jugendliche (aus Anwerbeländern) von 15–18 Jahren in der BRD, zwischen 18–21 Jahren waren es 192000.
43. Von den ausländischen Jugendlichen, die eine Teilzeitberufsschule besuchen, sind ca. 80 Prozent ohne Lehrstelle oder arbeitslos. – Bundesarbeitsgemeinschaft Jugendaufbauwerk, Junge Ausländer im Blickfeld der Jugendsozialarbeit, Bonn 1978, S. 11. Dazu auch: U. Boos-Nünning, Arbeitsaufnahme und Berufsausbildung ausländischer Jugendlicher, in: deutsche jugend 5/79 und R. Tippelt, Berufswahl und Bildungsmotivation jugendlicher Ausländer, in: Neue Praxis 1/79.
44. In den für Deutsche (und Ausländer) unattraktiven Berufen (z. B. Baugewerbe, Gastronomie) gibt es hingegen genügend Ausbildungsstellen.
45. Die neuen Bestimmungen sind abgedruckt in: Deutsch lernen 1/79, S. 95f.
46. Deutsch lernen, S. 95. Zu den berufsvorbereitenden Maßnahmen ausführlich: Vink, a.a.O., S. 141ff.
47. Kühn, a.a.O., S. 36. Kühn erscheint der Sinn der Wartezeitregelung auch deshalb fraglich, weil sich die Arbeitgeber ohnehin laufend um eine branchenspezifische Lockerung des Abwerbestops bemühen.
48. Vink, a.a.O. S. 133 etc.
49. Vink, a.a.O., S. 133. Im Schuljahr 1978/79 besuchten 65000 ausländische Schüler eine berufliche Schule, darunter waren 52000 Gastarbeiterkinder. – Sekretariat der Ständigen Konferenz der Kultusminister der Länder in der Bundesrepublik Deutschland, Drucksache II B – Tgb.-Nr. 16.088/79.
50. Bundesarbeitsgemeinschaft Jugendaufbauwerk, a.a.O., S. 11. Hier findet sich auch der Entwurf eines detaillierten Förderungs-

programmes für ausländische Kinder und Jugendliche, das nicht Assimilation, sondern eine ,,aktive" Integration zum Ziel hat.

51. KMK-Empfehlungen, a.a.O., S. 6. Nachdem die Intensivkurse wegen Lehrermangels sehr häufig nicht stattfinden können, bedeutet diese Bestimmung in der Praxis eine Entlastung für die Berufsschulen, weil sie Ausländer mit unzureichenden Sprachkenntnissen vom Unterricht freistellen können. – A. López-Blasco/W. Striening, Berufsausbildung ausländischer Jugendlicher, in: Konrad-Adenauer-Stiftung, Studien zur Kommunalpolitik Bd. 17, Bonn 1979, S. 177f.
52. Bundesarbeitsgemeinschaft Jugendaufbauwerk, a.a.O., S. 11. Vink, a.a.O., S. 144 und S. 150.
53. Arbeitslosenzahlen aus: Bundesanstalt für Arbeit, Sonderdruck Strukturanalyse der Arbeitslosen und der offenen Stellen, Statistische Übersichten der Sonderuntersuchung von Ende Mai 1979. Die Schätzungen liegen bei etwa 50000 arbeitslosen ausländischen Jugendlichen (Baethge 1977); ihre Arbeitslosenquote soll etwa doppelt so hoch sein wie die der Deutschen. – J. Micksch, Gastarbeiter werden Bürger, Frankfurt 1978, S. 92.
54. Münchner Ausländerbeirat und Regionaler Koordinierungskreis München, Dokumentation zur Situation arbeitsloser jugendlicher Ausländer in München, München 1976, S. 6. Vink, a.a.O., S. 134f. u.a.
55. Die Arbeitsplätze der Ungelernten sind durch Automation und Rationalisierung am stärksten bedroht; dazu kommt, daß Hilfsarbeiter jederzeit austauschbar sind.
56. Zur Lebenssituation arbeitloser Jugendlicher: Deutscher Volkshochschulverband, Pädagogische Arbeitsstelle, Bericht über die Vorphase des Projekts ,,Entwicklung und Erprobung von Lehrgängen für junge ausländische Erwachsene zum nachträglichen Erwerb des Hauptschulabschlusses (K. Meisel), Frankfurt 1979, S. 54ff.
57. Weil die eigenen Landsleute als Bezugsgruppe immer mehr an Bedeutung verlieren, wird sich die zweite Ausländergeneration eher als die erste mit Deutschen vergleichen; folglich wird auch die Unzufriedenheit mit ihrer Lage zunehmen. – D. Frey/O. Ochsmann/M. Kumpf/C. Sauer, Zukünftiges Verhalten der ausländischen Arbeiter und der zweiten Generation in der Bundesrepublik Deutschland, in: Soziale Welt 2/78, S. 108ff.

58. In den Vorschlägen der Bund-Länder-Kommission wird die Tatsache, daß der überwiegende Teil der Ausländer keinen Schulabschluß erwirbt, u. a. als ,,Beeinträchtigung der Zukunftsinteressen der Bundesrepublik Deutschland" bezeichnet," die als hochentwickelte Industrienation in zunehmenden Maße Facharbeiter braucht". – Der Bundesminister für Arbeit und Sozialordnung, Vorschläge der Bund-Länder-Kommission, a. a. O. S. 16.

59. Die MSBE-Maßnahmen haben vier Schwerpunkte: Berufsvorbereitung, Sprachvermittlung, Allgemeinbildung, sozialpädagogische Hilfen. Ab 1981 stellt die Berufsvorbereitung 60 Prozent der Inhalte, nachdem die Eingliederungsmaßnahmen in Zukunft zu 60 Prozent von der Bundesanstalt für Arbeit finanziert werden. Die Maßnahmen können nach § 40 AFG (Berufsausbildungsbeihilfe) gefördert werden. Informationen zu MSBE: Sprachverband Deutsch für ausländische Arbeitnehmer e. V., MSBE, Mainz, 21. 9. 1979. Informationsdienst zur Ausländerarbeit 3/79, S. 138ff. W. Fehl/G. Klinger/H. v. Umbscheiden, MSBE, in: Theorie und Praxis der Sozialen Arbeit 2/79, S. 58ff.

60. Für 1979/80 ist eine Erweiterung auf ca. 250–300 Kurse mit 5–6000 Teilnehmern, für 1980/81 auf 15000 Teilnehmer ... geplant. – Bundesministerium für Arbeit und Sozialordnung, Ausländerpolitik in der Bundesrepublik Deutschland, a. a. O., S. 12.

61. Von der Pädagogischen Arbeitsstelle des Deutschen Volkshochschul-Verbandes wurde im Mai 1979 ein Projekt zur ,,Entwicklung und Erprobung von Lehrgängen für ausländische junge Erwachsene zum nachträglichen Erwerb des Hauptschulabschlusses" eingerichtet, das bis Mitte 1984 dauern soll und vom Bundesministerium für Bildung und Wissenschaft gefördert wird. Im Projekt geht es darum, einen konzeptionell-didaktischen Rahmen sowie Lehrmaterialien für diese Zielgruppe zu entwickeln, um die Kurse der VHS in Zukunft auf eine fundiertere Basis zu stellen. – Deutscher Volkshochschulverband, Pädagogische Arbeitsstelle, Informationsdienst Bildungsarbeit mit ausländischen Arbeitern 1/79, S. 55f. u. S. 47 (Förderungsmöglichkeiten). K. Meisel, Nachträglicher Hauptschulabschluß für ausländische Jugendliche, in: Deutsch lernen 1/79, S. 86f.

62. Deutscher Volkshochschulverband e. V., Pädagogische Arbeitsstelle, K. Meisel, Bericht über die Vorphase, a. a. O., S. 107. Vink, a. a. O., S. 157; Kühn, a. a. O., S. 34. Das Problem liegt darin, daß

den freien Trägern die Aufgabe zugewiesen wird, die Unzulänglichkeiten unseres Bildungs- und Ausbildungssystems zu kompensieren. Zur „Alibifunktion“ von Sondermaßnahmen auch: Bundesjugendkuratorium, Zur Situation ausländischer Kinder und Jugendlicher in der Bundesrepublik Deutschland, Bonn 1976, S. 3.

X. Kriminalität

1. Bei den erwachsenen Ausländern sind die in der Bundeskriminalstatistik ausgewiesenen Zahlen insoferne nicht vergleichbar, als bei den nichtdeutschen Tatverdächtigen Touristen, Angehörige der Stationierungskräfte, Durchreisende und Illegale miterfaßt werden und die Statistiken zu Lasten der ausländischen Wohnbevölkerung verfälschen. Ein Vergleich ist auch deshalb problematisch, weil die unterschiedliche Altersstruktur der ausländischen Wohnbevölkerung – der geringe Anteil alter Menschen und der höhere Anteil jüngerer Männer – in der Statistik nicht berücksichtigt wird.
2. Unter „Kriminalitätsbelastungsziffer“ versteht man die Zahl der Tatverdächtigen pro 100000 des entsprechenden Teils der Wohnbevölkerung (z.B. Kinder, Jugendliche, Heranwachsende, Erwachsene). Erst mit Hilfe dieser Ziffer, in die Alter, Geschlecht und Bevölkerungszahlen einbezogen sind, ist ein Vergleich zwischen der Kriminalität von Deutschen und Ausländern zulässig.
3. In der vorliegenden Tabelle wurde die Kriminalitätsbelastungsziffer der Ausländer um 20 Prozent bereinigt (Anteil der Stationierungskräfte, Touristen, etc.), um einen Vergleich zwischen deutscher und ausländischer Wohnbevölkerung zu ermöglichen.
4. Bingemer, a.a.O., S. 164ff.
5. So z.B. das in den Augen vieler Türken (insbesondere ländlich-konservativer Herkunft) allzu freizügige Verhalten deutscher Frauen, das leicht als sexuelle Herausforderung betrachtet wird.
6. Dieses Argument ist typisch für die Beurteilung der Gastarbeiterkriminalität, weil es vorhandene Vorurteile unterstützt.
7. H. Narman, Türkische Arbeiter in Münster. Ein Beitrag zum Problem der temporären Akkulturation, Münster 1978. H. G. Kleff, Türkische Arbeiter ländlicher Herkunft in Deutschland, in: Arbeitsgemeinschaft katholischer Studenten- und Hochschulgemein-

den, AGG, Materialien zum Projektbereich „Ausländische Arbeiter" Nr. 15/77, S. 215ff.

8. Vgl. dazu: Bundeskriminalamt (Hg.), Polizeiliche Kriminalstatistik 1978 – Bundesrepublik Deutschland, Wiesbaden 1979, S. 58.
9. Der vergleichsweise hohe Anteil türkischer Gastarbeiter städtischer Herkunft läßt sich u.a. damit erklären, daß viele von ihnen zwar aus ländlichen Regionen stammen, aber zunächst in die (Groß)-städte und erst von dort aus in die Bundesrepublik emigriert sind.
10. So stellte Narman in seiner Untersuchung fest, daß die meisten Türken ihre Essensgewohnheiten auch in der BRD beibehalten haben, wobei das religiöse Verbot, Schweinefleisch zu essen, hierfür eine wichtige Rolle spielt. Aus Angst vor dem Genuß von Schweinefleisch nahmen 91 Prozent der Befragten regelmäßig ihr Mittagessen von zu Hause in die Firma mit. Überhaupt ist die Anpassung an die hiesige Ernährung für die Türken ein enormes Problem. – Narman, a.a.O., S. 120ff.
11. Abadan (1964), Mehrländer (1974), Becher/Erpenbeck (1977), Schildmeier (1978), Bingemer/Meistermann-Seeger/Neubert (1970).
12. Vorurteile gegenüber Gastarbeitern sind aber nicht nur die Folge bestimmter Machtverhältnisse, sondern auch ein Mittel, um diese abzusichern. Außerdem sind Vorurteile gegenüber den Angehörigen anderer Nationalitäten Ausdruck des internationalen Schichtungssystems. – H. Harbach, Internationale Schichtung und Arbeitsmigration, a.a.O., S. 142ff.
13. Bingemer, a.a.O., S. 167f.
14. So der Koordinierungskreis „Ausländische Arbeitnehmer" beim Bundesministerium für Arbeit und Sozialordnung, a.a.O., S. 46.
15. P.-A. Albrecht/Ch. Pfeiffer, Die Kriminalisierung junger Ausländer. Befunde und Reaktionen sozialer Kontrollinstanzen, München 1979. In dieser Arbeit wurde zum ersten Mal für die BRD die Kriminalitätsbelastung verschiedener Altersgruppen junger Ausländer untersucht und mit der gleichaltriger deutscher Jugendlicher, nach Deliktarten getrennt, verglichen.
16. Untersucht wurden: Hamburg, Hannover, Frankfurt, Stuttgart, München im Zeitraum zwischen 1973 bis 1977.
17. Die Kriminalität der deutschen Kinder steigt im jährlichen Durchschnitt stärker an als die der ausländischen Kinder.
18. Die unter 21jährigen Ausländer waren bei den Sexualdelikten zwi-

schen 50 (Frankfurt) und 105 (Hamburg) Prozent stärker belastet als die Deutschen. – Albrecht/Pfeiffer, a.a.O., S. 33.

19. Bei den Roheitsdelikten belief sich die Höherbelastung der jungen Ausländer auf 4 (Hamburg) bis 44 (Frankfurt, Stuttgart) Prozent. – Albrecht/Pfeiffer, a.a.O., S. 34.
20. (Leichter) Diebstahl ist das von Kindern und Jugendlichen am häufigsten verübte Delikt.
21. Wie ein Vergleich mit der (niedrigeren) Kriminalität der erwachsenen ausländischen Wohnbevölkerung zeigt, kann die hohe Kriminalitätsbelastung der ausländischen Jugendlichen nicht allein mit der Hypothese vom „Kulturkonflikt" erklärt werden, von dem sie ja weit weniger als ihre Eltern betroffen sind. Einen stärkeren Einfluß dürften sozialstrukturelle Faktoren haben, durch die die Ausländer in die Rolle von Außenseitern der Gesellschaft gedrängt werden. – Albrecht/Pfeiffer, ‚Kulturkonflikt' oder soziale Mangellage? Ansätze zur Erklärung der Kriminalitätsbelastung der ausländischen Wohnbevölkerung in der Bundesrepublik, in: Bewährungshilfe 2/79, S. 105ff. Ähnlich: U. Dörmann, Gastarbeiterkriminalität und Lebenssituation, in: Die Polizei 4/1975, S. 128.
22. Akpinar u.a. sprechen von der ‚Gastarbeiterfamilie' als einem neuen Typus von Familie, der weder mit der Familie im Herkunftsland noch mit der deutschen Familie vergleichbar ist. – a.a.O., S.S. 66.
23. Akpinar u.a., a.a.O., S. 64f. A. Schrader/B. Nikles/H. Griese unterscheiden, je nach dem Einreisealter, drei Gruppen von Gastarbeiterkindern mit jeweils spezifischen Identitäts- und Anpassungsproblemen. Je älter die Ausländer bei ihrer Einreise sind, desto stärker identifizieren sie sich mit ihrer Heimatkultur und sind, aufgrund ihrer geringeren Erwartungen, eher bereit, Benachteiligungen zu akzeptieren. – a.a.O., Die zweite Generation – Sozialisation und Akkulturation ausländischer Kinder in der BRD, Duisburg 1976, S. 81 etc.
24. In der Praxis führt der, für arbeitslose junge Ausländer besonders spürbare Geldmangel leicht zu kriminellen Handlungen. Wie Sozialarbeiter berichten, versuchen ausländische Jugendliche häufig, sich durch großzügige Einladungen und Geschenke die Freundschaft der Deutschen zu ‚erkaufen'.
25. Zur bisherigen Ausweisungspraxis der Ausländerbehörden: Albrecht/Pfeiffer, a.a.O., S. 54ff. E. Dederichs, Zur Kriminalität

junger Ausländer – Ein Tagungsbericht, in: Theorie und Praxis der sozialen Arbeit 2/79, S. 75. Hingegen kommt nach Ansicht der Bundesregierung (Weiterentwicklung der Ausländerpolitik, a.a.O., S. 17f) der Ausweisung jugendlicher Ausländer in der Praxis kaum eine Bedeutung zu. Im neuen Integrationsprogramm der Bundesregierung wird den Ausländerbehörden jedoch empfohlen, ausländische Jugendliche, die mit ihren Eltern in der BRD leben, in Zukunft grundsätzlich nicht mehr auszuweisen und abzuschieben; Ausnahmen sollen nur bei schwersten Verbrechen gemacht werden.

26. Vorschläge dazu, wie eine solche Reform des Ausländerrechts im einzelnen aussehen könnte, finden sich bei G. Albrecht, Düsseldorfer Reformprogramm zum Ausländerrecht, Bonn 1976.
27. Eine solche Entwicklung, die durch die Ergebnisse der Untersuchung bestätigt wurde, ist von Fachleuten schon früher vorausgesagt worden (Schrader 1976, S. 180; Akpinar/López-Blasco/Vink 1977, S. 64; Dörmann 1975, S. 128 u.a.).

XI. Integration oder Assimilation

1. Die Probleme der zweiten Ausländergeneration sind in früheren Abschnitten ausführlich behandelt worden.
2. So bei H.-J. Hoffmann-Nowotny, Soziologie des Fremdarbeiterproblems, Stuttgart 1973, S. 173ff. R. Braun, Sozio-kulturelle Probleme der Eingliederung italienischer Arbeitskräfte in der Schweiz, Zürich 1970.
3. Die Zahl der Gastarbeiter, die über eine unbefristet Aufenthaltserlaubnis oder Aufenthaltsberechtigung verfügen ist z.T. deshalb so gering, weil sie den an sie gestellten (und neuerdings verschärften – z.B. Nachweis von Sprachkenntnissen) Assimilationsanforderungen nicht entsprechen können. Hoffmann-Nowotny weist darauf hin, daß die Aufenthaltsdauer als solche keinen Einfluß auf die Anpassung hat, solange die Ausländer im Status einer gesellschaftlichen Randgruppe festgehalten werden. – A.a.O., S. 190 und S. 333.
4. Dies zeigt sich u.a. in den Vorstellungen und Maßnahmen zur Schulpolitik, die in den einzelnen Bundesländern sehr unterschiedlich sind. Auf die wissenschaftliche Diskussion zum Integrations-

begriff, die z.T. sehr kontrovers ist, kann im vorliegenden Rahmen nicht eingegangen werden. Vgl. dazu: G. Albrecht Soziologie der geographischen Mobilität, Stuttgart 1972, S. 261 ff.

5. M. Bartelt, Subproletariat in Hühnerställen, in: Evangelische Kommentare 4/71.
6. R. Weber, zitiert bei Bartelt, a.a.O.
7. Dem entspricht die in der Kölner Untersuchung folgendermaßen charakterisierte Einstellung der Deutschen den Gastarbeitern gegenüber: ,,Benützen, ohne sich stören zu lassen." – Bingemer/Meistermann-Seeger/Neubert, a.a.O., S. 36.
8. Die Bundesrepublik hat jedoch immer versucht, die freiwillige Rotation der Gastarbeiter möglichst hoch zu halten, um Infrastrukturkosten einzusparen. Für eventuell neu zu rekrutierende Ausländer wird das Modell der vertraglich auf einen bestimmten Zeitraum begrenzten Einwanderung (d.h. letztlich die Zwangsrotation) von einigen Bundesländern durchaus erwogen. – Dohse, a.a.O., S. 16.
9. Kühn, a.a.O., S. 12.
10. Bartelt, a.a.O. Zu den einzelnen Modellen: Bingemer/Meistermann-Seeger/Neubert, a.a.O.; Harbach, a.a.O., S. 236ff.
11. Die Frage der Mitwirkungsrechte der Ausländer auf kommunaler Ebene wird zwar in den Vorschlägen der Bund-Länder-Kommission als ,,wichtige Voraussetzung ihrer sozialen Integration" (S. 19) angesehen, diese soll sich aber nur auf beratende Funktionen beschränken. Auch in den Richtlinien des neuen Ausländerprogramms ist eine Erteilung des kommunalen Wahlrechts an Ausländer nicht vorgesehen.
12. Dies könnte sich mit zunehmender Aufenthaltsdauer ändern, nämlich dann, wenn die Gastarbeiter ihre Lage nicht mehr mit der Situation im Heimatland vor der Auswanderung, sondern mit der ihrer deutschen Arbeitskollegen vergleichen. – Zur Reaktion der Gastarbeiter auf die Emigration: Hoffmann-Nowotny, Gastarbeiterwanderungen und soziale Spannungen, in: H. u.H. Reimann, Gastarbeiter, a.a.O., S. 54ff.
13. Weiterentwicklung der Ausländerpolitik. Beschlüsse der Bundesregierung vom 19. 3. 1980, S. 2ff. Für die erste Ausländergeneration ist eine Erleichterung der Einbürgerung derzeit nicht vorgesehen. A.a.O., S. 22.
14. Dies ist eine Erklärung für die sehr positive Einstellung der Arbeitgeber zur Integration der ausländischen Jugendlichen. Vgl. dazu:

Bundesvereinigung der Deutschen Arbeitgeberverbände, Sicherung der Zukunftschancen der zweiten Ausländergeneration, Köln 1979; R. Weber (BDA): Ausländerbeschäftigung. Die zweite Generation, in: Der Arbeitgeber Nr. 18/29, 1977; R. Weber: Ausländerkinder. Eine vergessene Generation? In: Der Arbeitgeber Nr. 9/31, 1979.

15. Dies trifft vor allem auf die deutsche Unterschicht zu, die sich durch eine Gleichberechtigung und (in der Folge) möglichen sozialen und beruflichen Aufstieg der Ausländer in ihrem eigenen Status bedroht sieht. – Ausführlich dazu: Hoffmann-Nowotny, Gastarbeiterwanderungen und soziale Spannungen, a.a.O., S. 50ff.; ders., Soziologie des Fremdarbeiterproblems, a.a.O., S. 67ff.
16. Ergebnis einer Meinungsumfrage von Infratest/München.
17. M. Wieduwilt/H. W. Jürgens: Einstellungen der deutschen Bevölkerung und der ausländischen Arbeitnehmer. In: Konrad-Adenauer-Stiftung, Studien zur Kommunalpolitik, Bd. 13, S. 166f.
18. Aus der von der spanischen Mission herausgegebenen Zeitschrift „Hasta Ti", zitiert bei E. Klee, Die Nigger Europas, in: Evangelische Kommentare 3/71. Ähnlich H. Neubeck-Fischer, Gastarbeiter – eine neue gesellschaftliche Minderheit. Dissertation 1972.
19. In Schweden (und Island) haben alle Ausländer, die mehr als drei Jahre dort ansässig sind, das kommunale Wahlrecht. – J. Widgren: Migration in Europa: Probleme und Perspektiven, in: Deutsch lernen 4/79, S. 56ff. Nach F. Franz könnte die Rechtsgleichheit der Ausländer durch einen besonderen „Einwandererstatus" oder durch eine Verbesserung der Aufenthaltsberechtigung erreicht werden. A.a.O., Vom Einwanderungsland, das keines sein will, in: Deutsch lernen 4/79, S. 52ff.
20. H.-J. Hoffmann-Nowotny, Gastarbeiter in Europa – Eine neue Völkerwanderung? In: L. Franke/H. W. Jürgens, Keine Kinder – keine Zukunft? Wiesbaden 1978, S. 35ff.

2. Literaturverzeichnis

N. Abadan: Studie über die Lage und die Probleme der türkischen Gastarbeiter in der Bundesrepublik. Ankara 1964.

N. Abadan-Unat: Turkish Workers in Europe 1960–1975. A socioeconomic reappraisal. Leiden 1976.

M. S. Abdullah: Unsicherheit, Angst und Isolation. Die schwierige Lage der moslemischen Gastarbeiter. In: Blätter der Wohlfahrtspflege 9/77.

Ü. Akpinar/R. Bendit/A. López-Blasco/J. Zimmer: Sozialisationshilfen für Ausländerkinder, in: betrifft Erziehung 11/1978.

Ü. Akpinar/J. Vink: Pädagogische Arbeit mit ausländischen Kindern und Jugendlichen. Bestandsaufnahme und Praxishilfen. München 1977.

Ü. Akpinar: Zur Schulsituation der Kinder ausländischer Arbeitnehmer. In: Langenohl-Weyer u. a.: Zur Integration der Ausländer im Bildungsbereich. München 1979.

F. Aksoy: Die Anpassungsschwierigkeiten eines Gastarbeiters, in: W. Althammer (Hg.), Südosteuropa-Studien 23/1975.

G. Albrecht (Hg.): Das Düsseldorfer Reformprogramm zum Ausländerrecht. Bonn 1976.

G. Albrecht: Soziologie der geographischen Mobilität. Stuttgart 1972.

P.-A. Albrecht/Ch. Pfeiffer: Die Kriminalisierung junger Ausländer. Befunde und Reaktionen sozialer Kontrollinstanzen. München 1979.

P.-A. Albrecht/Ch. Pfeiffer: ‚Kulturkonflikt' oder soziale Mangellage? Ansätze zur Erklärung der Kriminalitätsbelastung der ausländischen Wohnbevölkerung in der Bundesrepublik. In: Bewährungshilfe 2/1979.

H. Alfes: Möglichkeiten und Grenzen einer offensiven Ausländerarbeit. In: Informationsdienst zur Ausländerarbeit 3/1979.

W. Althammer (Hg.): Das Gastarbeiterproblem. Rotation? Integration? Arbeitsplatzverlagerung? Ergebnisse einer Fachtagung. Südosteuropastudien Bd. 23. München 1975.

T. Ansay/V. Gessner (Hg.): Gastarbeiter in Gesellschaft und Recht. München 1974.

Arbeiterwohlfahrt, Bundesverband e. V. (Hg.): Grundpositionen der

Ausländerpolitik. In: Theorie und Praxis der sozialen Arbeit, Beiheft 2, 4/1979.
Arbeitsgemeinschaft der Katholischen Studenten- und Hochschulgemeinden (AGG): Materialien zum Projektbereich „Ausländische Arbeiter" 15/1977.
Arbeitsgemeinschaft der katholischen Studenten- und Hochschulgemeinden (AGG): Materialien zur Arbeit mit ausländischen Jugendlichen. Bonn 1978 (Die „Materialien" erscheinen viermal jährlich).
P. Arweiler: Arbeit, Freizeit und Integration. In: Bingemer/Meistermann-Seeger/Neubert: Leben als Gastarbeiter. Köln, Opladen 1970.
ASTA – Auslandsreferat der Universität Stuttgart und Evangelische Studentengemeinde Stuttgart: Dokumentation zum Ausländergesetz. Stuttgart 1969.

S. A. Bahadir: Vor- und Nachteile der Wanderung von Arbeitskräften für die türkische Volkswirtschaft, in: Mitteilungen aus der Arbeitsmarkt- und Berufsforschung 4/1978.
H. Barkowski/U. Harnisch/S. Kumm: Sprachlernen mit Arbeitemigranten im Wohnbezirk. In: Deutsch lernen 1/1979.
G. Bartels/J. Dellbrück/K. Wiegel: Vorschläge zur Reform des Ausländerrechts, in. Konrad-Adenauer-Stiftung, Studien zur Kommunalpolitik, Bd. 15, 1976.
M. Bartelt: Subproletariat in Hühnerställen. In: Evangelische Kommentare 4/1971.
A. Baumgartner-Karabak/G. Landesberger: Die verkauften Bräute. Türkische Frauen zwischen Kreuzberg und Anatolien. Reinbek 1978.
Bayerisches Staatsministerium für Arbeit und Sozialordnung: Ausländische Arbeitnehmer in Bayern, Bericht '79. München, Juli 1979.
H. Becher/G. Erpenbeck: Freizeit ausländischer Arbeitnehmer. In: Konrad-Adenauer-Stiftung, Studien zur Kommunalpolitik, Bd. 16, Bonn 1977.
J. Berger/J. Mohr: Arbeitsemigranten. Reinbek 1976.
I. Bilger/E. de Brito/B. Yakar: Hilfe zur Selbsthilfe – Leerformel oder Realität? In: Informationsdienst zur Ausländerarbeit 3/1979.
Bingemer, K./Meistermann-Seeger, E./Neubert, E. (Hg.): Leben als Gastarbeiter. Köln u. Opladen 1970.
W. Bodenbender: Zwischenbilanz der Ausländerpolitik. Referat in der Evangelischen Akademie Tutzing am 16. 11. 1976.

G. Boecken: Rollenkonflikte ausländischer Arbeiterkinder zwischen Familie und Schule. In: Neue Praxis 3/1978.

U. Boos-Nünning: Arbeitsaufnahme und Berufsausbildung ausländischer Jugendlicher. In: Deutsche Jugend 5/1979.

U. Boos-Nünning/M. Hohmann (Hg.): Ausländische Kinder. Gesellschaft und Schule im Herkunftsland. Düsseldorf 1977.

M. Borris: Ausländische Arbeiter in einer Großstadt. Frankfurt/M 1973.

R. Braun: Sozio-kulturelle Probleme der Eingliederung italienischer Arbeitskräfte in der Schweiz. Zürich 1970.

M. Budzinski: Gewerkschaftliche und betriebliche Erfahrungen ausländischer Arbeiter. Frankfurt/M 1980.

Bundesanstalt für Arbeit: Ausländische Arbeitnehmer, Erfahrungsbericht 1972/73. Nürnberg 1974.

Bundesanstalt für Arbeit. Merkblatt für Arbeitslose, Okt. 1979.

Bundesanstalt für Arbeit: Repräsentativuntersuchung '72. Nürnberg 1973.

Bundesanstalt für Arbeit: Sonderdruck Strukturanalyse der Arbeitslosen und der offenen Stellen. Statistische Übersichten der Sonderuntersuchung vom Ende Mai 1979. Aus: ,,Amtliche Nachrichten der Bundesanstalt für Arbeit" Nr. 10/1979, v. Okt. 1979.

Bundesarbeitsgemeinschaft der Landesjugendämter und überörtlichen Erziehungsbehörden: Sozialpädagogische Hilfen für junge Ausländer. In: Mitteilungen des Deutschen Städtetages 14/1979.

Bundesarbeitsgemeinschaft Jugendaufbauwerk: Junge Ausländer im Blickfeld der Jugendsozialarbeit. Bonn 1978.

Bundesjugendkuratorium: Zur Situation ausländischer Kinder und Jugendlicher in der Bundesrepublik Deutschland. Bonn 1976.

Bundeskriminalamt (Hg.): Polizeiliche Kriminalstatistik 1978-Bundesrepublik Deutschland. Wiesbaden 1979.

Bundesministerium für Arbeit und Sozialordnung: Arbeitslose ausländische Arbeitnehmer in der Bundesrepublik Deutschland im Jahre 1979. Drucksache IIa 5 – 28707–3.

Bundesministerium für Arbeit und Sozialordnung: Ausländerpolitik in der Bundesrepublik Deutschland, Bonn 1979. Drucksache BMA/IIa 8.

Bundesministerium für Arbeit und Sozialordnung: In der Bundesrepublik beschäftigte ausländische Arbeitnehmer, Drucksache IIa 5 – 28707 – 1 v. 6. 3. 1979.

Bundesministerium für Arbeit und Sozialordnung: Vorschläge der Bund-Länder-Kommission zur Fortentwicklung einer umfassenden Konzeption der Ausländerbeschäftigungspolitik, Bonn d. 28. 2. 1977. Drucksache IIa 5 – 24200/22.

Bundesministerium für Arbeit und Sozialordnung: Weiterentwicklung der Ausländerpolitik. Beschlüsse der Bundesregierung v. 19. März 1980.

Bundesministerium für Jugend, Familie und Gesundheit (Hg.): Situationsanalyse nichterwerbstätiger Ehefrauen ausländischer Arbeitnehmer in der Bundesrepublik Deutschland. Bonn 1977.

Bundesministerium für wirtschaftliche Zusammenarbeit (BMZ): Entwicklungspolitik. Jahresbericht 1979.

Bundesverband der Arbeiterwohlfahrt: Grundpositionen der Ausländerpolitik. In: Theorie und Praxis der sozialen Arbeit, Beiheft 2, 4/1979.

Bundesverband der Arbeiterwohlfahrt (Pressemitteilung): Schlechte Chancen für Ausländerkinder. In: Deutsch lernen 3/1976.

Bundesvereinigung der Deutschen Arbeitgeberverbände: Jahresbericht 1977.

Bundesvereinigung der Deutschen Arbeitgeberverbände: Sicherung der Zukunftschancen der zweiten Ausländergeneration. Köln 1979.

H. Buschfort (BMA): Zur Ausländerpolitik der Bundesregierung. Ausführungen auf einer Arbeitskonferenz von Vertretern der SPD-Bundestagsfraktion und einer jugoslawischen Parlamentarierdelegation am 26. 10. 1976 in Bonn (unveröff. Man.).

P. Cinanni: Emigration und Imperialismus. München 1970.

G. Cremer (Hg.): Jugend ohne Arbeit. Analysen, Stellungnahmen, Programme. München 1976.

G. Cremer: Sozialisationsbedingungen ausländischer Kinder und Jugendlicher in der Bundesrepublik Deutschland. Eine Literatur- und Forschungsdokumentation. München 1977.

E. Dederichs: Ergänzende Länderanweisungen zur allgemeinen Verwaltungsvorschrift zum Ausländergesetz. In: Deutsch lernen 4/1979.

E. Dederichs: Nachweis ,,einfacher" und ,,ausreichender" Deutschkenntnisse. Die Erlasse der Bundesländer. In: Deutsch lernen 1/1979.

E. Dederichs: Zur Kriminalität junger Ausländer – Ein Tagungsbericht. In: Theorie und Praxis der sozialen Arbeit 2/1979.

D. Delgado: Die Gastarbeiter in der Presse. Opladen 1972.

Der Deutsche Bundesrat: Entwurf einer allgemeinen Verwaltungsvorschrift zur Änderung der allgemeinen Verwaltungsvorschrift zur Änderung des Ausländergesetzes. Bonn 1978.

Deutscher Bundestag: Die Lage der Familien in der Bundesrepublik Deutschland – Dritter Familienbericht. Bonn 1979 (Exkurs: Ausländische Familien in der Bundesrepublik).

Deutscher Caritasverband (Hg.): Die verlorene Generation? Ausländische Jugendliche in der Bundesrepublik. Informationen des Deutschen Caritasverbandes 11/1975.

Deutscher Caritasverband: Familienglück mit Hindernissen Informationen des Deutschen Caritasverbandes 7/1976.

Deutscher Gewerkschaftsbund: Ausländische Arbeitnehmer, o. J.

Deutscher Gewerkschaftsbund-Bundesvorstand, Abt. Ausländische Arbeitnehmer: Beschäftigte (sozialversicherungspflichtig), 1973–1979 und: Ausländische Wohnbevölkerung, 1973–1978.

Deutscher Städtetag: Ausländerkinder – ihre Zukunft in unseren Städten. Vervielf. Man., Köln 1977.

Deutscher Städtetag: Positionen der Städte in der Ausländerpolitik. Köln, 5. 2. 1977.

Deutscher Volkshochschulverband, Pädagogische Arbeitsstelle: Bericht über die Vorphase des Projekts ,,Entwicklung und Erprobung von Lehrgängen für junge ausländische Erwachsene zum nachträglichen Erwerb des Hauptschulabschlusses. Frankfurt 1979.

Diakonisches Werk: Die 2. Generation. Jugendliche Ausländer in der Bundesrepublik Deutschland. Stuttgart 1976.

U. Dörmann: Gastarbeiterkriminalität und Lebenssituation. In: Die Polizei 4/1975.

K. Dohse: Die staatliche Regulierung der Ausländerbeschäftigung in der ökonomischen Krise. IIVG-Paper, Veröffentlichungsreihe des Internationalen Instituts für Vergleichende Gesellschaftsforschung, Wissenschaftszentrum Berlin, März 1978.

Dokumentation: Ausländische Kinder in deutschen Schulen – eine Kontroverse. In: Deutsch lernen 2/1979.

Evangelischer Pressedienst (epd), Dokumentation 21/1979: Sozialberatung für Ausländer im Wandel.

Evangelischer Pressedienst (epd): Verbesserung des Aufenthaltsrechts zum Schutz ausländischer Mitbürger. epd-Dokumentation 11/1978.

K. Ewers/P. Lenz: Die Ausländerbeschäftigung unter dem Druck von Wirtschaftskrise und ,,Konsolidierungspolitik", in: C. Offe (Hg.): Opfer des Arbeitsmarktes. Zur Theorie der strukturierten Arbeitslosigkeit. Neuwied, Darmstadt 1977.

W. Fehl/G. Klinger/H. v. Umbscheiden: MSBE. In: Theorie und Praxis der sozialen Arbeit 2/1979.

G. Franger/L. v. Keyserlingk/P. Kowalski: Ausländerkinder. Ravensburg 1980.

Fritz Franz: Die aufenthaltsrechtliche Stellung der ausländischen Arbeiter. In: T. Ansay/V. Gessern: Gastarbeiter in Gesellschaft und Recht, München 1974.

Fritz Franz: Kurswechsel in der Fremdenpolitik? In: Deutsch lernen 3/78.

Fritz Franz: Politische Mitbestimmung für Ausländer – ein Demokratiegebot der Verfassung. In: Deutsch lernen 3/79.

Fritz Franz: Vom Einwanderungsland, das keines sein will. In: Deutsch lernen 4/79.

D. Frey/O. Ochsmann/M. Kumpf/C. Sauer: Zukünftiges Verhalten der ausländischen Arbeiter und der zweiten Generation in der Bundesrepublik Deutschland. Eine sozialwissenschaftliche Prognose. In: Soziale Welt 2/1978.

P. Fröhlich/P. Märthesheimer (Hg.): Ausländerbuch für Inländer. Bausteine zum Begreifen der Ausländerprobleme. Frankfurt/M 1980.

E. Gehmacher/D. Kubat/U. Mehrländer (Hg.): Ausländerpolitik im Konflikt. Arbeitskräfte oder Einwanderer? Konzepte der Aufnahme- und Entsendeländer. Bonn 1978.

S. Geiselberger (Hg.): Schwarzbuch: Ausländische Arbeiter. Frankfurt/M 1972.

W. Großmann: Mobilität und Integration. Vervielf. Man. o. J.

M. v. d. Grün: Leben im gelobten Land. Gastarbeiterportraits. Darmstadt, Neuwied 1975.

E. de Haan: Sozialdienst für ausländische Arbeitnehmer. In: Bewährungshilfe 2/1979.

S. Harant: Schulprobleme von Gastarbeiterkindern. In: H. u. H. Reimann: Gastarbeiter. München 1976.

H. Harbach: Die volkswirtschaftliche und gesellschaftlichen Funktionen der Gastarbeiter in der BRD, in: Konrad-Adenauer-Stiftung, Studien zur Kommunalpolitik, Bd. 15, 1976.

H. Harbach: Internationale Schichtung und Arbeitsemigration. Reinbek 1976.

E. Harder: Zukunftschancen der Kinder ausländischer Arbeitnehmer. Dokumentation v. 16. 5. 1978, Institut für Kommunalwissenschaften St. Augustin.

H. H. Heldmann: Ausländerrecht. Disziplinarordnung für die Minderheit. Darmstadt, Neuwied 1974.

H. H. Heldmann: Ausländerrecht. Alphabetischer Wegweiser, Köln 1980.

H.-J. Hoffmann-Nowotny: Gastarbeiter in Europa – Eine neue Völkerwanderung? In: L. Franke/H. W. Jürgens: Keine Kinder – Keine Zukunft? Wiesbaden 1978.

H.-J. Hoffmann-Nowotny: Gastarbeiterwanderungen und soziale Spannungen. In: H. u. H. Reimann: Gastarbeiter. München 1976.

H.-J. Hoffmann-Nowotny: Sozial-strukturelle Konsequenzen der Kompensation eines Geburtenrückgangs durch Einwanderung. In: F.-X. Kaufmann (Hg.): Bevölkerungsbewegung zwischen Quantität und Qualität. Beiträge zum Problem einer Bevölkerungspolitik in industriellen Gesellschaften. Stuttgart 1975.

H.-J. Hoffmann-Nowotny: Soziologie des Fremdarbeiterproblems. Eine theoretische und empirische Analyse am Beispiel der Schweiz. Stuttgart 1973.

M. Hohmann: Prämissen und Ziele der Empfehlungen für den Unterricht mit ausländischen Kindern. In: Konrad-Adenauer-Stiftung, Studien zur Kommunalpolitik, Bd. 14, 1976.

M. Hohmann (Hg.): Unterricht mit ausländischen Kindern. Düsseldorf 1976.

K. Hottes/U. Meyer: Siedlungsstrukturelle Auswirkungen der Verteilung von Ausländern in den Gemeinden, in: Konrad-Adenauer-Stiftung, Studien zur Kommunalpolitik, Bd. 16. 1977.

Initiativgruppe – Betreuung von ausländischen Kindern e. V.: Arbeit mit ausländischen Kindern. Erfahrungen, Anregungen, Informationen. München 1977.

Institut für Arbeitsmarkt- und Berufsforschung: IAB-Kurzbericht zur Ausbildungssituation ausländischer Jugendlicher. Nürnberg 1978.

Institut für Sozialarbeit und Sozialpädagogik (ISS): Ausländische Arbeiter und ihre Familien – Bibliographie. Materialien 1: Januar 1975 bis Oktober 1976. Materialien 2: Oktober 1976 bis Dezember 1977. Materialien 7: Neuerscheinungen 1978. (Bibliographie wird fortgesetzt).

Institut für Sozialarbeit und Sozialpädagogik (ISS): Informationsdienst zur Ausländerarbeit, Thema: Sozialberatung 3/1979 (sowie alle übrigen Ausgaben. (Der „Informationsdienst" erscheint viermal jährlich).

Integration der zweiten Ausländergeneration. Vorschläge des Koordinierungskreises „ausländische Arbeitnehmer" beim Bundesminister für Arbeit und Sozialordnung. Verabschiedet am 22. November 1979.

Internationaler Bund für Sozialarbeit – Jugendsozialwerk e. V.: Report 76/77. Berufliche Förderung für ausländische Arbeitnehmer.

D. Jaeschke. Ausländerkriminalität. In: Der Kriminalist 11/1979.

W. Kanein: Ausländergesetz. Erläuterte Ausgabe, München 1980[3].

M.-E. Karsten/A. Langenohl-Weyer/J. Vink: Vom Notstand in der Sozialberatung. In: Informationsdienst zur Ausländerarbeit 3/1979.

H. Katsoulis: Bürger zweiter Klasse. Ausländer in der Bundesrepublik. Frankfurt/M 1978.

H. Keskin: Die Türkei. Berlin 1978.

L. Kippes/K. Matzeder: Neuregelung gesetzlicher Bestimmungen über Ausländerbeschäftigung. Kissing 1976.

E. Klee: Die Nigger Europas. In: Evangelische Kommentare 3/1971.

E. Klee (Hg.): Gastarbeiter. Analysen und Berichte. Frankfurt/M 1972.

H. G. Kleff: Türkische Arbeiter ländlicher Herkunft in Deutschland. In: Arbeitsgemeinschaft katholischer Studenten- und Hochschulgemeinden (AGG), Materialien zum Projektbereich „Ausländische Arbeiter" 15/1977.

Kommission der Europäischen Gemeinschaften: Die Kinder der Gastarbeiter. Brüssel 1977.

Koordinierungskreis „Ausländische Arbeitnehmer" beim Bundesministerium für Arbeit und Sozialordnung: Integration der zweiten Ausländergeneration. Vorschläge, verabschiedet am 22. 11. 1979.

H. Kühn: Stand und Weiterentwicklung der Integration der ausländischen Arbeitnehmer und ihrer Familien in der Bundesrepublik Deutschland. Memorandum des Beauftragten der Bundesregierung. Bonn, September 1979.

Kultusministerkonferenz: Neufassung der Vereinbarung „Unterricht für Kinder ausländischer Arbeitnehmer". Beschluß vom 8. 4. 1976.

A. Langennohl-Weyer/R. Wennekes: Ausländische Familien in der Bundesrepublik: Die politischen und sozialen Rahmenbedingungen. In: Langenohl-Weyer u. a.: Zur Integration der Ausländer im Bildungsbereich. München 1979.

A. Langenohl-Weyer/R. Wennekes/R. Bendit/A. López-Blasco/Ü. Akpinar/J. Vink: Zur Integration der Ausländer im Bildungsbereich. Probleme und Lösungsversuche. München 1979.

K. Lefringhausen: Gastarbeiter-Dritte Welt in Europa. Laetare Beiträge zur Erwachsenenbildung 7/8, 1970/71.

W. Leiner: Was kostet ein Ausländer im Betrieb? In: Arbeit und Sozialpolitik 6–7/1973.

R. Leudesdorff/H. Zillessen (Hg.): Gastarbeiter = Mitbürger. Gelnhausen 1971.

K. Leven: Krise oder Bewährung? In: Bundesarbeitsblatt 1/1979.

R. Lohrmann/K. Manfrass (Hg.): Ausländerbeschäftigung und internationale Politik. München Wien 1974.

A. López-Blasco: Ausländische Kinder im Kleinkindalter. In: Langenohl-Weyer u. a.: Zur Integration der Ausländer im Bildungsbereich. München 1979.

A. López-Blasco/W. Striening: Berufsausbildung ausländischer Jugendlicher. In: Konrad-Adenauer-Stiftung, Studien zur Kommunalpolitik, Bd. 17, 1979.

W. Lutter/G. Stüwe/J. Vink: Sozialpädagogische und bildungspolitische Maßnahmen für die 2. Ausländergeneration-Bestandsaufnahme und Ausblick. In: Neue Praxis 3/1978.

R. Lux/E. Remmel: Die Rückkehr, die keine ist. Am Beispiel Sizilien: Die neue Fremdheit der Erwachsenen und die Zwickmühle der Jugendlichen. In: Sozialmagazin 12/1978.

G. Mahler: Zweitsprache Deutsch. Donauwörth 1974.

V. McRae: Die Gastarbeiter. Stein, Nürnberg 1972.[2]

U. Mehrländer: Beschäftigung ausländischer Arbeitnehmer in der

Bundesrepublik Deutschland unter spezieller Berücksichtigung von Nordrhein-Westfalen. Opladen 1972.[2]

U. Mehrländer: Einflußfaktoren auf das Bildungsverhalten ausländischer Jugendlicher. Vergleich italienischer und deutscher Auszubildender und Jungarbeiter. Bonn 1978.

U. Mehrländer: Soziale Aspekte der Ausländerbeschäftigung. Bonn-Bad Godesberg 1974.

K. Meisel: Nachträglicher Hauptschulabschluß für ausländische Jugendliche. In: Deutsch lernen 1/1979.

K. Meisel: Volkshochschularbeit mit ausländischen Arbeitern – ein Problemaufriß. In: Deutscher Volkshochschulverband, Pädagogische Arbeitsstelle, Informationsdienst Bildungsarbeit mit ausl. Arbeitern 1/79.

G. Mertens/Ü. Akpinar: Türkische Migrantenfamilien. Familienstrukturen in der Türkei und in der Bundesrepublik. AGG-Materialien, Sonderheft 2, Bonn 1977.

J. Meyer-Ingwersen/R. Neumann/M. Kummer: Zur Sprachentwicklung türkischer Schüler in der Bundesrepublik. Kronberg/Ts. 1977.

J. Micksch: Gastarbeiter werden Bürger. Frankfurt/M 1978.

Ministerium für Arbeit, Gesundheit und Soziales des Landes Nordrhein-Westfalen (Hg.): Situation der Familien ausländischer Arbeitnehmer in Nordrhein-Westfalen am Beispiel Duisburgs. Gesamtbericht der Untersuchung u. Maßnahmenkatalog. Düsseldorf 1976.

Ministerium für Arbeit, Gesundheit und Sozialordnung Baden-Württemberg (Hg.): Ergebnisse der Ausländerbefragung 1978 in Baden-Württemberg. Stuttgart 1979.

H. Müller (Hg.): Ausländerkinder in deutschen Schulen. Stuttgart 1974.

H. Müller: Hausaufgabenhilfe für ausländische Kinder. In: Konrad-Adenauer-Stiftung, Studien zur Kommunalpolitik, Bd. 17, 1979.

Münchner Ausländerbeirat und Regionaler Koordinierungskreis München: Dokumentation zur Situation arbeitsloser jugendlicher Ausländer in München. München 1976.

W. Nacken/W. Wüstendörfer: Berufliche Aus- und Fortbildung ausländischer Arbeitnehmer. In: Konrad-Adenauer-Stiftung, Studien zur Kommunalpolitik, Bd. 13, 1976.

H. Narman: Türkische Arbeiter in Münster. Ein Beitrag zum Problem der temporären Akkulturation. Münster 1978.

H. Neubeck-Fischer: Gastarbeiter – eine neue gesellschaftliche Minderheit. Dissertation. München 1972.

U. Neumann: Erziehung ausländischer Kinder. Erziehungsziele und Bildungsvorstellungen in türkischen Arbeiterfamilien. Düsseldorf 1980.

P. Nikitopoulos: Griechenland: Sozialstruktur in der Übergangsphase, in: Deutsch lernen 1/1978.

M. Nikolinakos: Politische Ökonomie der Gastarbeiterfrage. Reinbek 1973.

Ch. Pape: Hauptschulabschluß für Ausländer – nicht finanzierbar? In: Deutscher Volkshochschulverband, Pädagogische Arbeitsstelle: Informationsdienst Bildungsarbeit mit ausländischen Arbeitern 1/1979.

D. Peters: Ausländische Arbeiter in der Bundesrepublik. Evangelische Studentengemeinde (Hg.) Stuttgart 1971.

H.-J. Plewig: Zur Kriminalität junger Ausländer. In: Neue Praxis 1/1979.

K. Pölzl: Überlegungen zum Sozialdienst des Deutschen Caritasverbandes für die ausländischen Arbeitnehmer in der Bundesrepublik Deutschland. In: Deutscher Caritasverband. Unser Standpunkt 6/1975.

Projektgruppe „Rückkehrförderung" des Bundesministers für wirtschaftliche Zusammenarbeit und des Bundesministers für Arbeit und Sozialordnung: Überlegungen und Vorschläge zur Förderung der Rückwanderung ausländischer Arbeitnehmer und Fachkräfte. Unveröff. Man. Bonn 1977.

H. H. Reich: Deutschlehrer für Gastarbeiterkinder: Eine Übersicht über Ausbildungsmöglichkeiten in der Bundesrepublik. In: Deutsch lernen 3/1979.

H. u. H. Reimann (Hg.): Gastarbeiter. München 1976.

E. Renner: Erziehungs- und Sozialisationsbedingungen türkischer Kinder: Vergleich zwischen Deutschland und der Türkei. Rheinstetten 1975.

H. Rittstieg: Gesellschaftliche und politische Perspektiven des Ausländerrechts. In: T. Ansay/V. Gessner: Gastarbeiter in Gesellschaft und Recht. München 1974.

Ronneberger F. (Hg.): Türkische Kinder in Deutschland. Nürnberg 1977.

G. Runggaldier: Der erschwindelte Erfolg – oder muttersprachliche Klassen in Bayern. In: Informationsdienst zur Ausländerarbeit 4/1979.

A. Schildmeier: Freizeitmöglichkeiten ausländischer Arbeitnehmer. Schriftenreihe des BMJFG, Bd. 114, 1978.

A. Schildmeier: Integration und Wohnen, GEWOS, Hamburg 1975.

H. P. Schmidtke: Förderung verhaltensauffälliger Ausländerkinder. Düsseldorf 1978.

H. P. Schmidtke/M. Hohmann: Ausländische Kinder in vorschulischen Institutionen. In: R. Dollase (Hg.): Handbuch der Früh- und Vorschulpädagogik. Bd. 1, Düsseldorf 1978.

E. Schöfer: Die psychische Belastung ist das Kernproblem. In: Auslandskurier 5/1970.

A. Schrader/B. Nikles/H. Griese: Die zweite Generation. Sozialisation und Akkulturation ausländischer Kinder in der Bundesrepublik. Kronberg 1976.

Sekretariat der Ständigen Konferenz der Kultusminister der Länder in der Bundesrepublik Deutschland (KMK): Der Schulbesuch ausländischer Schüler in der BRD 1965/66 – 1978/79, allgemeinbildende Schulen; Drucksache II B 01. Berufliche Schulen 1970/71–1978/79; Drucksache II B – 993/79. Bonn, d. 10. 8. 1979.

Sprachverband Deutsch für ausländische Arbeitnehmer e. V.: Rahmenvorstellungen für Maßnahmen zur Berufsvorbereitung und sozialen Eingliederung junger Ausländer (MSBE). Stand 21. 9. 1979.

Sprachverband Deutsch für ausländische Arbeitnehmer e. V.: Richtlinien für die Förderung von Sprachkursen „Deutsch für ausländische Arbeitnehmer" v. 28. 11. 1978. Ergänzung zu den Richtlinien v. 6. 12. 1979.

Statistisches Bundesamt (Hg.): Wirtschaft und Statistik, Ausländer im Bundesgebiet, 1979, H. 2/80.

P. Szablewski: Zielgruppe: Ausländische Arbeiter. Zur Organisation von Deutschkursen. In: Deutsch lernen 4/1976.

R. Tippelt: Berufswahl und Bildungsmotivation jugendlicher Ausländer. In: Neue Praxis 1/1979.

United Nations, Department of Economic and Social Affairs: The Determinants and Consequences of Population Trends. New York 1973.

F. Vinck: Freizügigkeit – ein Grundrecht für EG-Arbeitnehmer, in: Auslandskurier 5/1970.

J. Vink. Berufliche Bildung ausländischer Jugendlicher. In: Langenohl-Weyer u. a.: Zur Integration der Ausländer im Bildungsbereich. München 1979.

J. Vink/E. Dederichs: Kommentar zur Empfehlung der Kultusministerkonferenz vom 8. 4. 1976. In: Deutsch lernen 3/1976.

A. Wagner: Wirtschaftswachstum ohne Gastarbeiter? In: F. X. Kaufmann: Bevölkerungsbewegung zwischen Quantität und Qualität. Stuttgart 1975.

K. Wahl: Zur Lage der Kinder und Familien ausländischer Arbeitnehmer in der BRD. In: Materialien zum Zweiten Familienbericht der Bundesregierung. München 1977.

H. D. Walz: Leben im Provisorium zwischen zwei Welten. Zur Situation der Gastarbeiter im Spannungsfeld zwischen Desintegration, Integration und Reintegration. In: Archiv für Wissenschaft und Praxis der sozialen Arbeit 2/1979.

R. Weber: Ausländerbeschäftigung. Die zweite Generation. In: Der Arbeitgeber 18/29, 1977.

R. Weber: Ausländerkinder. Eine vergessene Generation? In: Der Arbeitgeber 9/31, 1979.

R. Weber: Die Beschäftigung ausländischer Arbeitnehmer aus der Sicht der Wirtschaft, in: Bundesarbeitsblatt 4/1970.

G. Weißmann: Kommentar zum Ausländergesetz. Berlin 1966.

Weiterentwicklung der Ausländerpolitik. Beschlüsse der Bundesregierung vom 19. März 1980.

J. Widgren: Migration in Europa: Probleme und Perspektiven. In: Deutsch lernen 4/79.

H. Widmann: Reintegration türkischer Migrantenkinder – Bilanz einer Forschungsreise, in: Bildung und Erziehung 4/1978.

M. Wieduwilt/H. W. Jürgens: Einstellungen der deutschen Bevölkerung und der ausländischen Arbeitnehmer. In: Konrad-Adenauer-Stiftung, Studien zur Kommunalpolitik, Bd. 13, 1976, S. 166f.

H. Wilms: Sprachkenntnisse und ihre Bedeutung für den Aufenthaltsstatus ausländischer Arbeiter in der Bundesrepublik Deutschland. In: Deutsch lernen, 2/1978.

E. Zieris: Wohnsituation ausländischer Arbeitnehmer und Maßnahmen zu ihrer Verbesserung im Urteil der Gemeinden, in: Konrad-Adenauer-Stiftung, Studien zur Kommunalpolitik, Bd. 16, 1977.

3. Ausländergesetz

Vom 28. April 1965

(Auszug)

Sammlung des Bundesrechts, Bundesgesetzbl. III 2600–1. Hebt auf Bundesgesetzbl. III 26–1 und 26–2; betrifft Bundesgesetzbl. III 210–1.

Der Bundestag hat mit Zustimmung des Bundesrates das folgende Gesetz beschlossen:

Erster Abschnitt
Einreise und Aufenthalt

§ 1 Allgemeine Voraussetzungen

(1) Ausländer können nach Maßgabe dieses Gesetzes in den Geltungsbereich dieses Gesetzes einreisen und sich darin aufhalten.

(2) Ausländer ist jeder, der nicht Deutscher im Sinne des Artikels 116 Abs. 1 des Grundgesetzes ist.

§ 2 Aufenthaltserlaubnis

(1) Ausländer, die in den Geltungsbereich dieses Gesetzes einreisen und sich darin aufhalten wollen, bedürfen einer Aufenthaltserlaubnis. Die Aufenthaltserlaubnis darf erteilt werden, wenn die Anwesenheit des Ausländers Belange der Bundesrepublik Deutschland nicht beeinträchtigt.

(2) Keiner Aufenthaltserlaubnis bedürfen Ausländer, die
1. das 16. Lebensjahr noch nicht vollendet haben,
2. die Rechtsstellung nach dem Gesetz über die Rechtsstellung heimatloser Ausländer im Bundesgebiet vom 25. April 1951 (Bundesgesetzbl. I S. 269) besitzen oder
3. nach zwischenstaatlichen Vereinbarungen hiervon befreit sind.

(3) Der Bundesminister des Innern kann zur Erleichterung des Aufenthalts von Ausländern durch Rechtsverordnung bestimmen, daß auch andere Ausländer keiner Aufenthaltserlaubnis bedürfen.

(4) Der Bundesminister des Innern kann durch Rechtsverordnung bestimmen, daß Ausländer, die keiner Aufenthaltserlaubnis bedürfen, ihren Aufenthalt anzuzeigen haben.

§ 3 Ausweispflicht

(1) Ausländer, die in den Geltungsbereich dieses Gesetzes einreisen, sich darin aufhalten oder aus ihm ausreisen wollen, müssen sich durch einen Paß ausweisen. Der Bundesminister des Innern kann in besonderen Einzelfällen Ausnahmen zulassen. Bestehen Zweifel über die Person oder die Staatsangehörigkeit des Ausländers, so können erkennungsdienstliche Maßnahmen auch gegen den Willen des Ausländers durchgeführt werden.

(2) Der Bundesminister des Innern kann durch Rechtsverordnung

1. Ausländer, deren Rückübernahme gesichert ist, vom Paßzwang befreien,
2. andere amtliche Ausweise als Paßersatz einführen oder zulassen.

§ 4 Fremdenpaß

(1) Ausländern, die sich nicht durch einen Paß oder Paßersatz ausweisen können, kann ein Fremdenpaß ausgestellt werden.

(2) Der Fremdenpaß kann dem Inhaber entzogen werden, wenn die Voraussetzungen, die zu der Ausstellung geführt haben, weggefallen sind.

§ 5 Aufenthaltserlaubnis

(1) Die Aufenthaltserlaubnis (§ 2 Abs. 1) kann vor der Einreise oder nach der Einreise erteilt werden.

(2) Der Bundesminister des Innern bestimmt, wenn die Belange der Bundesrepublik Deutschland es erfordern, durch Rechtsverordnung, daß die Aufenthaltserlaubnis vor der Einreise oder vor der Einreise in der Form des Sichtvermerks eingeholt werden muß.

(3) Ein Durchreisesichtvermerk kann, auch wenn die Voraussetzungen für einen Aufenthalt nicht vorliegen, erteilt werden, sofern die

fristgerechte Ausreise gesichert ist und die Durchreise Belange der Bundesrepublik Deutschland nicht beeinträchtigt.

(4) Eine Aufenthaltserlaubnis kann vor der Einreise für ungültig erklärt werden.

§ 6 Politische Betätigung

(1) Ausländer genießen alle Grundrechte, soweit sie nicht nach dem Grundgesetz für die Bundesrepublik Deutschland Deutschen vorbehalten sind.

(2) Die politische Betätigung von Ausländern kann eingeschränkt oder untersagt werden, wenn die Abwehr von Störungen der öffentlichen Sicherheit oder Ordnung oder von Beeinträchtigungen der politischen Willensbildung in der Bundesrepublik Deutschland oder sonstige erhebliche Belange der Bundesrepublik Deutschland es erfordern.

(3) Die politische Betätigung von Ausländern ist unerlaubt, wenn sie

1. mit dem Völkerrecht nicht vereinbar ist,
2. die freiheitliche demokratische Grundordnung der Bundesrepublik Deutschland gefährdet oder
3. bestimmt ist, Parteien, andere Vereinigungen, Einrichtungen oder Bestrebungen außerhalb des Geltungsbereichs dieses Gesetzes zu fördern, die mit Verfassungsgrundsätzen der freiheitlichen demokratischen Grundordnung nicht vereinbar sind.

§ 7 Geltungsbereich und Geltungsdauer

(1) Die Aufenthaltserlaubnis gilt für den Geltungsbereich dieses Gesetzes. Sie kann räumlich beschränkt werden.

(2) Die Aufenthaltserlaubnis wird befristet oder unbefristet erteilt. Eine befristete Aufenthaltserlaubnis kann verlängert werden.

(3) Die Aufenthaltserlaubnis kann mit Bedingungen und Auflagen versehen werden.

(4) Die Aufenthaltserlaubnis kann nachträglich räumlich und zeitlich beschränkt sowie mit Bedingungen und Auflagen versehen werden.

(5) Der Aufenthalt eines Ausländers, der keiner Aufenthaltserlaubnis bedarf (§ 2 Abs. 2 und 3, § 49 Abs. 2), kann nach den Absätzen 1, 3 und 4 beschränkt werden. § 12 des Gesetzes über die Rechtsstellung heimatloser Ausländer im Bundesgebiet bleibt unberührt.

§ 8 Aufenthaltsberechtigung

(1) Ausländern, die sich seit mindestens fünf Jahren rechtmäßig im Geltungsbereich dieses Gesetzes aufhalten und sich in das wirtschaftliche und soziale Leben in der Bundesrepublik Deutschland eingefügt haben, kann die Erlaubnis zum Aufenthalt als Aufenthaltsberechtigung erteilt werden.

(2) Die Aufenthaltsberechtigung ist räumlich und zeitlich unbeschränkt und kann nicht mit Bedingungen versehen werden. Auflagen sind zulässig; sie können auch nachträglich auferlegt werden.

§ 9 Beendigung der Aufenthaltserlaubnis, der Aufenthaltsberechtigung und der Befreiung

(1) Die Aufenthaltserlaubnis (§ 5) und die Aufenthaltsberechtigung (§ 8) erlöschen, wenn der Ausländer

1. keinen gültigen Paß oder Paßersatz mehr besitzt,
2. seine Staatsangehörigkeit wechselt oder verliert,
3. das Bundesgebiet aus einen seiner Natur nach nicht vorübergehenden Grunde verläßt oder
4. ausgewiesen wird (§ 10).

Nummer 2 ist auf Asylberechtigte (§ 28) mit der Maßgabe anzuwenden, daß an die Stelle der Staatsangehörigkeit die Anerkennung als Asylberechtigter tritt.

(2) Die Befreiung (§ 2 Abs. 2 und 3) entfällt, wenn der Ausländer ausgewiesen (§ 10) oder abgeschoben (§ 13) wird. Diese Wirkung der Ausweisung und der Abschiebung kann befristet werden. Die Frist kann durch die Behörde, die den Ausländer ausgewiesen oder abgeschoben hat, nachträglich verlängert oder verkürzt werden.

§ 10 Ausweisung

(1) Ein Ausländer kann ausgewiesen werden, wenn

1. er die freiheitliche demokratische Grundordnung oder die Sicherheit der Bundesrepublik Deutschland gefährdet,
2. er wegen eines Verbrechens oder Vergehens oder wegen einer Tat verurteilt worden ist, die im Geltungsbereich dieses Gesetzes ein Verbrechen oder Vergehen wäre,

3. gegen ihn eine mit Freiheitsentziehung verbundene Maßregel der Sicherung und Besserung, die Unterbringung in einer Arbeitseinrichtung oder Heil- oder Pflegeanstalt angeordnet oder Fürsorgeerziehung in einem Heim durchgeführt wird,
4. er gegen eine Vorschrift des Steuerrechts einschließlich des Zollrechts und des Monopolrechts oder des Außenwirtschaftsrechts oder gegen Einfuhr-, Ausfuhr-, Durchfuhr- oder Verbringungsverbote oder -beschränkungen verstößt,
5. er gegen eine Vorschrift über die Ausübung eines Berufs oder Gewerbes oder einer unselbständigen Erwerbstätigkeit verstößt,
6. er gegen eine Vorschrift des Aufenthaltsrechts verstoßt,
7. er gegenüber einer amtlichen Stelle zum Zwecke der Täuschung unrichtige Angaben über seine Person, seine Gesundheit, seine Familie, seine Staatsangehörigkeit, seinen Beruf oder seine wirtschaftlichen Verhältnisse macht oder die Angaben verweigert,
8. er bettelt, der Erwerbsunzucht nachgeht oder als Landstreicher oder Landfahrer umherzieht,
9. er die öffentliche Gesundheit oder Sittlichkeit gefährdet,
10. er den Lebensunterhalt für sich und seine unterhaltsberechtigten Angehörigen nicht ohne Inanspruchnahme der Sozialhilfe bestreiten kann oder bestreitet oder
11. seine Anwesenheit erhebliche Belange der Bundesrepublik Deutschland aus anderen Gründen beeinträchtigt.

(2) In den Fällen des Absatzes 1 Nrn. 4 und 9 dürfen den mit der Ausführung dieses Gesetzes betrauten Behörden die erforderlichen Auskünfte erteilt werden.

§ 11 Einschränkungen der Ausweisung

(1) Ausländer, die eine Aufenthaltsberechtigung besitzen, können nur ausgewiesen werden, wenn die Voraussetzungen des § 10 Abs. 1 Nr. 1 oder 2 vorliegen oder die übrigen in § 10 Abs. 1 aufgeführten Gründe besonders schwer wiegen.

(2) Ausländer, die als politisch Verfolgte Asylrecht genießen, heimatlose Ausländer und ausländische Flüchtlinge können, wenn sie sich rechtmäßig im Geltungsbereich dieses Gesetzes aufhalten, nur aus schwerwiegenden Gründen der öffentlichen Sicherheit oder Ordnung ausgewiesen werden.

§ 12 Pflicht zur Ausreise

(1) Ein Ausländer, der weder eine Aufenthaltserlaubnis (§ 5) oder eine Aufenthaltsberechtigung (§ 8) besitzt noch von dem Erfordernis der Aufenthaltserlaubnis befreit ist (§ 2 Abs. 2 bis 4, § 49 Abs. 2), hat den Geltungsbereich dieses Gesetzes unverzüglich zu verlassen. Das gleiche gilt für einen Ausländer, der ausgewiesen worden ist (§ 10).

(2) Wird die Aufenthaltserlaubnis oder die Befreiung auf bestimmte Teile des Geltungsbereichs dieses Gesetzes beschränkt, so hat der Ausländer das Gebiet, für das die Erlaubnis oder die Befreiung nicht gilt, unverzüglich zu verlassen.

§ 13 Abschiebung

(1) Ein Ausländer, der den Geltungsbereich dieses Gesetzes zu verlassen hat, ist abzuschieben, wenn seine freiwillige Ausreise nicht gesichert oder aus Gründen der öffentlichen Sicherheit oder Ordnung eine Überwachung der Ausreise erforderlich erscheint.

(2) Die Abschiebung soll schriftlich angedroht werden. Hierbei soll eine Frist bestimmt werden, innerhalb der der Ausländer auszureisen hat. Wird ein Ausländer ausgewiesen, so soll die Androhung mit der Ausweisung verbunden werden. Von der Androhung und der Fristsetzung kann nur abgesehen werden, wenn dies durch besondere Gründe gerechtfertigt ist.

§ 14 Einschränkungen der Abschiebung

(1) Ein Ausländer darf nicht in einen Staat abgeschoben werden, in dem sein Leben oder seine Freiheit wegen seiner Rasse, Religion, Staatsangehörigkeit, seiner Zugehörigkeit zu einer bestimmten sozialen Gruppe oder wegen seiner politischen Überzeugung bedroht ist. Dies gilt nicht für einen Ausländer, der aus schwerwiegenden Gründen als eine Gefahr für die Sicherheit anzusehen ist, oder der eine Gefahr für die Allgemeinheit bedeutet, weil er wegen eines besonders schweren Verbrechens rechtskräftig verurteilt wurde (Artikel 33 Abs. 2 des Abkommens über die Rechtsstellung der Flüchtlinge vom 28. Juli 1951, Bundesgesetzbl. 1953 II S. 559).

(2) Bei diesen Ausländern kann nicht davon abgesehen werden, die

Abschiebung anzudrohen und eine angemessene Frist zu setzen. Ist die Abschiebung eines Ausländers in bestimmte Staaten nicht zulässig, so sind diese Staaten in der Androhung der Abschiebung zu bezeichnen.

§ 15 Ausschluß der Erteilung einer Aufenthaltserlaubnis

(1) Einem Ausländer, der ausgewiesen oder abgeschoben worden ist, darf keine Aufenthaltserlaubnis erteilt werden. Diese Wirkung der Ausweisung und der Abschiebung kann befristet werden. Die Frist kann durch die Behörde, die den Ausländer ausgewiesen oder abgeschoben hat, nachträglich verlängert oder verkürzt werden.

(2) Einem Ausländer, der ausgewiesen oder abgeschoben worden ist, kann ausnahmsweise erlaubt werden, das Gebiet des Geltungsbereichs dieses Gesetzes kurzfristig zu betreten, wenn zwingende Gründe seine Anwesenheit erfordern oder die Versagung der Erlaubnis eine unbillige Härte bedeuten würde. Reiseweg und Aufenthaltsort sind vorzuschreiben.

(3) Einem Ausländer, der ausgewiesen oder dessen Abschiebung angeordnet worden ist, und der die Anerkennung als Asylberechtigter beantragt hat (§ 28), kann für die Dauer des Anerkennungsverfahrens eine auf den Bezirk der Ausländerbehörde beschränkte Aufenthaltserlaubnis erteilt werden, wenn die Anwesenheit des Ausländers im Sammellager für Ausländer nach der Entscheidung des Leiters des Bundesamtes für die Anerkennung ausländischer Flüchtlinge nicht erforderlich ist.

§ 16 Abschiebungshaft

(1) Ein Ausländer ist zur Vorbereitung der Ausweisung in Haft zu nehmen, wenn über die Ausweisung nicht sofort entschieden werden kann und die Abschiebung ohne die Inhaftnahme wesentlich erschwert oder vereitelt würde. Die Dauer der Haft soll sechs Wochen nicht überschreiten.

(2) Ein Ausländer ist in Abschiebungshaft zu nehmen, wenn die Haft zur Sicherung der Abschiebung erforderlich ist. Die Abschiebungshaft kann bis zu sechs Monaten angeordnet und bis zur Gesamtdauer von einem Jahr verlängert werden.

§ 17 Duldung

(1) Die Abschiebung eines Ausländers kann zeitweise ausgesetzt werden (Duldung). Die Vorschriften des § 7 Abs. 1, 3 und 4 finden entsprechende Anwendung. Die Duldung ist zu widerrufen, wenn die Gründe, die der Abschiebung entgegenstehen, entfallen.

(2) Der Bundesminister des Innern oder die von ihm durch Rechtsverordnung bestimmte Bundesoberbehörde kann Ausländer, die geduldet werden, nach Anhören der Länder und auf Grund des vom Bundesrat festgestellten Schlüssels für die Verteilung von ausländischen Flüchtlingen auf die Länder verteilen.

§ 18 Zurückweisung und Zurückschiebung

(1) Ein Ausländer, der ausgewiesen oder abgeschoben worden ist, ist zurückzuweisen, wenn er innerhalb der Frist des § 9 Abs. 2 und des § 15 Abs. 1 einreist. Ein Ausländer, bei dem die Voraussetzungen für eine Ausweisung vorliegen (§ 10), kann bei der Einreise zurückgewiesen werden.

(2) Ein Ausländer, der unerlaubt eingereist ist, kann innerhalb von sieben Tagen nach dem Grenzübertritt zurückgeschoben werden.

(3) § 14 Abs. 1 und § 16 finden auf die Zurückweisung und Zurückschiebung entsprechende Anwendung.

(4) Wird ein Ausländer, der mit einem Luft-, See- oder Landfahrzeug einreisen will, zurückgewiesen, so hat ihn der Beförderungsunternehmer unverzüglich außer Landes zu bringen.

§ 19 Ausreise

(1) Ausländer können frei ausreisen.

(2) Einem Ausländer kann die Ausreise untersagt werden, wenn er

1. die Sicherheit der Bundesrepublik Deutschland gefährdet,
2. sich einer Strafverfolgung oder Strafvollstreckung, der Anordnung oder der Vollstreckung einer mit Freiheitsentziehung verbundenen Maßregel der Sicherung und Besserung oder der Ahndung einer Ordnungswidrigkeit entziehen will,
3. gegen eine Vorschrift des Steuerrechts einschließlich des Zollrechts und des Monopolrechts oder des Außenwirtschaftsrechts oder ge-

gen Einfuhr-, Ausfuhr-, Durchfuhr- oder Verbringungsverbote oder -beschränkungen verstößt,

4. sich einer Unterhaltspflicht entziehen will,
5. sich einer öffentlichen Dienstleistungspflicht entziehen will.

Das Ausreiseverbot ist aufzuheben, sobald die Gründe entfallen.

Zweiter Abschnitt
Verfahren

§ 20 Zuständigkeit

(1) Über die Aufenthaltserlaubnis und die Aufenthaltsberechtigung sowie die Ausstellung von Fremdenpässen und Ausweisen als Paßersatz entscheidet die Ausländerbehörde, in deren Bezirk sich der Ausländer gewöhnlich aufhält. Fehlt ein gewöhnlicher Aufenthalt, so ist die Ausländerbehörde zuständig, in deren Bezirk zuerst die Erteilung oder Verlängerung einer Aufenthaltserlaubnis, eines Fremdenpasses oder eines Ausweises als Paßersatz notwendig wird. Der Bundesminister des Innern kann durch Rechtsverordnung die Ausstellung von Ausweisen als Paßersatz anderen Behörden übertragen.

(2) Über Maßnahmen gegen einen Ausländer entscheidet die Ausländerbehörde, in deren Bezirk sich die Notwendigkeit zum Einschreiben gegen den Ausländer ergibt. Besitzt ein Ausländer eine Aufenthaltserlaubnis oder Aufenthaltsberechtigung, so soll die Ausländerbehörde sich mit der Behörde, in deren Bezirk sich der Ausländer gewöhnlich aufhält, vorher ins Benehmen setzen; entsprechend ist zu verfahren, wenn ein Fremdenpaß oder ein Ausweis als Paßersatz entzogen werden soll. Über die Duldung entscheidet die Ausländerbehörde, die die Abschiebung angeordnet hat.

(3) Ausländerbehörden sind die Behörden der inneren Verwaltung auf der Kreisebene; die Landesregierungen können in besonderen Fällen im Benehmen mit dem Bundesminister des Innern die Behörden kreisangehöriger Gemeinden zu Ausländerbehörden bestimmen.

(4) Im Ausland sind für Paß- und Sichtvermerksangelegenheiten die vom Auswärtigen Amt ermächtigten Auslandsvertretungen zuständig. Die mit der Paßnachschau beauftragten Behörden können Ausnahmesichtvermerke erteilen, soweit sie hierzu ermächtigt sind.

(5) Die Zurückweisung und die Überstellung an der Grenze obliegen den mit der Paßnachschau beauftragten Behörden.

(6) Für die Zurückschiebung sind die mit der Sicherung der Grenzen beauftragten Behörden und die Polizei der Länder zuständig.

(7) Für das Ausreiseverbot sind die Ausländerbehörden und die mit der Paßnachschau beauftragten Behörden zuständig.

§ 21 Antrag auf Aufenthaltserlaubnis

(1) Reist ein Ausländer mit Aufenthaltserlaubnis ein, hat er unverzüglich nach der Einreise der Ausländerbehörde seinen Aufenthalt anzuzeigen; das gleiche gilt, wenn ein Ausländer anzeigepflichtig ist (§ 2 Abs. 4). Reist ein Ausländer, der einer Aufenthaltserlaubnis bedarf, ohne eine solche ein, hat er unverzüglich nach der Einreise die Aufenthaltserlaubnis zu beantragen.

(2) Für den Antrag auf Aufenthaltserlaubnis und für die Aufenthaltsanzeige sind die vom Bundesminister des Innern vorgeschriebenen Formblätter zu verwenden. Der Ausländer hat die für die Entscheidung über die Aufenthaltserlaubnis erforderlichen Auskünfte zu geben und auf Verlangen der Behörde persönlich zu erscheinen.

(3) Beantragt ein Ausländer nach der Einreise die Aufenthaltserlaubnis, so gilt sein Aufenthalt bis zur Entscheidung der Ausländerbehörde vorläufig als erlaubt. Widerspruch und Anfechtungsklage haben keine aufschiebende Wirkung. Das gleiche gilt, wenn der Ausländer die Verlängerung der Aufenthaltserlaubnis beantragt.

§ 22 Übernahmeerklärung

Ausländer können, wenn völkerrechtliche, politische oder menschliche Gründe es erfordern, auf Grund einer Übernahmeerklärung des Bundesministers des Innern oder der von ihm bestimmten Stelle in den Geltungsbereich dieses Gesetzes übernommen werden.

§ 23 Schriftform

(1) Die Verfügung, durch die ein Fremdenpaß oder Paßersatz, eine Aufenthaltserlaubnis oder -berechtigung versagt, räumlich oder zeitlich beschränkt oder mit Bedingungen oder Auflagen versehen wird, sowie die Ausweisung und die Duldung bedürfen der Schriftform. Das

gleiche gilt, wenn der Aufenthalt eines Ausländers, der keiner Aufenthaltserlaubnis bedarf, nach § 7 Abs. 5 beschränkt wird.

(2) Die Versagung einer Aufenthaltserlaubnis vor der Einreise bedarf keiner Begründung und Rechtsbehelfsbelehrung.

§ 24 Kosten

(1) Der Bundesminister des Innern kann durch Rechtsverordnung Gebühren für die Erteilung oder Verlängerung von Fremdenpässen und Paßersatzpapieren sowie der Aufenthaltserlaubnis und der Aufenthaltsberechtigung festsetzen und die Erstattung von Auslagen regeln.

(2) Die Kosten, die durch die Abschiebung, Zurückschiebung oder Zurückweisung entstehen, hat der Ausländer zu tragen. Im Falle des § 18 Abs. 4 haftet auch der Beförderungsunternehmer für die Kosten der Zurückweisung.

§ 25 Weisungsbefugnis

(1) Die Bundesregierung kann Einzelweisungen zur Ausführung dieses Gesetzes und der hierzu erlassenen Rechtsverordnungen erteilen, wenn

1. die innere oder äußere Sicherheit oder sonstige erhebliche Belange der Bundesrepublik Deutschland es erfordern,
2. es für Vergeltungsmaßnahmen erforderlich ist,
3. durch Maßnahmen von Ausländerbehörden eines Landes erhebliche Belange eines anderen Landes beeinträchtigt werden oder
4. eine Ausländerbehörde eine der in § 26 Abs. 1 Nrn. 1 bis 4 bezeichneten Entscheidungen treffen will.

(2) Die Durchführung von Einzelweisungen im Land Berlin bedarf der Zustimmung des Senats von Berlin.

§ 26 Mitwirkungserfordernis

(1) Entscheidungen der Ausländerbehörden, durch die

1. ausländischen Flüchtlingen oder Staatenlosen über die in ihrem Reiseausweis eingetragene Berechtigung zur Rückkehr in einen anderen Staat hinaus eine Aufenthaltserlaubnis erteilt wird,
2. eine Aufenthaltserlaubnis unter Ausschluß des eigenen Zuständigkeitsbereichs erteilt wird,

3. Ausländer nach § 14 Abs. 1 Satz 2 abgeschoben werden sollen oder
4. ein in § 49 Abs. 2 genannter Ausländer ausgewiesen wird,

ergehen im Benehmen mit dem Bundesminister des Innern oder der von ihm bestimmten Stelle.

(2) Der Bundesminister des Innern kann, um die Mitwirkung anderer beteiligter Behörden zu sichern, durch Rechtsverordnung bestimmen, in welchen Fällen

1. die Erteilung eines Sichtvermerks der Zustimmung der Ausländerbehörde oder
2. die Verlängerung der Aufenthaltserlaubnis, die als Sichtvermerk erteilt worden ist, des Benehmens mit dem Bundesminister des Innern oder der von ihm bestimmten Stelle bedarf.

4. Weiterentwicklung der Ausländerpolitik Beschlüsse der Bundesregierung vom 19. März 1980 (Auszug)

III. Beschlüsse

1. Das Kabinett billigt die Orientierungslinien für die Weiterentwicklung der Ausländerpolitik. Es erwartet verstärkte Bemühungen vor allem auch der Länder und Gemeinden zugunsten verbesserter Ausländerintegration.
2. Der Bundesminister für Bildung und Wissenschaft wird beauftragt,
   a) im Rahmen von Artikel 91 b Grundgesetz bei den Ländern darauf hinzuwirken, daß entsprechend der besonderen Bedeutung der Bildung für die Integration die Chancen der ausländischen Kinder, Jugendlichen und Erwachsenen im vorschulischen, schulischen und berufsbildenden Bereich sowie im Weiterbildungsbereich verbessert werden,
   b) die Entwicklung und Erprobung von Maßnahmen im vorschulischen, schulischen, berufsbildenden und Weiterbildungsbereich durch Förderung von Modellvorhaben gemäß Artikel 91 b Grundgesetz zu unterstützen.
3. Der Bundesminister für Arbeit und Sozialordnung wird beauftragt,
   a) die Maßnahmen zur Berufsvorbereitung und sozialen Eingliederung junger Ausländer im Zusammenwirken mit der Bundesanstalt für Arbeit und den Ländern stufenweise zu einem bedarfsorientierten Angebot für ausländische Jugendliche auszubauen, wobei bereits für das Kursjahr 1980/81 von ca. 15000 Plätzen auszugehen ist,
   b) bei den Ländern darauf hinzuwirken, daß sich diese – spätestens ab Haushaltsjahr 1981 – in gleichem Umfang wie der Bund an den zusätzlichen Kosten beteiligen.
4. Der Bundesminister für Arbeit und Sozialordnung wird beauftragt, das Angebot an Intensivsprachkursen insbesondere für spät

in das Bundesgebiet eingereiste ausländische Jugendliche auszubauen und mit den Ländern mit dem Ziele einer angemessenen finanziellen Länderbeteiligung ab 1981 zu verhandeln.

5. Die Bundesanstalt für Arbeit wird gebeten, die Berufsberatung für junge Ausländer zu intensivieren.
6. Der Bundesminister für Bildung und Wissenschaft wird beauftragt, für solche ausländische Jugendliche, denen trotz Förderung durch berufsvorbereitende Maßnahmen und Intensivierung der Berufsberatung kein Ausbildungsplatz vermittelt werden kann, durch einen weiteren Ausbau des Benachteiligtenprogramms zusätzliche Förderangebote in überbetrieblichen Ausbildungseinrichtungen im Rahmen eines Ausbildungsvertrages in anerkannten Ausbildungsberufen zu schaffen.
7. Der Bundesminister für Arbeit und Sozialordnung wird beauftragt, die Arbeitserlaubnisverordnung so zu ändern, daß jugendliche Ausländer, die ihren Eltern in das Bundesgebiet nachgereist sind und
   - einen deutschen Hauptschulabschluß oder höheren Schulabschluß erworben oder eine Berufsausbildung abgeschlossen haben oder
   - an einer berufsorientierenden Vollzeitmaßnahme mit einer Regeldauer von einem Jahr regelmäßig teilgenommen haben oder
   - ein Ausbildungsverhältnis eingehen,

   einen Rechtsanspruch auf Erteilung der Arbeitserlaubnis erhalten.
8. Der Bundesminister für Bildung und Wissenschaft wird beauftragt, die Verordnung über die berufliche Fortbildung der in der Sozialberatung für ausländische Arbeitnehmer und ihrer Familien tätigen Mitarbeiter baldmöglichst zu erlassen.
9. Die Bundesminister für Bildung und Wissenschaft und für Jugend, Familie und Gesundheit werden beauftragt, bei den Ländern darauf hinzuwirken, daß an den Fachhochschulen und Hochschulen in der Ausbildung der Sozialarbeiter, Sozialpädagogen und Diplom-Pädagogen Ausbildungsschwerpunkte für die besonderen Probleme der im Bundesgebiet lebenden Ausländer geschaffen werden.
10. Die Bundesminister für Bildung und Wissenschaft und für Jugend, Familie und Gesundheit werden beauftragt, bei den Ländern darauf hinzuwirken, daß ein einheitliches Verfahren für die Anerkennung

und ggf. Gleichstellung einer im Heimatland abgeschlossenen Ausbildung als Sozialarbeiter/Sozialberater geschaffen wird.

11. Der Bundesminister für Arbeit und Sozialordnung wird beauftragt,
    a) die Ausländer-Sozialdienste zu einem vor allem in der Betreuungsdichte ausgewogenen Verhältnis bei allen Nationalitäten durch Einstellung von Sozialberatern insbesondere für die Arbeit mit ausländischen Kindern und Jugendlichen auszubauen,
    b) darauf hinzuwirken, daß sich die Länder spätestens ab dem Haushaltsjahr 1981 in gleichem Umfang wie der Bund an den Ausländer-Sozialdiensten finanziell beteiligen.
12. Der Bundesminister für Jugend, Familie und Gesundheit wird beauftragt, bei den Ländern darauf hinzuwirken, daß verstärkt Hilfen zur frühkindlichen Erziehung angeboten werden.
13. Der Bundesminister für Jugend, Familie und Gesundheit wird beauftragt,
    a) bei den Ländern darauf hinzuwirken, daß die Angebote der Jugendhilfe verbessert werden,
    b) im Rahmen von Bundesjugendplanmodellen konkrete Hilfsmöglichkeiten der außerschulischen Jugendarbeit zu entwickeln.
14. Der Bundesminister für Jugend, Familie und Gesundheit wird beauftragt, die Verbände der Jugendsozialarbeit, die Jugendverbände und die Förderungswerke des Deutschen Vereins für öffentliche und private Fürsorge bei der Qualifizierung der Mitarbeiter der Jugendhilfe im Rahmen zentraler Hilfen zu unterstützen.
15. Der Bundesminister für Jugend, Familie und Gesundheit wird beauftragt, über die Erfordernisse einer gezielten Beratung und Betreuung der ausländischen Frauen und Mädchen mit den Ländern zu verhandeln.
16. Der Bundesminister des Innern wird beauftragt, bei den Ländern auf Weisungen an die Ausländerbehörden hinzuwirken, die Ausweisung und Abschiebung von ausländischen Jugendlichen, deren Eltern in der Bundesrepublik leben, grundsätzlich ausschließen.
17. Der Bundesminister des Innern wird beauftragt, die rechtlichen Voraussetzungen für eine erleichterte Einbürgerung zu schaffen. Für die zweite und dritte Ausländergeneration soll unter bestimmten Voraussetzungen ein Anspruch auf Einbürgerung ab dem 18. Lebensjahr eingeräumt werden; hierzu soll vor allem der An-

trag des Landes Nordrhein-Westfalen zur Schaffung eines gesetzlichen Einbürgerungsanspruchs für in der Bundesrepublik aufgewachsene ausländische Jugendliche (Entwurf eines Vierten Gesetzes zur Regelung von Fragen der Staatsangehörigkeit) unterstützt werden.

18. Der Bundesminister für Raumordnung, Bauwesen und Städtebau wird beauftragt, die von ihm bewirtschafteten, im Haushalt des Bundesministers für Arbeit und Sozialordnung bereitgestellten Mittel zur Förderung des Wohnungsbaues für ausländische Arbeitnehmer unter Beteiligung der Länder als Darlehen und Zuschüsse für modellhafte Maßnahmen vor allem im Bereich der Stadterneuerung und Wohnungsmodernisierung zu verwenden, um Anstöße zur Verbesserung der Wohnverhältnisse ausländischer Arbeitnehmer und damit deren soziale Integration besonders in Ballungsgebieten zu geben.
19. Der Bundesminister für wirtschaftliche Zusammenarbeit wird beauftragt, das Programm der entwicklungspolitischen Aktivierung der beruflichen Reintegration wie der Investitionen ausländischer Arbeitnehmer in ihren Herkunftsländern – soweit diese Entwicklungsländer sind – kontinuierlich auszubauen, um die quantitativen und qualitativen Effekte der Schaffung von Arbeitsplätzen und Produktivkraft wirkungsvoll zu steigern. Der entwicklungspolitischen Förderung der freiwilligen Rückkehr von türkischen Arbeitnehmern kommt besondere Bedeutung zu.
20. Die Bundesminister des Innern, für Arbeit und Sozialordnung und für Bildung und Wissenschaft werden beauftragt, ihre Öffentlichkeitsarbeit zur Aufklärung der deutschen Bevölkerung über Probleme und Notwendigkeiten der Integration der Ausländer zu intensivieren.
21. Das Auswärtige Amt wird beauftragt, die sich aus diesen Beschlüssen ergebenden außenpolitischen Aspekte im Einvernehmen mit den fachlich zuständigen Ressorts, in schulpolitischen Fragen auch im Einvernehmen mit den Bundesländern, gegenüber den Herkunftsländern der ausländischen Arbeitnehmer zu erläutern.

5. Die neuen Bestimmungen über die Aufenthalts- und Arbeitserlaubnis

Vom 1. 10. 1978 (Information des Bundesministeriums für Arbeit und Sozialordnung für ausländische Arbeitnehmer und ihre Familien).

I. Die Aufenthaltserlaubnis

Das Ausländergesetz

Die Bestimmungen, die die Einreise und den Aufenthalt von Ausländern in der Bundesrepublik Deutschland regeln, sind im Ausländergesetz von 1965 enthalten. Es bildet die Grundlage für eine liberale und weltoffene Ausländerpolitik, die die Beziehungen der Bundesrepublik Deutschland zu anderen Ländern und die Kontakte zwischen den Menschen fördert. Bei einer Entscheidung über den Aufenthalt eines Ausländers müssen jedoch die Belange der Bundesrepublik Deutschland gewahrt bleiben.

Seit seinem Inkrafttreten ist die Zahl der in der Bundesrepublik Deutschland lebenden Ausländer bis 1974 ständig gestiegen und erreichte die 4-Millionen-Grenze. Trotz der schwierigen Wirtschaftslage ist die ausländische Wohnbevölkerung in den letzten vier Jahren kaum zurückgegangen. Außerdem kommen jährlich viele Millionen Ausländer als Touristen oder Geschäftsleute in die Bundesrepublik auf Besuch. Die Bundesrepublik Deutschland ist also ein offenes Land und will es auch in Zukunft bleiben. Diesem Ziel tut auch die Tatsache keinen Abbruch, daß heute die jahrelang erfolgte Anwerbung ausländischer Arbeitnehmer mit Rücksicht auf die Arbeitsmarktlage nicht mehr möglich ist.

Die Bestimmungen zur Durchführung des Ausländergesetzes

Gesetze brauchen immer eine Ergänzung durch Bestimmungen, die ihre praktische Durchführung im Alltag, d.h. ihre Anwendung auf die Einzelfälle regeln. Das ist notwendig, damit sowohl die Beamten, die das Gesetz anzuwenden haben, als auch die betroffenen Bürger, die sich nach dem Gesetz orientieren müssen, genau wissen, wie die Rechtssituation in den Einzelfällen ist.

So gibt es auch zum Ausländergesetz Durchführungsbestimmungen und zwar die „Allgemeine Verwaltungsvorschrift zur Ausführung des Ausländergesetzes". Während das Ausländergesetz selbst nicht geändert wurde, wurden die Durchführungsbestimmungen mit Wirkung vom 1. Oktober 1978 in wichtigen Punkten neu gefaßt. Diese Änderungen haben neue Erleichterungen und Vorteile für die in Deutschland lebenden ausländischen Arbeitnehmer und ihre Familienangehörigen gebracht.

Die Einreisebestimmungen

Die Einreisebestimmungen sind unverändert geblieben. Nach dem Ausländergesetz ist für die Einreise eines Ausländers grundsätzlich eine Aufenthaltserlaubnis erforderlich. Da jedoch die Bundesrepublik Deutschland ein möglichst offenes Land sein will, gibt es eine Reihe von Ausnahmen. Man kann sagen, daß die Ausnahmen umfassender sind als die Regel. So sind die Staatsangehörigen von ca. 80 Staaten vom Erfordernis der Aufenthaltserlaubnis befreit, wenn sie sich nicht länger als 3 Monate in der Bundesrepublik Deutschland aufhalten und keine Erwerbstätigkeit ausüben.

Ausländer, die in die Bundesrepublik Deutschland zur Arbeitsaufnahme einreisen wollen, brauchen in jedem Fall eine Aufenthaltserlaubnis in der Form des Sichtvermerks (Visum), die von den zuständigen Auslandsvertretungen der Bundesrepublik, d.h. von den Konsulaten erteilt wird. Das wird allerdings wegen der nach wie vor ungünstigen Beschäftigungslage in der Bundesrepublik Deutschland nur noch in seltenen Fällen gestattet.

Familienangehörige – darunter versteht man nur Ehegatten und Kinder unter 18 Jahren – der ausländischen Arbeitnehmer aus Italien,

Griechenland, Jugoslawien, Portugal, Spanien und der Türkei können ohne Sichtvermerk in die Bundesrepublik Deutschland einreisen.

Sie benötigen eine Aufenthaltserlaubnis nach der Einreise, die dann erteilt wird, wenn der in Deutschland lebende Arbeitnehmer den Nachweis erbringt, daß er eine ausreichende Wohnung und gesicherte wirtschaftliche Verhältnisse hat. Für erwachsene Familienangehörige wird die Aufenthaltserlaubnis mit der Maßgabe erteilt, daß eine Arbeitsaufnahme ausgeschlossen ist. (Neue Regelung ab 1. 4. 1979, der Verf.).

Änderungen ab 1. Oktober 1978:

Die bisherige Regelung sah vor, daß die Aufenthaltserlaubnis für einen in der Bundesrepublik Deutschland berufstätigen Ausländer auf längstens 1 Jahr zu befristen war. Dementsprechend erteilten bisher die Ausländerbehörden die Aufenthaltserlaubnis für ausländische Arbeitnehmer aus Nicht-EG-Ländern und für ihre Familienangehörigen auch nach einem längeren Aufenthalt in der Bundesrepublik Deutschland jeweils nur für 1 Jahr, höchstens für 2 Jahre. Seit dem 1. Oktober 1978 gelten günstigere Bestimmungen, die die rechtliche Lage der ausländischen Arbeitnehmer und ihrer Familienangehörigen stärken.

Unbefristete Aufenthaltserlaubnis nach 5 Jahren

a) Für Arbeitnehmer

Nach einem rechtmäßigen Aufenthalt von 5 Jahren können ausländische Arbeitnehmer jetzt eine unbefristete Aufenthaltserlaubnis beantragen. Diesem Antrag wird von den örtlichen Ausländerbehörden entsprochen, wenn folgende Voraussetzungen erfüllt sind:

- Der ausländische Arbeitnehmer muß im Besitz einer besonderen auf 5 Jahre befristeten Arbeitserlaubnis sein.
- Der Antragsteller muß deutsche Sprachkenntnisse haben, die es ihm ermöglichen, sich auf einfache Art zu verständigen. Es genügt, wenn der Antragsteller in der Lage ist, mit seinen Worten den Wunsch nach Erteilung einer unbefristeten Aufenthaltserlaubnis zum Ausdruck zu bringen. Eine besondere Sprachprüfung ist nicht vorgesehen.

- Der Antragsteller muß nachweisen, daß ausreichender Wohnraum für ihn und für alle Familienmitglieder zur Verfügung steht.
- Es muß sichergestellt werden, daß seine in der Bundesrepublik lebenden Kinder der gesetzlichen Schulpflicht nachkommen.

Falls eine dieser Voraussetzungen nicht erfüllt sein sollte, so bedeutet dies nicht, daß die Verlängerung der Aufenthaltserlaubnis abgelehnt wird. Der Antragsteller erhält nur – wie das bisher schon der Fall war – eine befristete anstelle einer unbefristeten Aufenthaltserlaubnis. Er darf also nach wie vor in der Bundesrepublik Deutschland bleiben.

b) Für Ehegatten und Kinder

Ehegatten und minderjährige Kinder ausländischer Arbeitnehmer können eine unbefristete Aufenthaltserlaubnis auch zu günstigeren Bedingungen als der Arbeitnehmer selbst erhalten, z. B.:
- Falls ein Arbeitnehmer bereits eine unbefristete Aufenthaltserlaubnis besitzt, erhalten der Ehegatte und die minderjährigen Kinder unter 18 Jahren die unbefristete Aufenthaltserlaubnis schon vor Ablauf von 5 Jahren. Sie müssen allerdings ausreichende Kenntnisse der deutschen Sprache haben.
- Für die Erteilung einer unbefristeten Aufenthaltserlaubnis ist hier der Besitz einer Arbeitserlaubnis *nicht mehr* erforderlich.

Aufenthaltsberechtigung nach 8 Jahren:

Nach einem rechtmäßigen Aufenthalt von 8 Jahren kann ein ausländischer Arbeitnehmer für sich und seine Familienangehörigen die „Aufenthaltsberechtigung“ beantragen. Sie gibt einem Ausländer eine besonders gesicherte Rechtsposition.

Dem Antrag wird von den zuständigen Ausländerbehörden entsprochen, wenn bestimmte Voraussetzungen gegeben sind. Der Antragsteller muß nachweisen:
- daß er sich in das wirtschaftliche und soziale Leben der Bundesrepublik Deutschland eingefügt hat und
- daß er ausreichende Deutschkenntnisse besitzt.

Staatsangehörige der EG-Länder

Für die Staatsangehörigen der EG-Länder gelten andere Bestimmungen. Sie haben aufgrund der ihnen innerhalb der Staaten der Gemeinschaft gewährleisteten Freizügigkeit einen Rechtsanspruch auf die Erteilung einer Aufenthaltserlaubnis.

II. Die Arbeitserlaubnis

Vom 1. Oktober 1978 an gelten auch für die Erteilung der Arbeitserlaubnis günstigere Bestimmungen. Die Arbeitserlaubnisverordnung unterscheidet zwischen der ,,Allgemeinen Arbeitserlaubnis" und der ,,Besonderen Arbeitserlaubnis".

Die ,,Allgemeine Arbeitserlaubnis"

Sie wird nur dann erteilt, wenn nach Beurteilung der Lage und Entwicklung des Arbeitsmarktes die Beschäftigung eines Ausländers möglich und erforderlich ist. Dabei sind aber auch die persönlichen und familiären Verhältnisse des Antragstellers zu berücksichtigen. Die ,,Allgemeine Arbeitserlaubnis" wird grundsätzlich nur für eine bestimmte berufliche Tätigkeit in einem bestimmten Betrieb und in der Regel für die Dauer eines Jahres erteilt.

Die ,,Besondere Arbeitserlaubnis"

Diese wird unabhängig von der Lage und Entwicklung auf dem Arbeitsmarkt erteilt. Die zuständige Stelle des Arbeitsamtes braucht nur festzustellen, ob der ausländische Arbeitnehmer, der den Antrag auf Arbeitserlaubnis stellt, eine der folgenden Voraussetzungen erfüllt:

- er hat in den letzten 5 Jahren ohne Unterbrechung rechtmäßig in einem Arbeitsverhältnis im Bundesgebiet gestanden (es muß sich um eine nicht-selbständige Tätigkeit gehandelt haben),
  oder
- der Antragsteller ist mit einem deutschen Staatsangehörigen verheiratet.

Die ,,Besondere Arbeitserlaubnis" kann in Einzelfällen auch ohne Erfüllung dieser Voraussetzungen erteilt werden, wenn durch die Ablehnung wegen der besonderen Verhältnisse des ausländischen Arbeitnehmers unzumutbare soziale Härten auftreten würden. In diesen Fällen empfiehlt es sich, den zuständigen Beamten des Arbeitsamtes die eigene persönliche und familiäre Situation darzulegen. Die „Besondere Arbeitserlaubnis" wird meistens: ohne Einschränkung auf eine bestimmte Tätigkeit oder einen bestimmten Betrieb für die Dauer von 5 Jahren erteilt.

Unbefristete Arbeitserlaubnis

Für ausländische Arbeitnehmer, die sich seit mehr als 8 Jahren ohne Unterbrechung rechtmäßig in der Bundesrepublik aufgehalten haben, wird die Arbeitserlaubnis *ohne zeitliche Befristung* erteilt.

Die „Besondere Arbeitserlaubnis" für Familienangehörige

Ehegatten

Für die Ehegatten der ausländischen Arbeitnehmer wurde die Möglichkeit der Erteilung einer „Besonderen Arbeitserlaubnis" nicht erweitert, sondern eingeschränkt. Sie haben nicht mehr Anspruch auf Erteilung der Arbeitserlaubnis allein deshalb, weil sie sich 5 Jahre ohne Unterbrechung im Bundesgebiet aufgehalten haben. Diese Regelung ist ab 1. Oktober 1978 entfallen. Für einige Herkunftsländer bestehen allerdings Sonderregelungen.

Ein bereits erworbener Rechtsanspruch des Ehegatten eines ausländischen Arbeitnehmers auf Erteilung der Arbeitserlaubnis (durch einen 5-jährigen rechtmäßigen Aufenthalt in der Bundesrepublik) geht durch die Neuregelung allerdings verloren.

Kinder

Die minderjährigen Kinder ausländischer Arbeitnehmer erhalten wie bisher die „Besondere Arbeitserlaubnis", wenn sie mindestens 5 Jahre ohne Unterbrechung rechtmäßig in der Bundesrepublik gewohnt haben. Voraussetzung ist, daß mindestens ein Elternteil seit mehr als 5 Jahren ununterbrochen legal in der Bundesrepublik gearbeitet hat. Dieser Anspruch geht nicht dadurch verloren, daß das Kind vor Ablauf der 5 Jahresfrist großjährig wird. In diesen Fällen ist die „Besondere Arbeitserlaubnis" auch dann zu erteilen, wenn das Kind inzwischen das 18. Lebensjahr vollendet hat.

Dieser Rechtsanspruch besteht auch dann noch, wenn z. B. ein Sohn im Heimatland den Wehrdienst ableistet. Anschließend kann er einen Antrag auf Erteilung einer „Besonderen Arbeitserlaubnis“ stellen.

Staatsangehörige der EG-Länder

Staatsangehörige der Länder der Europäischen Gemeinschaft (EG) benötigen in der Bundesrepublik Deutschland keine Arbeitserlaubnis.

6. Kontaktadressen

Sozialdienste

Arbeiterwohlfahrt

Bundesverband e. V., Gruppe „Ausländerfragen"
5300 Bonn, Ollenhauerstr. 3.

Arbeiterwohlfahrt der Stadt Berlin e. V.
1000 Berlin 61, Hallesches Ufer 32–38.
Arbeiterwohlfahrt Landesverband Schleswig-Holstein
2300 Kiel, Feldstr. 5
Arbeiterwohlfahrt Landesverband Hamburg e. V.
2000 Hamburg 13, Rothenbaumchaussee 44.
Arbeiterwohlfahrt KV Bremen e. V.
2800 Bremen, Auf den Häfen 30–32.
Arbeiterwohlfahrt BV Weser-Ems e. V.
2900 Oldenburg, Haareneschstr. 70.
Arbeiterwohlfahrt BV Hannover e. V.
3000 Hannover, Körtingsdorf 1.
Arbeiterwohlfahrt BV Braunschweig e. V.
3300 Braunschweig, Peterskamp 21.
Arbeiterwohlfahrt BV Östliches Westfalen e. V.
4800 Bielefeld, Oberntorwall 25.
Arbeiterwohlfahrt BV Westliches Westfalen e. V.
4600 Dortmund 1, Kronenstr. 67–69.
Arbeiterwohlfahrt BV Niederrhein
4000 Düsseldorf, Metzer Str. 15.
Arbeiterwohlfahrt BV Mittelrhein e. V.
5000 Köln 1, Venloer Wall 15.
Arbeiterwohlfahrt BV Hessen-Nord e. V.
3500 Kassel, Ruhlstr. 6.
Arbeiterwohlfahrt BV Hessen-Süd e. V.
6000 Frankfurt 1, Münchenerstr. 48.

Arbeiterwohlfahrt BV Rheinland/Hessen-Nassau
5400 Koblenz, Laubach 20–22.
Arbeiterwohlfahrt BV Pfalz e. V.
6730 Neustadt a. d. W., Maximilianstr. 31.
Arbeiterwohlfahrt BV Nordwürttemberg e. V.
7080 Aalen, Bahnhofsplatz 36.
Arbeiterwohlfahrt BV Baden e. V.
7500 Karlsruhe, Redtenbachstr. 9.
Arbeiterwohlfahrt BV Südwürttemberg-Hohenzollern
7200 Tuttlingen, Neuhauserstr. 9.
Arbeiterwohlfahrt LV Bayern e. V.
8000 München 21, von-der-Pfordten-Str. 44.
Arbeiterwohlfahrt LV Saarland e. V.
6600 Saarbrücken 1, Hohenzollernstr. 45.

Deutscher Caritasverband e. V.

Abteilung Eingliederungshilfe, Referat Ausländische Arbeitnehmer
7800 Freiburg, Karlstraße 40.

Diözesan-Caritasverband für das Bistum Aachen e. V.
5100 Aachen, Mozartstr. 11.
Caritasverband für die Diözese Augsburg e. V.
8900 Augsburg, Auf dem Kreuz 41.
Caritasverband für die Erzdiözese Bamberg e. V.
8600 Bamberg, Geyerswörthstr. 2.
Caritasverband für das Bistum Berlin
1000 Berlin 31, Tübingerstr. 5.
Diözesan-Caritasverband Eichstätt e. V.
8078 Eichstätt, Residenzplatz 13.
Caritasverband für das Bistum Essen e. V.
4300 Essen, Porscheplatz 1.
Caritasverband für die Erzdiözese Freiburg e. V.
7800 Freiburg, Hildastr. 65.
Caritasverband für die Diözese Fulda e. V.
6400 Fulda, Wilhelmstraße 2.
Caritasverband für die Diözese Hildesheim e. V.
3200 Hildesheim, Mühlenstr. 24.

Caritasverband für die Stadt Köln e. V.
5000 Köln 1, Große Telegraphenstr. 35.
Caritasverband für die Diözese Limburg e. V.
6250 Limburg, Roßmarkt 12.
Caritasverband für die Diözese Mainz e. V.
6500 Mainz, Holzhofstr. 8.
Katholischer Caritasverband der Erzdiözese München und Freising e. V.
8000 München 2, Adlzreiterstr. 22.
Caritasverband für die Diözese Münster e. V.
4400 Münster, Breul 23.
Caritasverband für die Diözese Osnabrück e. V.
4500 Osnabrück, Goethering 3.
Caritasverband für das Erzbistum Paderborn e. V.
4790 Paderborn, Am Stadelhof 15.
Caritasverband für die Diözese Regensburg e. V.
8400 Regensburg, Von-der Tann-Str. 7.
Caritasverband für Württemberg e. V.
7000 Stuttgart 1, Weißenburgstr. 13.
Caritaswerk Ludwigshafen e. V.
6700 Ludwigshafen, Kaiser-Wilhelm-Str. 41.
Caritasverband für die Diözese Trier e. V.
5500 Trier, Sicherlstr. 10–12.
Caritasverband für die Diözese Würzburg e. V.
8700 Würzburg, Sterngasse 16.

Diakonisches Werk (Ausländerreferate)

Diakonisches Werk der EKD, Hauptgeschäftsstelle, Referat für soziale Fragen der Ausländerbeschäftigung
7000 Stuttgart 1, Stafflenbergstr. 76.

Diakonisches Werk Baden
7500 Karlsruhe, Kriegsstr. 124.
Evangel. Jugendsozialarbeit Bayern e. V.
8000 München 19, Nördliche Auffahrtsallee 14.
Diakonisches Werk Berlin
1000 Berlin 41, Paulsenstr. 55/56.

Diakonisches Werk Bremen
2800 Bremen, Am Dobben 112.
Diakonisches Werk Hamburg
2000 Hamburg 1, Bugenhagenstr. 21.
Diakonisches Werk Hannover
3000 Hannover 1, Ebhardstr. 3A.
Diakonisches Werk Hessen-Nassau
6000 Frankfurt/M. 90, Ederstr. 12.
Diakonisches Werk Kurhessen-Waldeck
3500 Kassel, Wichernweg 3.
Diakonisches Werk Oldenburg
2900 Oldenburg, Gottorpstr. 23.
Diakonisches Werk Pfalz.
6720 Speyer, Gr. Himmelsgasse 6.
Diakonisches Werk Rheinland
4000 Düsseldorf, Lenaustr. 41.
Diakonisches Werk Schleswig-Holstein
2370 Rendsburg, Kanalufer 48.
Diakonisches Werk Westfalen
4400 Münster, Friesenring 34.
Diakonisches Werk Württemberg
7000 Stuttgart 1, Reinsburgstr. 46–50.

Arbeits- und sozialrechtliche Beratung

Deutscher Gewerkschaftsbund

Bundesvorstand, Abt. Ausländische Arbeitnehmer
4000 Düsseldorf, Hans-Böckler-Str. 33.

8900 Augsburg, Schaezlerstr. 13.
1000 Berlin 30, Keithstr. 1–3.
3300 Braunschweig, Wilhelmstr. 5.
3100 Celle, Fuhrbergerstr. 21.
6100 Darmstadt, Rheinstr. 50.
4000 Düsseldorf, Friedrich-Ebert-Str. 34–38.
4100 Duisburg (Rheinhausen), Friedrich-Alfred-Str. 21.
6000 Frankfurt/M., Wilhelm-Leuschner-Str. 69–77.

3400 Göttingen, Obere Masch 10.
2000 Hamburg 1, Repsoldstr. 4.
2100 Hamburg 90, Schloßmühlendamm 8–10.
3250 Hameln-Rinteln, Kastanienwall 52.
4700 Hamm, Nordenwall 5.
3000 Hannover, Stiftstr. 15.
3200 Hildesheim, Bischofskamp 24.
6420 Lauterbach, Steinweg 13.
6500 Mainz, Kaiserstr. 26–30.
6800 Mannheim, Hans-Böckler-Straße.
8000 München 2, Schwanthalerstr. 64.
8000 München 2, Schwanthalerstr. 60.
4040 Neuss, Oberstr. 4.
8500 Nürnberg, Kornmarkt 5–7.
6050 Offenbach, Berliner Straße 79/81.
4500 Osnabrück, Neuer Graben 39.
6600 Saarbrücken 2, Sophienstr. 5.
5650 Solingen, Kölner Straße 45.
7000 Stuttgart 1, Kanzleistr. 20.
7000 Stuttgart 1, Charlottenstr. 25.
6200 Wiesbaden, Bismarckring 27.

Katholische Arbeitnehmerbewegung

5100 Aachen, Mozartstr. 11.
1000 Berlin, Schwatlostr. 19.
1000 Berlin, Witzlebenstr. 30.
5000 Köln, Bernhard-Letterhaus-Str. 26.
6250 Limburg, Roßmarkt 12.
4130 Moers, Haagstr. 28.
4040 Neuß, Gielenstr. 43.
5450 Neuwied 1, Bahnhofstr. 38.
4790 Paderborn, Riemekestr. 11.
6090 Rüsselsheim-Horlach, Im Langsee 12.
5963 Wenden, Hauptstr. 44.

Beratungsstellen für Berufsförderung

Internationaler Bund für Sozialarbeit – Jugendsozialwerk e. V.

Abt. I, Berufliche Bildung
6000 Frankfurt/M., Münchener Str. 38.
2000 Hamburg 4, Seilerstr. 43.
3000 Hannover, Wiesenstr. 58
1000 Berlin 12, Schlüterstr. 39.
1000 Berlin 30, Nollendorfplatz 11–12.
8000 München 1, Landwehrstr. 73–75.
8500 Nürnberg, Gostenhofer Hauptstr. 37.
7000 Stuttgart 1, Heusteigstr. 92.
7500 Karlsruhe, Stephaniestr. 36.
6800 Mannheim, Neckarauerstr. 106.
6000 Frankfurt/M., Münchener Str. 41.
6200 Wiesbaden, Blücherstr. 12.
6000 Frankfurt-Griesheim, An der Zingelswiese 21–25.
6100 Darmstadt, Stephanstr. 4.
5000 Köln, Mozartstr. 9.
5000 Köln 80, Pfälzischer Ring 102.
5000 Köln, Neusser Str. 292b und 604.
4000 Düsseldorf-Oberkassel, Schorlemer Str. 36.
4800 Bielefeld, Haspelstr. 1a.
4690 Herne, Forellstr. 46.
4600 Dortmund, Bornstr. 119.
6700 Ludwigshafen, Rottstr. 83.
6500 Mainz-Weisenau, Bettelpfad 24.

Sonstige Adressen

Sprachverband Deutsch für ausländische Arbeitnehmer e. V.
6500 Mainz 1, Raimundistr. 2.
Bundesarbeitsgemeinschaft Jugendaufbauwerk
5300 Bonn, Haager Weg 44.
Arbeitsgemeinschaft der Kathol. Studenten- und Hochschulgemeinden

5300 Bonn, Rheinweg 34.
Deutsches Jugendinstitut
8000 München 40, Saarstr. 7
Verein für internationale Jugendarbeit e. V.
7000 Stuttgart, Moserstr. 10.
Verband der Initiativgruppen in der Ausländerarbeit (VIA)
5300 Bonn 1, Rheinweg 34.
Ausländerkomitee Berlin
1000 Berlin 62, Langenscheidstr. 3.
ENAIP-Berufsbildungswerk
7000 Stuttgart 1, Nagelstr. 4.
ACLI (Assiciazioni Cristiane Lavoratori Italiani)
8000 München 2, Pettenkoferstr. 8.
Deutsch-jugoslawisches Schulungszentrum der Arbeiteruniversität Neu-Belgrad e. V.
7990 Friedrichshafen 1, Postfach 1125.
Föderation der türkischen Arbeitervereine in der BRD e. V. (FIDEF)
4000 Düsseldorf 30, Postfach 320304.
Bund der türkischen Frauen in Bayern e. V.
8000 München 80, Steinstr. 40.
Verein ausländischer Sozialberater in der BRD, c/o N. Weber,
6900 Heidelberg 1, Rohrbacherstr. 43.
Bundesministerium für Arbeit und Sozialordnung
Postfach 140280, 5300 Bonn 1
Institut für Sozialarbeit und Sozialpädagogik (ISS)
6000 Frankfurt/M., Am Stockborn 5–7.
ISS Projektgruppe Bonn, 5300 Bonn, Weberstr. 33.
Kulturkomitee für ausländische Arbeiter
7000 Stuttgart 1, Schlosserstr. 36.
Zentrales Organisationsbüro „Weiterbildung ausländischer Arbeitnehmer"
5300 Bonn 1, Kaiserstr. 6.
Deutscher Volkshochschulverband – Pädagogische Arbeitsstelle
6000 Frankfurt/M., Holzhausenstr. 21.
Der Beauftragte der Bundesregierung für die Integration der ausländischen Arbeitnehmer und ihrer Familienangehörigen
5300 Bonn 1, Postfach 140280.
Bund der spanischen Elternvereine in der BRD e. V.
5300 Bonn-Bad Godesberg, Mainzer Str. 174.

Goethe-Institut, Projekt Lehrerausbildung dfaa
8000 München 2, Lenbachplatz 3.
Forschungs- und Arbeitsstelle ,,Pädagogik der Gastarbeiterkinder" an der Justus-Liebig-Universität Gießen
6400 Gießen, Karl-Glöckner-Str. 21, Haus B.
Sekretariat der Ständigen Konferenz der Kultusminister der Länder in der BRD.
5300 Bonn, Nassestr. 8.

Buchanzeigen

Buchanzeigen

Weitere Bände zum Thema
in der Beck'schen Schwarzen Reihe

Helmut Arndt

Wirtschaftliche Macht

Tatsachen und Theorien.
3., neubearbeitete Auflage. 1980.
222 Seiten mit 8 Textabbildungen (BSR 119)

Hannelore Hamel (Hrsg.)

Bundesrepublik Deutschland – DDR
Die Wirtschaftssysteme

Soziale Marktwirtschaft und sozialistische Planwirtschaft
im Systemvergleich.
Sechs Beiträge. 3., durchgesehene Auflage. 1979.
365 Seiten mit zahlreichen Tabellen und Abbildungen im Text.
(BSR 153)

K. Paul Hensel

Grundformen der Wirtschaftsordnung

Marktwirtschaft – Zentralverwaltungswirtschaft.
3., erweiterte Auflage. 1978. 193 Seiten. (BSR 95)

Eike von Hippel

Grundfragen der Weltwirtschaftsordnung

1980. 165 Seiten. (BSR 217)

Helmut Leipold (Hrsg.)

Sozialistische Marktwirtschaften

Konzeptionen und Lenkungsprobleme.
Mit sieben Beiträgen. 1975. 201 Seiten mit 9 Textabbildungen.
(BSR 124)

Verlag C. H. Beck München